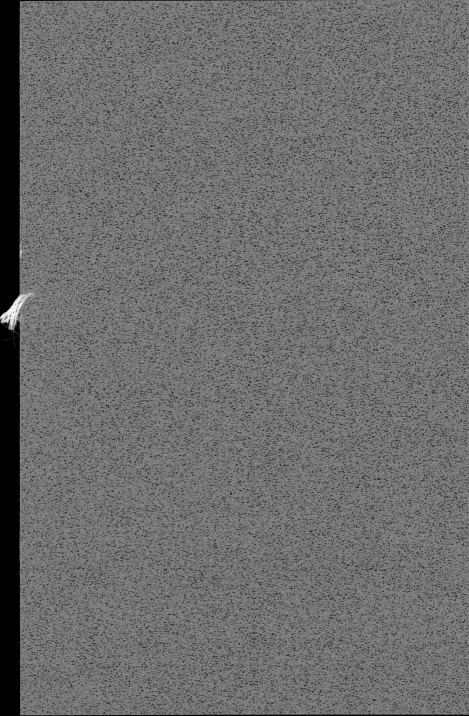

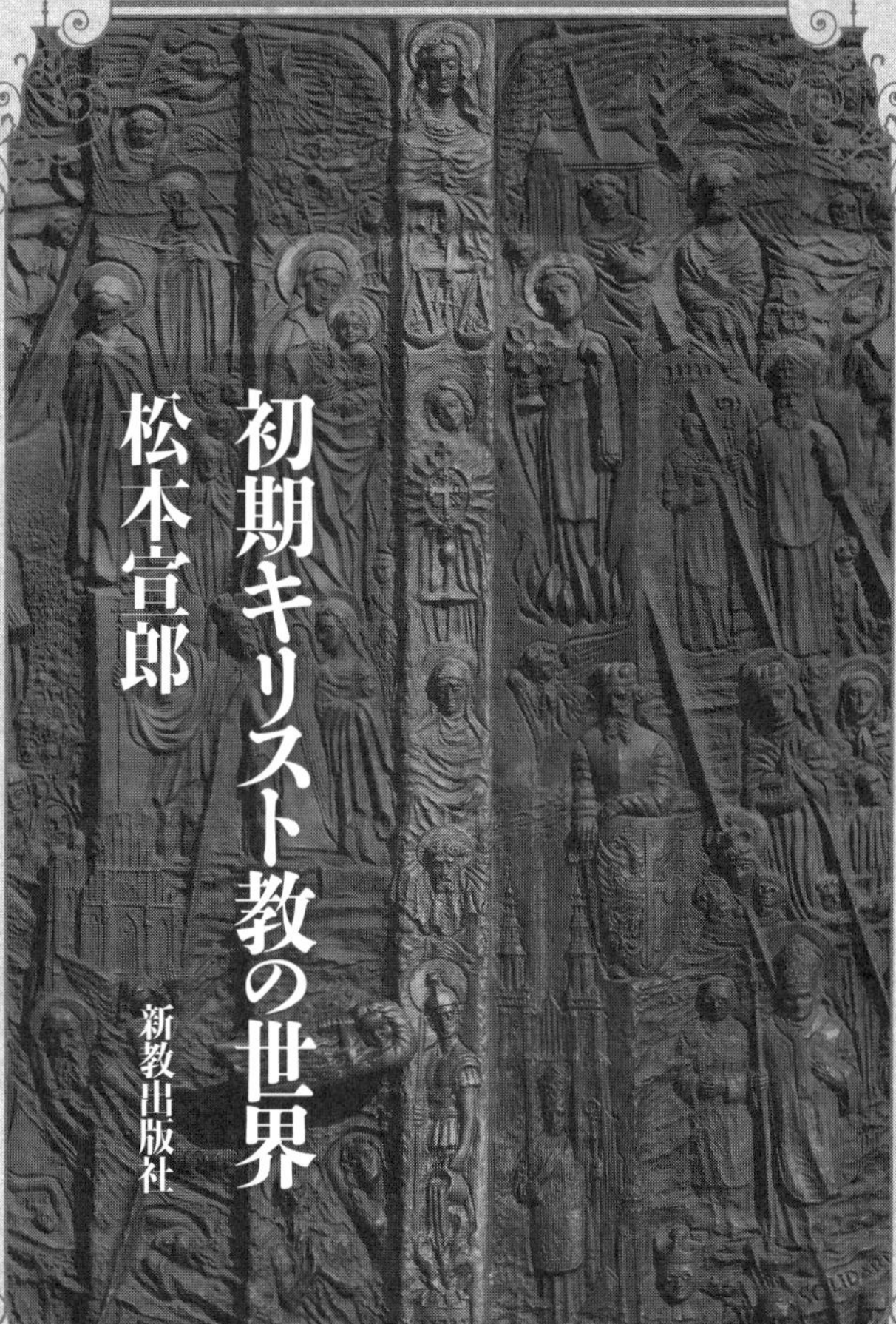

初期キリスト教の世界

松本宣郎

新教出版社

目次

目　次

初期キリスト教の世界

第1章　初期キリスト教史研究の軌跡——迫害史から社会史へ

第1節　はじめに

初期キリスト教の歴史の研究、少々まわりくどいが、その研究の歴史、を振り返ってみたい。もとよりその全体を論ずる力は私にはない。論ずるための糸口として、ここでは私の初期キリスト教史研究の歩みをたどることを試みたい。これは、私が学界の動向を先導してきた、というような不遜な思いからのことではない。私のほぼ五〇年の研究者としての歩みが、その折々の日本と世界の学界の状況に触発されるものであった、という程度の理由からである。私が知り、学んだ軌跡をたどることで、初期キリスト教史に関する国内外の諸先達によって動かされていた学界の潮流そのものをもある程度描けるのではないか、と考えるのである。

私は国立大学の「西洋史学科」で学び、研究者として働き続けたので、初期キリスト教を西洋古代史の中で捉えるスタンスが身に付いた、というか、それ以外の、たとえばキリスト教学の教会史や歴史神学のスタンスに不案内なままで過ごした。それを、「鳥なき里のコウモリ」としてではなく、視野の広さをもつ研究者、とあえて自らを励まして研究してきたつもりである。[一] 以下、そのような私なりの視点から、初期キリスト教史研究が、特に西洋古代史、より正確には古代ローマ史研究の動向と不可分にからみつつ展開してきたことを述べたい。そしてそれがこれからどのように展開するか、をも展望してみたい。

一言しなくてはならないのは、キリスト教を歴史学のスタンスで捉えるとき、キリスト教学プロパーのそれとは概念と用語においてずれがあることである。史的イエスの問題が特にそうであり、そこには事実認識においてすら違いがあることは後で述べるとおりだが、ここでは用語のみ定義づけておきたい。

全体として私の守備範囲は、キリスト教史の一部に限定される。それは「古代のキリスト教」である。表題ではキリスト教史を掲げながら、本論冒頭では「初期キリスト教」と称した。他方、よく言い慣わされたことばとして「原始キリスト教」がある。扱う人によってその定義にはかなり幅があるように思われる。ここでは基本的に「初期キリスト教」を用いる。それはイエスの活動が始まった一世紀から、アウグスティヌスの時代、あるいはコンスタンティノポリス公会議における三位一体信条の確立、すなわち五世紀初めまで、と定義したい。それはカトリック・キリスト教が確立するまでの時代、と言うこともできる。「原始キリスト教」という言葉は積極的には用いない。たまたま言及する場合、それは、新約聖書が記す出来事、と定義したい。つまり「使徒言行録」の範囲であり、パウロがローマ市に到着し、伝道した二年間まで、である。

第2節　歴史研究の対象としての聖書

私は高校生のときに洗礼を受けたのであるが、その以前から歴史が好きであった。好んで読んでいた歴史読み物は、西洋史ではなく日本古代や中国の三国志などだった。キリスト教徒になって、大学進学を志したとき、古代史好きとキリスト教史志向とが結びついて、大学入学時に私はキリスト教の原初期を研究しようと決めていた。

初期キリスト教史について、最初に取り組んだ書物が何か、記憶がない。山谷省吾の『基督教の起源』も弓削達『ローマ帝国とキリスト教』もすでに発行されていたが、読んだのはもっと後だったと思う。はっきりしているのは、大学二年生のとき秀村欣二教授のゼミを受けるようになって、まさに西洋史学出身で、ヘレニズム・ローマ史研究のスタンスでキリスト教史を見ていた同教授との対話の中でキリスト教史研究に取り組むよう励まされたのが私の研究者としてのイニシエーションであったことである。秀村氏からは、ヨセフスや外典文書の存在と、それらを用いてイエス以前のユダヤ史を研究する手法を学んだ。氏はその研究を学外の講座でも行っていて、その頃小さい冊子にまとめられた。それを購入した覚えがある。(2) これが一九六六年のことである。

秀村氏から教わったことは本当に大きかった。欧米の分野についても、ハルナックやシュタウファーなどの、初期キリスト教史を神学ではなく、歴史文献を用いて読み解く学者たちの存在を知らされ、神学分野とはいえ歴史に目配りするオスカー・クルマンの『新約における国家』を、大学二年の後期に、出席者三人のゼミで読んでくれた。当時新進気鋭と評されていた新約学の荒井献氏と、弓削達氏に教えを請うよう、助言もしてくれたのである。

荒井氏との出会いについてはかつて記したことがあるが、[3]東大の本郷キャンパスでその頃始められた同氏の「使徒行伝」講義に出席して、新約の新しい分析方法（様式史から編集史的方法へ、「生活の座」）を学んだ。

少し先の話しになるが、私の研究の歩みはひとまずおいて、新約文書を歴史史料として用いて「イエスと（当時の私の念頭にあった用語でいうなら）原始キリスト教」の歴史を研究する方法を荒井献氏が提示したことにふれる。氏は一九六八年から刊行が始まった岩波の『講座世界歴史』の古代の巻で「原始キリスト教の成立」を執筆して、聖書学から西洋史学へ踏み込んだ。ついで氏は一九七四年に『イエスとその時代』を公刊した。前者では原始キリスト教の多様な、つまり正統を競う複数の教団、グノーシスという異端の運動、教父たちの論争的性格などが指摘された。後者ではイエスの信仰覚醒運動的要素と彼が呼びかけた社会層、その背景としてのユダヤ社会の状況などが描かれた。いずれもが我が国での初期キリスト教叙述として画期的なものだった。ここで荒井氏は新約文書の取り扱いについては、新約学の当時の学問状況ではその歴史的信憑性への疑問視が強い中で、新約文書の史実性をかなり評価するスタンスをとっているように思われた。

もちろん新約の時代への歴史的視点はキリスト教学の世界で「史的イエス」の問題として長く論じられていた。教会史という分野も確立していた。しかし私は、キリスト教学の地平ではなく、つまり信仰と神学のレベルではなく、ローマ帝国史叙述のレベルで、ナザレのイエスや原初教会やパウロのローマ行きを描けないか、という問題意識を持ったのである。その意味で荒井氏の記述はなお教会史的であり、イエスと原初教会時代のローマ皇帝や家族などの社会制度、通貨など経済事情への考察は重視されれぬ憾みがあった。

その点での先駆者としてはハルナックが早いが、一九六〇年代にはE・シュタウファーが通史的叙述において独壇場を呈していた。荒井氏がその著作を邦訳していることから、氏もシュタウファーから多くを学んだことがうかがえる。[4] これは一九六八年に世界史概説の一環として『キリスト教とローマ帝国』を書いた弓削達氏にも言えることだった。[5] 同書に見られるイエスの生涯の記述が「ヨハネ福音書」の枠組みに拠っている点を私が指摘したとき、弓削氏は、「これはシュタウファーに従っているからね」と答えたことを記憶している。

この二者の初期キリスト教史叙述はしかしながらなお概説的であり、しかも意識的にローマ史の一部分としてのキリスト教を企図する、というものではなかった。しかしそれを一歩深める方向が新約学と歴史学で進められていた。新約学の編集史的方法については先に触れたが、日本の研究者の功績が大きかった。荒井氏と並んで田川建三氏が福音書研究から、原初キリスト教の複数グループの存在と主流教会形成の政治的要素などを掘り起こし、神学・信仰レベルではない歴史像を提示した。田川氏らは西洋古典学分野における新約学研究者であり、彼らは新約外典や使徒教父、異端文書の研究・翻訳で大きな貢献をなしている。

もう一つの研究は地味なものだが重要である。それはA・N・シャーウィン・ホワイトの『新約聖書とローマ法・ローマ社会』であった。[6] 著者はオクスフォド大学のローマ史学者、主たる研究はローマの政治・社会であるが、本書は新約文書をヘロドトスなどの古典と比較したときに、歴史史料としても遜色はなく、信頼に足る文書だと評価したものである。ピラトが関与した総督としてのイエスの裁判記述に見られる法的手続き、パウロに関して言及される幾人かのローマ属州総督の史実性、その他福音書や使徒言行録に見られる貨幣、労働者の雇用、家族のありかた、金銭取引、交通手段、などは当時の社会の事象とよく符合しており、全体的に新約文書の史実性は信頼してよいと結論される。少なくとも歴史学・古代史学の分野で彼の研究は説得性を認知され、以後特にこの種の問題への論議はおこっていない。新しい碑文の発見や新約以外の史料の研究によっても、この点はくつがえっていない。私たちにとっては心強い指針であった。

付言すると、新約の史料性への高い評価が歴史学の間で定着していったとはいえ、少なくともイエスそのものを歴史学者が叙述する試みはなされていない。以下で紹介する欧米のローマ史学者たちのキリスト教叙述においても、対象は原始教会以後と言ってよいのである。それは日本でも同様であって、ユダヤ教を批判し、社会の下層の、差別された人々に目を注ぎ、神の子としての自覚をもって神の国の接近を説き、救済を告知したナザレのイエス、という荒井氏のイエス像が基本的に継承されている。(7)

第３節　キリスト教徒迫害史

ここで話を私の大学時代のことにもどす。六八年にいわゆる東大紛争が生じ、私の歴史研究はそれに翻弄されながらも、マルクス、ヴェーバーを読んだことが役に立ち、ローマ史学の視角で初期キリスト教に取り組むという初志をさらに強くした。紛争の直前、当時東京教育大学教授だった弓削氏が東大の非常勤で授業を担当し、そのときは小プリニウスのキリスト教徒迫害書簡を取り上げた。私はまだその問題の重要性をよく認識できていなかったが、弓削氏に研究の方向性について相談をもちかけ、ぼんやりと初期キリスト教をローマ史の視角で研究したいと申し出た。氏はまず、新約時代を取り上げるのは史料が少ない上、荒井さんたちが高度な研究を進めているところだから君には無理だ、と諭してくれた上で、それよりもっと後の迫害の時代をやる方がいい、と断言した。そして紹介してくれたのがW. H. C. Frendの「初期教会における殉教と迫害」という書物だった。(8)

このFrendの大著をすぐに購入し、さしあたりテーマを四世紀初めのいわゆる大迫害にしぼって、大学紛争収拾後の落ち着かない短期間に卒業論文を作成した。大迫害を選んだのは、キリスト教をローマ帝国史の中で捉えようという私なりの切り口にとって、皇帝による迫害からはじまり、コンスタンティヌス帝によって終止符が打たれるこの迫害は最もふさわしいと考えたからであった。大迫害は結局私の学者生活の前半の研究主題となる。そこで知った世界の研究動向や方法については章を改めて記す。

さて、Frendの膨大な文献表を手がかりに、初期キリスト教の、歴史学による研究の大海に乗り出したとき、まず知ったのが「迫害」をめぐる研究が欧米において甚だ分厚く、しかも新しくされているということであった。初期キリスト教とローマ帝国との関係を問うという問題意識であれば、テーマとして浮かび上がるのは迫害ということになり、それが学界の中心となるのも当然ではあった。日本では秀村氏に加えて、やはり西洋史学畑の半田元夫氏と新田一郎氏が個々の迫害の事例を実証的に研究する作業を行っていた。

迫害研究は、ローマ帝国が迫害を行った法的根拠、キリスト教が有罪とされた原因、あるいは裁判の手続きをめぐって、ローマの法制や行政を専門としてきたモムゼンなどの泰斗によって始められた。そして、一九六〇年代に G. E. M. de Ste Croix と、あのシャーウィン・ホワイトとの間で、「キリスト教徒はなぜ迫害されたのか」と題する論争が行われ、注目を集めた[9]。端的に言えば de Ste Croix は、教徒が無神論者と見なされたことが、他方 Sherwin-White は、教徒が示した「頑なさ」が、帝国住民と当局の敵意の主要因だった、とする点での論争であったが、むしろ重要だったのは、この論争に刺激されて迫害原因の背景の、キリスト教徒とローマの当局、異教徒都市民との関係についての洞察がその後も深められたことだと思われる。

欧米の迫害史研究を詳細に跡づけたのが保坂高殿氏である[10]。本書をもって初期迫害史研究は当面決着した、と私は考える。それほどにこれは網羅的周到な業績である。氏はその作業を果たしながら、迫害原因論の追究は不毛だと明言する。私は、ニュアンスは異なるかもしれないが、迫害は結句帝国当局とキリスト教、二つの力の衝突面に過ぎず、ローマ帝国・地中海世界における初期キリスト教徒の歴史はより広く深い主題としてある、という私自身の意識から、迫害原因論の追究は「不毛」というより、もう「十分」だろうと判断する。

先の de Ste Croix - Sh-White 論争後の迫害研究の展開で新しいテーマが提示されてくるが、通奏低音として行われ続けるのが史料の精査である。保坂氏の大著の過半もそれにあてられているのだが、研究史上はT. D. Barnesの貢献が大きい[11]。彼はネロの迫害から三世紀までの迫害の根拠とされる殉教伝や教会史の該当箇所を列挙して、ローマ帝国が定めたキリスト教禁止法は存在しないこと、迫害は地方都市を舞台に、天災や祭典の高揚した空気がきっかけとなって民衆の間から生じるのが通例であること、リンチ的な迫害は多くはなく、都市の公開裁判に付され、法的手続きに従って進められ、裁判を担当する、通常は属州総督が比較的自由な裁量権によって、硬軟いずれかの裁決が下されたこと、を簡潔に論じた。

私も、三世紀までキリスト教徒は都市のごく少数者集団として、さしたる攻撃に遭遇することなく存在しており、迫害は多くはなく、起こっても限定された都市で、一般住民の間から発生し、しかも短期間で終わるものだったこと、当局たる都市役人や総督は迫害対策に乗り出すことはなかったことを指摘した[12]。

さらにde Ste Croixは、殉教という形でのキリスト教徒の死は、激しい迫害によって引き起こされるのではなく、裁判の場で、棄教の機会が与えられても熱狂的に拒絶する教徒に刑罰として科された結果であると指摘している。このように見てくると、初期キリスト教史を、帝国や異教徒による血生臭い弾圧の歴史とする見方は基本的に現在では棄てられたと言ってよいと思う。

第4節　大迫害研究へ

卒業論文で我ながら力不足なまま三〇三～三一三年の大迫害を取り上げた。大学院では大迫害研究をさらに掘り下げなくてはならないと決めた。我が国では弓削氏が、ローマの政治・制度・経済史研究を進める以前から、コンスタンティヌスに関する論文多数を著していたし、新田一郎氏、秀村氏もキリスト教徒となった最初の皇帝への研究を積み重ねていたが、この皇帝に先立つディオクレティアヌス帝が着手した大迫害そのものの研究はまだ我が国では皆無であった。

無論欧米では一九世紀からモノグラフが出され続けており、それを知るためには Frend がやはり導きの糸となった。その文献表で知った K. Stade の画期的な研究を秀村氏から借り、N. Baynes, W. Seston, H. Grégoire など一九五〇年までの研究を渉猟した。その段階で、歴史学者がキリスト教徒大迫害をすでに教会史や神学の枠組みの中ではなく、ローマ帝国史の枠組みに位置づけていることは明らかだった。Stade はディオクレティアヌスの大迫害を表題としながらも、同帝による婚姻制度やマニ教に関する政策とキリスト教徒迫害を同列に論じていた(13)。さらに Seston においては同帝の政策全体の一部として迫害策を扱うのであった。

四世紀に入った時点でローマ帝国におけるキリスト教は、教徒の実数からしても三世紀とは比較にならないほど存在感を増していたと思われるから、皇帝の行政上の一課題となって不思議ではなかった。事実、大迫害以後のローマ帝国史叙述は、コンスタンティヌスの権力獲得とキリスト教への改宗や教会会議、キリスト教内の正統異端論争が及ぼした影響の大きさ、などキリスト教とは不可分な内容を主題とせざるを得なくなってくるのである。

このようにキリスト教とローマ帝国の関係が密接になっている大迫害時代は、私の研究テーマとして理想的ではあったのだが、個別テーマを追究するに際しては、さらなる問題意識の展開を必要としたし、またそうさせる研究も現れていた。一つは大迫害の同時代史料であるラクタンティウスの『迫害者たちの死』に関するJ. Moreauの画期的注解書が出されたことであった。[14] ラクタンティウスと同時代のエウセビオスについては史料としての評価が定まっていたが、ラクタンティウスのこの文書の評価についてはは長い論争があった。Moreauは同書が、キリスト教側の立場による偏りを免れない面があるにしても、皇帝周辺の出来事の叙述や、諸事象の年代確定についての信憑性において信頼できることを論証して、その貴重な価値を学界に定着させたのである。もう一つは大迫害研究の視野の拡大とでも言うべき研究動向が次々に現れたことである。ここでもde Ste Croixが、大迫害の苛烈さは実証されない、とする論考を書いた。[15] 彼の指摘した初期迫害の特性が、大迫害においても見られたというのである。要は、迫害策に熱心だったとされる皇帝の下でも教徒の根絶などは意図されず、彼らに対しては常に棄教が説得された、殉教したのは自ら死を望んだ熱狂的教徒であり、殉教者の数自体、信頼に足る史料によると、最も激しい迫害のあったとされるパレスティナにおいてすら一〇年間で百人以下であって、決して多いとは言えない、等である。

また。J. Vogtは小冊子であったが、キリスト教徒の側ではなく、迫害した皇帝の宗教意識を顧慮すべきことを論じた。[16]

このような研究状況から私は、大迫害時代の諸皇帝（二八五年からディオクレティアヌスは二帝制、一〇年後に四帝統治制を取り入れ、その皇帝たちが交代し、あるいは対立したから、迫害が行われた三〇三年から三一三年にかけて、帝国には簒奪帝も含めて九人の皇帝がその座に着いた）の中でも最も熱心なキリスト教徒迫害策をとったマクシミヌス・ダイアを取り上げて、大迫害研究の方法的拡大を目指した。それは、Vogt が示唆した迫害する皇帝の意識への着目から、キリスト教問題にこれを迫害する側から関わった人間に視点を据えることであった。このような研究はすでに H. Grégoire らが着手していたところであった。また皇帝とキリスト教との関わりについては弓削達氏が、年来のコンスタンティヌス研究の一環として、簒奪帝マクセンティウスに関する研究動向を紹介していた[17]。そして特に私がマクシミヌスに焦点をあてるきっかけは、H. Castritius のモノグラフが新しく出されたことによって与えられた[18]。更に加えて私が行ったのは、マクシミヌスのキリスト教に対する迫害と寛容の措置を時系列的に考察し、その措置が彼の宗教意識のみならず、帝国の権力抗争の経緯、また同帝の支配領域住民のキリスト教徒に対する敵意、あるいは同情、そしてまた教徒を鉱山労働に徴用するという迫害の経済対策的側面、等多面的に捉えることであった。

このマクシミヌスに関する研究が私の修士論文となったのだが、それから、ここで意識に上ってきた諸テーマを、その後の研究で次々に探索していくことになった。我が国では豊田浩志氏がやはり大迫害に着目しており、お互いの情報交換や論争が大いに力となった。私の大迫害研究はその後一書として刊行したが[19]、私の研究スタンスは、この大迫害の研究を手がかりとして、「ローマ帝国史の一環としての初期キリスト教史」研究に、さらには「政治史」「法制史」「宗教史・キリスト教史」などの既存の研究手法の枠を超える何か、を目指さなくてはならない、との意識にシフトすることになった。また世界の研究動向がその視野を否応なく拡大深化させてくれるものとなった。

第5節　視野の拡大

迫害を切り口として初期キリスト教を研究していた私の視野を拡大させた要因はいくつかあった。それらはある程度は私がそのことを知った時期の順に、そしてまた複合的に私の研究課題に影響を与えた。三つの項目にまとめるのが適当なように思う。

第一は初期、とりわけ一、二世紀のキリスト教の、正統異端が未決着であった状況での多様性という問題。第二は、フランス学界で生じ、一九七〇年代から日本の歴史学に急速に影響を及ぼした「社会史」「心性史」。これと直接的に関わるものではなかったにせよ、日本の西洋古代史学界では特に注目を浴びたP. Brownの存在。第三は、このBrownも大いに活躍する、「古代末期論」の再興、むしろ「一新」。以下、この順序で私の経験上での初期キリスト教史研究の視野拡大の展開を述べてゆこう。

まず第一の初期キリスト教史の多様性への着目は、先にふれた荒井、田川たちの研究成果でも明らかにされていた。新約諸文書の形成、編集の時期に神とキリストについて意見を異にする、要するに様々な信仰を掲げる集団があり、「正統」はいわば争われる中で成立していった、という状況が広く認識されていった。聖書学者たちからは、福音書ごとにその福音書を奉じる、たとえばヨハネ教団とかマタイ教団が、その他グノーシス的であれユダヤ教的であれ、何かの特性をもつグループが併存していた、などと想定された。

歴史学の分野で初期キリスト教史を、このような多様性への知見を踏まえて書いたのが包括的な迫害研究を著したW. H. C. Frendである。ことにユダヤ教が初期キリスト教に与えた刻印について、Frendはユダヤ教研究の渉猟において抜群の知見をもち、多様性の中で発展する教会像を描いた。しかし彼の研究は有名ではあったが、ローマ帝国史プロパーの学者たちの評価は低かった。私自身が英国の、たとえばF. Millarのような第一線ローマ史学者との会話で聞いたのが、Frendは教会史学者だ、つまりローマ史学者ではない、何しろ彼は聖職者だから、という批評だった。Frendにおいてはカトリック教会が、いかにして異端を却け、正統の地位を確立していったか、という叙述の姿勢が強く出ていることがその批判の理由であったかと思われる。

これは、現代のキリスト教信者としてキリスト教史を研究する学者に共通する課題でもある。非キリスト教徒研究者がキリスト教史を叙述する際には、批判的に扱うか評価するか、非常な緊張と困難さを伴うと言わざるを得ないだろう。もっとも、歴史学というものが純粋に科学的で合理的かつ公平、不偏不党ではありえない、ということもまた近年の歴史論議から見て正しい、とするならば[20]、キリスト教信仰をもってキリスト教史に取り組むこととの再認識も必要であろう。このことは最後に触れたい。

初期キリスト教の多様性と、正統の確立までにかなりの世紀を要したこと、はその後多くの研究者の共通認識となった。K. Hopkins（後述）や保坂高殿氏がそのことをよく示している。

一九七〇年代初に始まった、ドイツ学界が世界西洋古代史学界を結集した一大事業が、「ローマ世界の興起と衰退」であるが、その一環として初期キリスト教研究の世界的レベルでの現状紹介と解題も含まれていた。[21] 新約学と初期教父を対象とした巻には E. Stauffer らの大家が寄稿し、別の巻では迫害史が論じられていた。文献表も充実し、まさに私たちの研究の宝庫であった。ことに私の視野が広げられたのは、Benko という学者の論考で、これは三世紀までのキリスト教徒について、非キリスト教史料が言及した箇所を集めたものだった。タキトゥス『年代記』のネロ時代のローマ大火後の迫害の記事などの我々にとっては既知の証言以外の非キリスト教史料からも多数の記述が集められ、蒙を啓かれる経験であった。そのほかにも、幻や夢、魔術をキリスト教史料から探ろうとしたもの、一七七年のリヨンの迫害など個々の迫害の事象についての論考など、有益な研究が満載であり、初期キリスト教史研究の多様さ、従って将来の課題追求の可能性を認識させられたのであった。

この叢書でも重要なテーマの一つとされたものに、キリスト教徒の社会的日常的行為についての切り口と、そこからする史料の見直し、があった。代表的なものが、キリスト教徒と財産・富の関係である。キリスト教徒も貨幣経済と無縁ではなかったはずだが、彼らはイエスの「貧しいものは幸い」あるいは「神と富とに兼ね仕えることはできない」との教えといかに折り合いをつけていたのか、などという、これまで正面から触れられることのなかった問いからなされた研究は、すでに R. MacMullen が行っていた。[22] 彼はこのほか、犯罪や奴隷制、大衆的娯楽との関わりにおいてもキリスト教徒はローマ帝国の異教徒たちと全く同じように振る舞っていたことを論証しようとした。先に迫害史論争で紹介した de Ste Croix も、富と奴隷制、加えて「性」に関して MacMullen と同趣旨の論考を書いた。[23]

「社会史・心性史」による研究上の視野は次の、「第二の要因」である。その要因は、フランスのアナール学派が第二次大戦後のろしを上げた「社会史」の影響である。我が国では一九七〇年代、西洋近世史・中世史の有力研究者、二宮宏之や阿部謹也がフランスの動向を紹介したり、社会史の手法で先駆的で重要な成果を上げるなどして、学界における社会史の存在感を高めた。古代ローマ史の分野においては、フランスの P. Veyne がおそらくアナール派と深く関わりがあったのだろう、ローマ社会の日常、庶民のメンタリティー（「心性」）、というこれまでの学界には全く衝撃的な手法で踏み込んだ著作を著していった。言うまでもなく『パンとサーカス』がその代表的業績だった。[24]

ローマ史研究の主流であったドイツ、イギリスの学界において、ローマ人の日常生活や宗教意識などの「社会史的」テーマは実は分厚い研究史を有してはいた。つまり史料分析の蓄積は十分あったところに、この「社会史的」視角で切り込むという学問的柔軟さをヴェーヌたちは示したのだ。我が国でも社会史のこの潮流には激しく反発する第一線研究者たちがいた。欧米でも同様であったろう。しかし管見による限りローマ史学界でも、明示的にではなかったが、社会史的ローマ史研究は次第に増えていったように見える。特にアメリカの P. Brown（本人は英国学界出）と、イギリスの K. Hopkins が先導的役割を担った。

日本のローマ史研究者の間ではさしたる論争を生じることもなく欧米の研究を受け入れて、自然に社会史的研究になじみ、その手法を意図的に取り入れることになった。私はと言うと、ローマ史のこれら動向には比較的敏感であり、それまで取り組んできた初期キリスト教とローマ帝国の関係を見る上でこの方法は有用だという意識を強く持ったのである。キリスト教徒をローマ帝国の住民として捉え、一般のローマ人との、迫害という面ではない、彼らと共通する生活や意識、その中でどうして彼らが敵意を抱かれるに至るのか、キリスト教徒の中には一般社会への態度においてかなりの特異性を示していたのではないか、など、直接間接に社会史から得られた新たな気づきというものが得られたと思うのである。

このように研究の幅が広がりつつあるころ、文科省の在外研究の機会に恵まれた。ロンドン大学の古典学図書館で本を読み、同大学とオクスフォド大学で多くの学者と交流できた。社会史が表立ったテーマになることはなかったが、もはや社会史は学界の常識であり、それを含めてギリシャ・ローマ古代史研究は間口を多彩に広げつつあって、すぐれた研究者が輩出し、活況を呈していた。当時オクスフォドのローマ史研究のリーダーであったF. Millar、名誉教授となっていたが共和政期イタリア社会史の先駆者P. A. Brunt、初期キリスト教史のJ. Chadwickなどのほか、たまたまカナダから帰英したT. D. Barnesのレクチャも聴くことができた。特に親しくしてくれたのがローマ帝国史のJ. H. W. G. Liebeschuetzで、私の英文の、民衆によるキリスト教徒迫害の論文も読んでくれ、ノッティンガム大学の彼の研究室でその感想など聞かせてもくれたのである。

このように充実した在外研究の間に得た研究蓄積を用いて執筆を始めた私は、帰国後『ガリラヤからローマへ』という本を書いた(25)。従来のキリスト教史にあった通史的叙述やユダヤ教などの教義・制度、使徒パウロの教義の解説といったことは極力避け、イエスが現れたユダヤのガリラヤを、一世紀ローマ帝国下地中海世界の都市と田園のありようと関連させて論じ、迫害については個々の迫害の状況よりも、迫害を行った人々、都市の多神教徒たちの、迫害にいたる精神状況をローマの宗教史研究からの知見を得ながら考察する、などの構成をとった。本書は私なりに「社会史」を強く意識した「初期キリスト教史」となったのである。

本書はこれまでの初期キリスト教史の視野をある程度広げ、敢えて言えば深めるものであった、と自負している。付け加えるならば、先述のようにキリスト教徒の社会生活を取り上げたMacMullenらの仕事を踏まえ、さらに発展させるには、キリスト教徒もまたローマ帝国の住民であり、地中海世界の都市民（あるいは奴隷）であったのだから、彼らの信仰や迫害への対応ばかりではなく、法を守り、税を払い、家族と暮らし、食事し酒を飲み、何より生活のために労働していたことを念頭において、キリスト教徒の歴史を捉えなければならないことを強調した、ということである。

キリスト教史に社会史を取り入れる、という手法を私としてはこのように考えたのである。[26] 私に社会史への興味と有用性、就中キリスト教史研究へのそれの取り込み、を示唆したのは、ローマ史学界で有力になってきた社会史で実際に仕事をする学者たちの中でもP. Brownであった。Brownはアウグスティヌスの評伝などで知られた第一線のローマ史学者であり、私も知るところではあったが、最初に引きつけられたのは新しく書き下ろされた、古代末期についての書物であった。[27] 概説書で大冊でもなかったが、内容は高度で刺激に充ちていた。

二つの重要ポイントを私は学んだ。第一は、「古代末期」を副題の示すごとく二世紀から七世紀までの長いスパンに設定していることである。常識的には三世紀末のディオクレティアヌスの専制体制からをそう呼んできたし、その終期となるとあまり定説もなかったように思われるとき、

Brownが古代から古代末期への大きな転換は、政治・軍事・制度上の事象だけをメルクマールとして考えるのではなく、多様な要因のうちに転換は徐々に生じたと見なすべきだと論じたところに非常に説得力を感じたのである。第二はその多様な要因のうちでも、当時の世界の人間たちの「メンタリティー＝心性」をつかむことが不可欠で、その心性が時代状況と関わりつつどのように変化していったのか、を明らかにしなくてはならない、というものだった。その際、地中海世界の各地域、社会層において多様な心性がその対象となるのだ、と。つまりBrownは、二世紀から七世紀にかけての地中海世界、ローマ帝国社会、そこに生きた人間たちの関わった事象を、物質面から精神面までの総体を視野に入れて観察するのである。それは取りも直さずキリスト教をこの広い視野の中に置いた上でテーマの一つとするということであり、キリスト教徒はこの世界の人々に含みこませて捉えられることになる。これが、私がぼんやりと意図していた像を明確な姿にしてくれた指摘だったのである。

Brownが、先述した社会史の動向をどのように受け止めたかは明らかではないが、共感するところがあったのは疑いない。というのも、一九八二年にフランスで出された、あのVeyneが編んだ『私生活の歴史』の冒頭におかれた「古代末期」と題する章をBrownが受け持っていたからである。(28)この文章はその後英文で単著として発行されるほどの分量があり、まさに心性史による長いスパンの古代末期記述であって、私は大学のゼミで学生たちと共に夢中になって読んだのであった。その後Brownは一九九八年秋に来日、私のいた東北大学でも講演し、交流を深める機会があった。松島と平泉を案内したのだが、その時の対話でも日本文化への興味の示し方が深く、洞察力に富み、彼の学風そのままだという印象を受けたものである。

もう一人のローマ史学者で初期キリスト教史にも切り込んだのがK. Hopkinsである。もっともHopkinsは元々社会学者で、独自の手法でローマ共和政史の研究で知られるようになった。フランス発の社会史とは一線を画していたのではあろうが、私たちには同じように啓発的だった。彼はBrownより早く一九九五年に来日、やはり仙台に来てくれた。「キリスト教史に関して、死ぬ前に一冊本を書くよ」と語っていたが、その言葉通り一九九九年にローマ帝国を多神教世界として描く大著をものした。[29]ところがなんとこれまた予言通り、彼は二〇〇四年に急逝したのである。世界のローマ史学界にとって大きな衝撃であった。彼とは来日時ゆっくり対話する機会があったが、初期の教徒が四世紀まで、どのように増加していったのかを論じ、意見が一致したことを記憶する。それに関して彼は数的データを引きつつ論文を書いている。[30]

話を初期キリスト教史研究において社会史の手法が視野を拡大するという点にもどすと、私はこれらBrown、Hopkinsら直接謦咳に接した先達に加え、海外・国内の多くの研究者たちから学びつつ、初期キリスト教徒の世界をできる限り多様に幅広い視野で考察するよう努めた。そのような視点で初期教会の指導者としての司教像や彼らの死生観、夢や幻、などのテーマを論じていった。[31]キリスト教概説書を書くに際しても社会史的視点からの叙述を多く取り入れることになった。[32]

視野拡大の第二、社会史、に多くのページを割きすぎた観がある。第三のテーマは初期キリスト教を眺める時代的枠組みの拡大ということなのだが、それは最終章に回し、さらなるテーマへの展望とあわせて簡単に触れるにとどめたい。

第6節　新しい古代末期像とキリスト教史研究のこれから

初期キリスト教史の範囲を、イエスと新約の時代を起点にコンスタンティヌスによるキリスト教公認とローマ・カトリックが確立したと見なされる四世紀末を大体の終期とするものと考えていた私であった。しかし社会史的視点でキリスト教を捉えようと新たに見直してみると、日常生活にせよ、教会の制度の複雑化にせよ、初期あるいは古代という時代を区切って、中世キリスト教の前におくことの難しさ、むしろ無意味さを認識するようになった。あわせて前の章で紹介した Brown の、古代末期を二世紀から七世紀までの五〇〇年という長いスパンで捉える構想も、まさに社会史的柔軟さと符号することが示唆された。

言うまでもなく、ヨーロッパ古代と中世の境界をどこに置くか、という問いは百年以上以前から論じられてきた。研究の多様な進展はそのような問いを無意味にしたと言ってよいのだが、結果的に古代末期を長いスパンで捉えるという考えが強くなっていることは確かであり、「古代中世断絶説」よりも「連続説」が残ったと言うべきかもしれない(33)。

古くから定評あるケムブリッジ古代史の第二版がそれまでの全一二巻から一挙に二巻を加え、全一四巻で完結したことが英国学界の結論を示したかのようだ（完結は二〇〇五年）。第一二巻は旧版も新版もコンスタンティヌス帝の死、三三七年をもって終えている。旧版は一九三九年発行であるが、当時の英国古代史学界が古代はそこで終わる、と見ていたことになる。それが新版では第一三巻がLate Empire, 337-425「後期ローマ帝国」、一四巻がLate Antiquity, 425-600「古代末期」として付加され、時代としては六〇〇年までが「古代」に組み込まれたことになる。

先に名を挙げたLiebeschuetzも古代という時代を延長して構想している。彼が着目したのは「古代都市」であり、古代地中海世界に生まれた都市が「古代世界」の本質を担う要素である、とする。その古代都市固有の要素が時代と共に変化し、弱まるところに「古代世界」の衰退を見いだし、その要素が全く消滅する八世紀はもはや古代ではない、としたのである。Liebeschuetzは、この過程でキリスト教の古代都市における変化が重要なポイントだと言う。端的には五世紀から七世紀、例えば伝統ある古代ギリシャ都市エフェソスでは、考古学発掘によると、都市国家成立の前六世紀からローマ帝国下の後四世紀までは市域の中心にあった民会議場や神殿の建物が放棄されて廃墟同然となっていった一方、ビザンツ帝国下皇帝直轄総督の邸宅が豪華に営まれるようになり、さらに際立つのがキリスト教の大会堂と司教邸宅の建設だというのである(34)。

古代的なるものの衰退消滅の事象はこのほか少なからず指摘されるけれど、キリスト教の関わりへの着目は、私としてもまさに我が意を得たりという思いであった。キリスト教は一世紀にローマ帝国、地中海世界の東の一角に出現し、分けても古代都市に拠点を置き、以後やむことなく存続し、四世紀初頭に帝国から公認されて大発展期を迎えた。この何世紀かの間キリスト教は、教会組織においても帝国社会における存在の仕方においても、また帝国東西の地域ごとのありようにおいても多様で複雑な様相を呈した。そして今や長く続くことが認められた古代末期の地中海世界(Liebeschuetzはlate Late Antiquityとの呼称も用いている)において、その世界の都市の外観のみならず、否その以前から、その世界の住民の心性をも動かしていった、と言うことになる。

　初期キリスト教史研究はこのような新しい古代と古代末期史像の中に位置づけて進められなければならない。古代を広く長い視野で見るという点では、一世紀からのキリスト教の歴史を古代末期時代における展開からも照射するという意識が必要になってくるだろう。

　古代末期延長論とは別に、社会史的テーマに関してはこれまで紹介し、私も『ガリラヤからローマへ』と『キリスト教徒が生きたローマ帝国』などで取り上げた、都市、娯楽、性、慈善、魔法、夢、などの切り口についても、時代的枠組みの拡大を考慮してさらなる考察が求められるだろう。このほかにもキリスト教徒の歴史的存在について、あたるべきテーマは少なくない。たとえば私はその後、ローマ帝国都市に散在した諸教会が一世紀から我々の想像を超えて、遠距離をものともせずに頻繁に交流していた状況を考察した[35]。早くよりキリスト教が帝国全体に散らばっていながらも一つの集団＝教会、という共通の意識を持っていたことは、四世紀以降古代末期後期に至るまで変わらないどころか、より強くなり、教義・正典の統一、本来の語義でのカトリック（普遍的）成立へと向かった。このような理解は長い時代的スパンでキリスト教史を見直す好例と言えるだろう。

　このほかにも、教会の司教の地位を巡る政治抗争、キリスト教徒の性差、諸社会層ごとのキリスト教の伝播の相違、キリスト教に関する資料を碑文・美術・考古学から読み解く、キリスト教と富・財産・生産など経済との関係、エイレナイオス・キプリアヌスからアタナシオス・アウグスティヌスまでの多作な教父たちの文書の社会史的な読み直し[36]、など、可能性のあるテーマはまだ少なくない。

最後に、いささか私的で主観的にはなるが、この初期キリスト教史研究への視座、について試論的に述べておきたい。それは関連する二つの視座で、要するにキリスト教徒研究者である私の見解である。

一つは当該時代の諸資料に登場するキリスト教徒の「信仰」に踏み込んで理解しようとする視座である。迫害研究においては、ローマ帝国や都市の当局やキリスト教に反感をもつ多神教徒民衆などの迫害者に対して、キリスト教信仰に固執して殉教に甘んじる者から屈服して偶像に礼拝する者、そうするに際しても内心の抵抗を覚えた者、さしたる葛藤もなく棄教した者などに分かれたことが明らかにされた。このほかにも迫害の攻撃が及ばない中、キリスト教徒たることを隠した者、潜伏したり逃亡したりした者など様々な教徒がいた。迫害のない平時の教会を見るならば、また別の分類が可能である。キリスト教徒の男と女、年令層、初心者、長い信仰生活の者、壮者・病者、上層市民・都市民衆・奴隷、などがいた。それぞれのキリスト教徒の信仰態度や教義の理解のありかた、信仰と実際行動の関係、などを知り得ないか、と思うのである。あるいは帝国内の地域ごとの教会の制度、教義や教会生活の相違もそこに住む人間の心性と関わりがあるように思われる。これらについてはすでにある程度研究もなされている(37)。また、名の知られた教父と司教についてはそれぞれの信仰の内実まで踏み込んだ研究もある(38)。

もう一つの視座はまだ煮詰めておらず、歴史研究者の言葉としては奇異な印象を与えるかもしれない。それは、キリスト教史を考究する研究者のキリスト教信仰という問題である。私自身プロテスタント・キリスト教徒として六〇年近く「真摯な（?·）」教会生活を送っている。そのような人間として、迫害される教徒、殉教者などを見るときに、信仰を持たない研究者とは異なる認識をしているのではないかと思うのである。キリスト教徒を迫害する皇帝などの立場あるいは心性についても、私と非キリスト教研究者との認識の違いがあるのではないか。それを研究者として記述したときにいささかの新しさを示せるのではないか、ということである。

このことはどこまで研究成果として評価されうるか、主観的・恣意的解釈ではないという立場が担保されうるか、という疑念を生じさせかねない。しかし、二〇世紀末から盛んになってきた、ポストモダンの歴史学批判の潮流に棹さすならば[39]、歴史叙述を行う研究者が初期キリスト教を、研究者個人の信仰、つまり主観性に立って行うこともあえてできるのではないか。これを私の現在の展望としたいのである。

注

（1）「キリスト教と歴史学――初期キリスト教史研究の立場から――」（『紀要』九〈東京神学大学総合研究所〉二〇〇六―三）八一―九六。
（2）現在は『秀村欣二選集』第一巻「新約時代史」キリスト教図書出版社　二〇〇二に所収。
（3）「『イエスとその時代』の荒井献氏」（『荒井献著作集』1「月報」7、岩波書店　二〇〇一）。
（4）『エルサレムとローマ――イエス・キリストの歴史』日本基督教団出版局　一九六五（原著一九五七年）。この他に、Ders. *Jesus. Gestalt und Geschichte*, Bern u.München 1957; *Christus und die Caesaren*, München u.Hamburg 1952; NeuAufl. 1966.
（5）『世界の歴史』5、河出書房　一九六八。

(6) 保坂高殿訳　日本基督教団出版局　一九八七（原著一九六三）。
(7) 荒井献『総説キリスト教史1』「第一部原始」日本キリスト教団出版局　二〇〇七。
(8) *Martyrdom and Persecution in the Early Church*, Oxford 1965.
(9) *Past & Present* 誌上の論争は、M. I. Finley ed., *Studies in Ancient Society*, London 1974 に収められている。
(10)『ローマ帝政初期のユダヤ・キリスト教迫害』教文館　二〇〇三。
(11) T. D. Barnes, Pre-Decian Acta Martyrum, *Journal of Theological Studies* N. S.19, 1968 など。
(12) 松本宣郎「都市の民衆と初期キリスト教徒」（『東北学院大学キリスト教研究所紀要』六、一九八八）二九―四九。
(13) K. Stade, *Der Politiker Diokletian und die letzte grosse Christenverfolgung*, Wiesbaden 1926.
(14) *Lactance, de la mort des persécuteurs*, Paris 1959.
(15) Aspects of the 'Great' Persecution. 初出は *Harvard Theological Review*,47.2,1954,75 113.
(16) Zur Religiosität der Christenverfolger im römischen Reich, *Sitzungsberichte der Heiderberger Akademie der Wissenschaft*, 1962.
(17)「マクセンティウスとコンスタンティヌス」『一橋論叢』二八―四、一九五二。
(18) *Studien zu Maximinus Daia*, Kallmünz 1969.
(19)『キリスト教徒大迫害研究』南窓社　一九九一。
(20) 参照、遅塚忠躬『史学概論』東大出版会　二〇一〇。
(21) *Aufstieg und Niedergang der römischen Welt*.Teil II Bd.23-1,2, Berlin, Walter de Gruyter, 1979, 1980.
(22) *Christianizing the Roman Empire*, New Haven, Yale University Press, 1981 など。
(23) Early Christian Attitudes to Property and Slavery, Id., *Christian Persecution, Martyrdom, and Orthodoxy*, Oxford University Press, 2006, 328-371.
(24) *Le pain et le cirque*, Paris, Éditions du Seuil, 1976. 邦訳『パンと競技場』鎌田博夫訳　法政大学出版局　一九九八。

（25）山川出版社　一九九四【講談社学術文庫　二〇一七】。

（26）松本宣郎「ローマ社会史から見た初期キリスト教」（『歴史と地理』五一八〈世界史の研究一七七〉）。

（27）*The World of Late Antiquity from Marcus Aurelius to Muhammad*, London, Thames & Hudson, 1971.

（28）Antiquité tardive; P. Veyne éd., *Histoire de la vie privée* I, Paris, Édition du Seuil, 1985, 224-299.

（29）*The World full of Gods. Pagans, Jews and Christians in the Roman Empire*, London, Weidenfeld & Nicolson, 1999. 邦訳『神々にあふれる世界』上・下、小堀・中西・本村訳　岩波書店　二〇〇三。

（30）Christian Number and its Implications, *Journal of Early Christian Studies*, 6-2, 1998, 185-226. 因みに Hopkinsへのオマージュともいえる、C. Edwards & G. Woolf eds., *Rome the Cosmopolis*. Cambridge University Press 2003 及び松本による同書書評参照、『西洋古典学研究』五三、二〇〇五、一五五―一五八。

（31）『キリスト教徒が生きたローマ帝国』日本キリスト教団出版局　二〇〇六。

（32）『キリスト教の歴史1　初期キリスト教〜宗教改革』〈宗教の世界史八〉山川出版社　二〇〇九。

（33）参照、ピーター・ブラウン　後藤篤子編『古代から中世へ』山川出版社　二〇〇六。

（34）*The Decline and Fall of the Roman City*, Oxford University Press, 2001. 参照、松本による書評、『西洋古典学研究』五一、二〇〇三、一五六―一五九。

（35）「初期キリスト教における教会間交流」（『西洋古典学研究』五七、二〇〇九）八八―一〇一。

（36）その先駆的な研究が P. Brown, *Religion and Society in the Age of Saint Augustine*, London, Harper & Row, 1972. 参照、長谷川宜之『ローマ帝国とアウグスティヌス』東北大学出版会　二〇〇九、大谷哲「トゥールのグレゴリウスにおける一七七年ルグドゥヌム迫害」（『西洋中世研究』七、二〇一五）二五―四一。

（37）比較的新しい概説として参照、*The Cambridge History of Christianity*, Vol.1, Origins to Constantine, ed.by M. M. Mitchell & F. M. Young, Cambridge U. P., 2006; Vol.2, Constantine to c.600, ed.by A. Casiday & F. W. Norris. ただし本書はある程度多様な地域や教義を詳細に述べるが、教徒の心性にまでは説き及んでいない。

（38）イグナティオスに関し、佐藤吉昭『キリスト教における殉教研究』創文社　二〇〇四の考察は興味深い。

（39）参照、岡本充弘『開かれた歴史』御茶の水書房　二〇一三、『過去と歴史』同　二〇一八。

第2章　地中海世界におけるキリスト教徒

序　ローマ帝国史から見た初期キリスト教

問題の設定

キリスト教は一世紀に地中海世界の一地域に生まれ、ローマという大きな帝国の中の、少数派の宗教としてその歴史をたどりながら、四世紀初頭に国家から公認されました。そしてそれ以後は、ローマ帝国の国家宗教になっていく歴史をたどります。私はここで、キリスト教徒もまたローマ帝国、あるいは古代地中海世界の住人であったという観点から、社会、国家において生きる人間としてのキリスト教徒の歴史をなるべく明らかにしたいと思います。神学や宗教だけではなく、一般の歴史との関わりの中でその歴史を考えていきたいのです。キリスト教は、それを全く知らない古代地中海世界の中に生まれ、そこへ入っていきました。その入っていき方、或はまた入ってこられた側の世界の立場からも、キリスト教を眺めていこう、そのように思っております。キリスト教徒は、現実に社会を生きる人間として、その周りの世界とどのような関わり方をしたのか、周りの人々との信仰の違いや、或はキリスト教徒であるが故の行動の違いとはどのようなものであったのか、彼らの行動や考え方は周りの世界からどのような影響を受けたのか、またその世界にどのような影響を与えたのか、そのような相互の関係の中で、反発、増悪、或は共感などの感情はどのようにあらわれてきたのだろうか。こういったことを取り上げながら少数派・マイノリティーの宗教が、いかにしてマジョリティーの、ドミナントな宗教になっていったのか――もとよりこれは、ヨーロッパの歴史上を通じても宗教史上を通じても、たいへん大きな問題であります――それらを考えていきたいと思っているわけです。さて、本日の私のお話の概要は、以下のようになります。

第1節では、キリスト教徒がどのように受けとられたか、それを異教徒自身の証言から探ってみます。それから今度は、キリスト教徒の側から、彼らは周りの社会とどのように関わろうとしたのか、これが第2節になります。しかし、ここでは全く逆の評価を下す二つの見解を紹介します。ある学者（a）の考えでは、キリスト教徒は、周りの異教世界とほとんど違わない観念を抱いていた、と強調されます。それに対して、キリスト教は周りの世界からかなり区別される、独特の理論や行動規範をつくりだしていて、結局はキリスト教が古代世界を深いところで変えたのだ、人間の考え方や社会的な生き方そのものを変えたのだ、という考え方をする人々（b）がいます。そこで私としては、その研究の分かれるところを探ってみようと思っているのです。

第3節では、キリスト教徒のあり方をこれまでとはちょっと違ったところから眺めると、キリスト教はしばしば、初めの頃はたいへんな迫害を受け、苦難に耐え、殉教者の血を流しながら、ついに勝利を勝ちとったというふうに描かれている、そういうキリスト教迫害史についても、違う見方ができるのではないか、という問題提起です。ところで四世紀にキリスト教は国家によって公認されます。そして我々はコンスタンティヌス以後のローマ帝国をキリスト教ローマ帝国と呼ぶわけですが、キリスト教がこういう歴史をたどってくる過程において、古代地中海世界はどのように変わっていったのか、こういう問題を展望するのが第4節、これがだいたいの内容であります。

地中海世界

第1節に入る前に大きな前提として、では、キリスト教が生まれ、接したところの古代地中海世界とはどんな世界だったのかということに触れておきます。これはよく分かっているようなことに見えますが、もう少し歴史的に考えてみるとどうなのか。弓削達氏の『地中海世界とローマ帝国』などの研究が、我が国では一番信頼すべき研究ですが、そういう研究に基づいて考えてみますと、古代地中海世界は、地域的な偏差は多少はあるにせよ、だいたい一様な地中海性気候のもとにある。そして、そこにあった社会の基本的な形は都市であった。言うなれば、ギリシャのポリス、それを真似して、エトルスキもローマも都市をつくる。ギリシャ人は地中海世界全体に拡散していきましたから、彼らがポリスの形態を地中海世界各地に教え、埋めこんでいったわけです。地中海沿岸の、だいたい海から近いベルト地帯に、アフリカにもアジアにも都市ができていきました。その数は千、二千とも言われます。もちろん荒れ果てた野原や山地、田園地帯に住む人がいることはいますが、なんと言っても地中海世界の主要な文化、社会、経済の活動の場は都市であります。そして、その国家は専制国家とは違い、市民の集まり、つまり市民的社会であり、市民は原則としては自分で土地を持ち、自活できる、自意識が非常に強い人、独立的な人であり国家に参画して政治権力を行使する、国家の一員である、そういう強い自覚をもったはずの人々です。とは言いましても、現実にはなかなかそうもいかないので、こうした古代都市国家においてもやはり富と血統と力を持つものが支配的になるという趨勢は否めません。しかしそうではあっても、その他の地球上の諸文化に比べて市民からなる都市が中心になる社会であったことは否定できないのです。

地中海世界はやがてローマ帝国に統合されるわけですが、そこに至るまでギリシャ・ポリスは強大な専制帝国の支配下に服することはなかった、という特徴があります。そして、ローマ帝国の時代になっても、依然として地中海世界の都市はかなりの程度、かつての自治的な能力、独立的な意識と機能を有していた、このことをふまえておきたいと思います。もちろん、さらに付け加えるならば、これらの都市は市民の共同体であったということがまず第一の眼目です。自分たちの共同の国家を守るために、市民たちは奉仕もするし、戦いもするし、政治にも加わる、非常に共同体的意識が強い。そして、ここで重要なのはその共同体はそれぞれの共同体ごとに、神々への礼拝を行い神々に対するにふさわしい崇敬、その具体的現れである棒げ物をすることを重視していたということです。この共同体にとっては神々との関係がたいへん重要な問題であった、と言うよりも、古代地中海世界では、宗教は社会、政治、経済、軍事などと非常に密接に関わっていた、という方が正しいと思うのです。プラトンの言うには、都市共同体の理想的な市民の数は五千四十人だった、ということです。これは一から七まで次々にかけていくと得られる数字で、何人単位の組分けでも割り切れる、という利点があるのでしょうが、これはあくまで理論上の話です。けれども、これはポリスというのはそう大きくあってはいけないという意識がプラトンの場合にはあることを示します。ローマ帝国自体は、ものすごく広大になって、人口は六千万人くらいだと言われますが、地中海世界としてのローマ帝国の単位はやはり都市なのです。そしてその都市は、大都市ローマは例外的に巨大で人口百二十万だと言いますが、一般の都市はそう大きなものではありません。キリスト教が生まれてくる舞台となる東方都市は最大限でも五万か六万です。こういう都市では、市民ほとんどが顔見知りである。彼らにとっては共同体の宗教が大事である。そこにキリスト教徒が現れてくる。キリスト教が受ける最初の迫害の下地がここにあったということになります。

第1節　キリスト教徒は帝国社会からどのように見られたか

よそ者の宗教

キリスト教徒はそのような社会の中に入っていきました。ローマ・地中海世界の都市的社会、「異教徒」の社会にです。

我々はキリスト教以前の宗教をひとまとめにして、ユダヤ教は別として「異教」と言っています。これは英語では pagan、語源のラテン語では「田舎者の」、「野卑な」という意味になるわけですが、もちろんローマ帝国、地中海世界から言うならば、キリスト教徒が「異教徒」として現れたと言えます。しかしキリスト教世界となってから生まれた学問の場では、「異教徒」とはキリスト教を知らないローマ人、ギリシャ人を指して使いますので、そういうことを承知の上でこの言葉をこれからも使うことにします。

パレスチナがキリスト教の生まれた場所です。しかし、ガリラヤの原始キリスト教徒のグループというのは、都市的な人々ではなかったのだろうと思います。田園的あるいは荒地的であったと思います。しかしパウロ以後、ユダヤ人の枠をこえてキリスト教が広がっていった段階で、彼らキリスト教徒、あるいはキリスト教伝道者は、主としてまず東地中海世界の都市へ、「旅人」として、外の人として入っていったのです。そして、そういう形ですから、実は始めからギリシャ、ローマの都市にとってキリスト教はよそ者の宗教であったということなのです。

キリスト教徒の階層

キリスト教は初めにどのような階層に広がっていったかということについては、定まった説がありません。下層民や女性などのような弱い、社会的に差別された層にまず入っていったという根強い意見もあります。これもまた、長い研究史がありますので、たどるとたいへんなのですが、二世紀の異教徒ケルソスによりますと、キリスト教徒は、要するに地位が低いとされた職業につく連中や女子供などしかいない、との観点が出てまいります（オリゲネス『ケルソス駁論』）。しかしながら、新約聖書にあらわれる、イエスについての解釈や福音の問題は、そう下層の無学な人々ばかりに向けて語られたものではないように思えます。キリスト教には最初から相当程度のインテリジェンスを持つ、社会的にも中以上の人々が少なからず入っていただろう。パウロ自身もテント職人という中以上の市民権者であったという、これまた根強い反論もあります。実際にはおそらくその両方の

要素があったのだろうと思います、
　もちろんキリスト教には、富んだ者が天国へ入るのはラクダが針の穴を通るよりも難しいというイエスの言葉にも示されるように、貧しさを強調する傾向があります。その要素もたいへん重要ではあります。かつまた貧しさが、「理念」として教会の中で強く主張されたということはたいへん重要なことです。しかしながら他方、実際に教会の中に早い段階から、社会的にも経済的にも強い力を持つ人がいたことも否定できない事実なのです。そのような、社会的には雑多と言える人々が、よそ者から植えつけられた宗教集団を作っていきます。それは信者でないと入りこめないような、一種排他的集団であったということは確かでありましょう。そこに、さまざまな要素があるわけで、あるいは、山形孝夫さんのように治癒神礼拝の観点から見ることも一つの見方であるわけであります。
　キリスト教徒も、社会を生きている人間でありますから、四六時中まったくキリスト教徒として教会の中だけで生きるわけにはいきません、彼らが世俗の社会と交わりをもっていたということは明らかです。私は、キリスト教史は比較的この点を等閑視しているような気がいたします。もうちょっと後の時代になりますと、キリスト教徒であって、日常の社会では共同体の神々の礼拝をつかさどる祭司の役を同時に務めているようなキリスト教徒も出てくるのです。もっとも、古代都市の祭司――神官職というのは別に専門の宗教職ではなくて普通の市民が務めた役職であったのですけれど。当然のことながら、社会的に力をもつ中産以上のクリスチャン富者の方が世俗社会と交わる率は非常に高かっただろうと思われます。しかしそうは言っても、教徒は外から見てもはっきり分かるようなクリスチャンたちの閉鎖的なグループを作ったのでありましょう。

葬儀組合

彼らはいろいろな見方をされました。例えば、キリスト教徒は葬式の互助組合だ、というふうに見られていたと言う人がいます。この種の互助組合は、地中海世界には普通にありまして、貧しい人々は葬式を出すことがなかなかできませんでしたから、日頃、金をわずかながら出し合ってプールしておくわけです。そして、仲間が死ぬと――これにはいろいろな条件――街から何十キロも離れて死んだ場合は仕方がない、しかしそれ以内なら街へ連れてきて葬儀をしてやる、などありました。葬儀だけではなくて、その組合に入っている人は、定期的に集まって食事をしたりします。それぞれの組合には特定の守護神がいる。その意味で宗教共同組合でもあった。言わば弱者の救済組織、そういうものであったわけです。そしてキリスト教も、その程度のものだと見られていたふしがあるわけです。それは要するに弱者や社会的に疎外されている人々が、仲間を持つ、帰属感を持つ、そういう場、言うならば唯一のよりどころでもあったわけです。それにキリスト教徒は墓地に集まるのをあたり前にしていました。しばしば、キリスト教徒は街中で集まれなかったから、夜墓地でこっそりと集まっていたなどという説明がされてきましたけれども、そうではありません。キリスト教徒は集まろうと思えば、かなり自由に、少なくとも三世紀の末あたりまでは集まることはできたのです。

おそらくキリスト教徒自身の意識の中に、墓地で集まる、亡くなった自分たちの先祖の魂といいますか――キリスト教は霊魂不滅ではありませんから、そういう言い方は本当はできないのですが――先祖の思い出と共に礼拝をするという意識はあったでしょう。そういった形で今のローマの聖ペテロ教会も、キリスト者が集まる墓地としてスタートして、そこに教会ができてきたのです。

こういうわけで、墓地と結びつく教会として、キリスト教が葬儀組合と言われたのかもしれませんけれども、これはしかし決め手のある説ではありません。

迷信の徒

その他、異教徒がキリスト教徒をどう見たのかという証言ですが、これは、我々が想像するよりもずいぶんたくさんあります。新約聖書の中にも、パウロがアテネで演説をしてキリストの福音を語ったけれども、アレオパゴスの丘に集まった、言うならば、アテネのエリートたちはこれを鼻であしらったというような例が出てまいります。あるいは小アジアのエフェソスでは、アルテミスという女神、乳房をたくさんもつ豊饒の女神ですが、この神の神殿の模型をつくる職人たちが、キリスト教がはやるとオレたちの宗教の商売があがったりになるからと、暴動的な迫害を始めたという、そういう反応も出てまいります。新約聖書の記述については、ここまでとしまして、聖書以後の非キリスト教の資料を見てますと――その重要なものについては、ウィルケンという人の『ローマ人が見たキリスト教』（ヨルダン社）に、たいへん丁寧にかかれていますので、その本にまかせましょう――かなりあります。

二世紀のギリシャ人医師のガレノスは、その著『種々の衝動について』やアラビア語の断片の部分で、キリスト教徒は、たいへん単純な人々なのだ、素直な人々なのだ、という言い方をしていますし、キリスト教徒と呼ばれる人は死を恐れないと誉め、それから、彼らが同棲しないことも同様だ、と。これは後で詳しく論じますけれども、性・セックスというものを非常に嫌うという特徴、これは、キリスト教の初期の歴史の中で、まさに特徴的な事柄になります。ガレノスはそこを評価し、かつ彼らキリスト教徒の自制心、正義心は哲学者のそれに匹敵するほど立派なものであるとすら言うのです。

しかし、これは非常に限られた例外である。あえて、それに似たキリスト教観をあげようとすれば、二世紀のギリシャ人の小説家であるルキアノスでしょう。彼には『ペレグリーノスの昇天』という作品があります。扇動的なエセ哲学者のペレグリーノスという人物が、キリスト教徒の中に入りこんで自分はキリスト教徒でもないのに、キリスト教のリーダーとなってしまいます。だいたい二世紀の後半にこういう小説がギリシャ語で書かれるのですから、キリスト教もある程度はローマ帝国の中で、人の目につく、小説の題材になる程度の広がりは示していたという、逆の証拠にはなります。ともあれこの物語を見ますと、キリスト教徒は全くだまされやすい人々で、彼らの間での相互扶助、献金などには一生けんめいであり、要するに単純で素朴な信仰者たちです。それがペレグリーノスのような詐欺師が入ってくると手玉にとられてだまされてしまうのだ、そういう連中なのだと描写されています。ここにはルキアノスの初期キリスト教徒に対する侮蔑感もあると思われます。

これらを例外としまして、その他の証言は、キリスト教を軽蔑したり、憎悪したりするものばかりです。有名なタキトゥスの『年代記』一五巻の記述によりますと、六四年に生じたローマ市の大火事の時、実はネロ皇帝が火をつけたといううわさがたったので、放火犯人はキリスト教徒である、とネロは決めつけた。要するにだれか身代りをみつけようとスケープゴートにされたのがキリスト教徒であったというのです。タキトゥスというのはローマ史の中でも一級の歴史家であります。そこにキリスト教徒のことがはっきりと書かれている、そういう意味で、これは最古で、きわめて価値ある記録となります。このタキトゥスは一世紀終わりから二世紀にかけて生きた人で、彼は五〇年ほど前のローマの火事のことを書いているわけです。そこでは、日頃からいまわしい行為で、世人からうらみ、にくまれ、クリストゥス信仰者と呼ばれていた者達が――これがラテン語で初めて用いられたキリスト教徒を指す言葉です――逮捕され「野獣の皮をかぶされ、犬に噛み裂かれ」、「日が落ちてから夜の灯火代わりに燃やされ」るというひどい目にあうのですが、余りにひどいので、人々は同情の気持ちを抱いた。とはいえ、なるほど彼らは罪人であった、有害きわまりない迷信の徒だ、とタキトゥスは言うわけです。どんなむごたらしい懲罰にも値する、こういうふうにタキトゥスは見ているわけなのです。これがローマ側の証言に現れる、当時の共通のキリスト教観であったと思われます。タキトゥスとほぼ同じくらいの価値を持つ歴史書を書いた、スエトニウスの『ローマ皇帝伝』の「ネロ」の項を見ると、「前代未聞の有害な迷信に囚われたキリスト教徒」というふうに述べている。スエトニウス、タキトゥスといったいずれも二世紀の初めの、ローマ帝国では都市の住民の中でもエリートに属するような人々からキリスト教徒はそう見られていたわけです。

小プリニウス書簡

さらに、もっと重要な資料があります。これまた有名なものです。小プリニウスという、二世紀初め、ローマ帝国の属州となっていた小アジアの北西ビテュニア州の総督であった人物、この人物が総督在任中にキリスト教徒の裁判を担当した。その時の問題点を皇帝に問い合わせて、キリスト教をどう扱ったらいいのか、と尋ねた手紙が現存しているのです。別紙資料では、弓削達氏の『ローマ皇帝礼拝とキリスト教徒迫害』の中に収められた訳を掲げておきました。そこで彼は、キリスト教徒の裁判をするわけですが、要するに、彼は、キリスト教徒が突き出されてきますと、お前はキリスト教徒かと審問して「そうだ」とがんばった属州人でローマ市民権をもっていない人間はその場で処刑してしまいます。ですから彼は、躊躇なくキリスト教徒を犯罪者だと考えていました。これは二世紀の初めの事柄なのですけれども、この際に彼は、告白する内容が何であれ「頑固とかたくなな拒否」、これは殺されても当然だと考えますし、キリスト教徒であるということがそもそも処刑の対象なのです。しかし、それでは、キリスト教徒とは何なのであるか、ということが問題になるわけで、実は小プリニウスも、よく分からないまま、キリスト教徒は処刑して当然だと思いこんでいて処刑したけれども、その後事態が動いていくと、どうも、自分のやったことに自信がもてなくなったのかもしれません。

彼は調査をしてみます。その結果が書簡後半にでてきます。そうすると、キリスト教徒は特定の日の朝に集まるけれども、そこでやっていることは、ごく清潔なことなのであって、どうも犯罪めいたにおいはしない。そうプリニウスは言うわけです。結局分かったことは、彼らは、度はずれた迷信の徒輩だ、それ以外の何物でもない、それ以上の犯罪は何もやっていない、こういうふうに言うわけです。多分、プリニウスは、タキトゥスやスエトニウスの書物を読んだり聞いたりしていて、キリスト教徒は非常にあやしい連中だとの認識があって処刑した。しかしよくよく調べてみると、それほどあやしくない。それでトラヤヌスにどうしたものでしょうかと相談する。場合によっては処刑しなくてもいいんじゃないか、少なくとも以前はキリスト教徒であっても、もうそんな信仰は捨てました、という人間に対しては許してやってもいいんじゃないか、と彼は考えたわけです。それはなかなか、初期のキリスト教を考える上で重要な問題を提起します。しかしここで、プリニウスもまた度はずれた迷信と言ってはおりますけれども、その迷信はどのような内容だったのか、そこまでは彼は書いていない。タキトゥスもスエトニウスも、そこまでは言っていないのです。

キリスト教徒への軽蔑

二世紀後半になって、さきはどのルキアノス、それから、アプレイウスの小説の中にもクリスチャンらしき人がでてきます。それだけキリスト教が彼らの目にとまる存在になったということです。アプレイウスの『黄金のろば』の挿話には非常に身持ちの悪い女房が出てきて、それは生活がだらしなくて、朝から酒を飲んでいるような女で、しかも彼女は、神々をないがしろにして踏みにじり、国家の定めた宗教の代わりに神は一つしかないと言ってはばからない。このあたりの記述から、多分彼女はキリスト教徒だろう、またはユダヤ教徒であるかもしれない、そういうふうに言われるわけです。

いずれにせよ、ルキアノスもアプレイウスもキリスト教徒はいささか社会からはみ出た、閉鎖的な、どうもうさん臭い連中だというふうな考えをもっていたようです。そして二世紀後半になって、初めてローマの皇帝がキリスト教徒に言及している事例らしきものが出てきます。皇帝とキリスト教のかかわりは、ネロの頃からあると言えばあるのですけれども、ローマ皇帝マルクス・アウレリウスがキリスト教徒のことを知っていた。そこまでキリスト教徒は社会の中で知られるような存在になっていた、ととる人がいるわけです。

マルクス・アウレリウス帝には著作があり、それが有名な『自省録』で、神谷美恵子さんという精神科のお医者さんが、岩波文庫で訳しておられます。ある人は、マルクス・アウレリウスの『自省録』の中には何箇所かほのめかしを含めてキリスト教徒への言及があると言います。それは、例えば神々を否定する者、祖国を見捨てる者、戸を閉めてから万事を行う連中、要するに衝動にかられて、とんでもないことをする人間、熱狂にかられて倫理的にもいかがわしいことをやってしまうし、ローマ人やギリシャ人の常識に外れた激情的な行動に走ってしまう連中だ、などという表現で侮蔑的に語られる人々がキリスト教徒のことだというわけです。それから、キリスト教徒は、いつ死んでもいいし、喜んで死のうという人々だ、という、マルクス・アウレリウスの言葉がありま す。その部分を引用します。「立派に用意ができている魂とは〔キリスト教徒のごとく〕単なる反抗からであってはならない。芝居がかったところがあってはならない」。彼は、ストア哲学者ですから、おちついて、いつ死んでもいいように精神を鍛えて、平静な心を持っておかなければならない、という思想をもっています。もっとも、ただ死の準備ができているとはいっても、一部の人間のように熱狂的な単なる反抗心から、芝居がかって死を求めるようではいけない。平静に死を迎えるようでなくてはいけないと言うのです。しかし、このマルクス・アウレリウスのテキスト中の「キリスト教徒のごとく」という言葉は、どうも中世になってクリスチャンが挿入した言葉らしい。そうなるとマルクス・アウレリウスの『自省録』の中にはこの他に一箇所もクリスチャンという言葉は出てこないので、この記述もキリスト教徒のこととは断定できない、今のところ学問的にはそのレベルにとどまっています。しかし、キリスト教徒がこのようにいささか熱狂的で、始末におえない連中だ、あるいは場合によっては社会にとって危険な連中だ、とローマの人々、あるいはローマの支配階層の人々に見られていた、と考えることはできると思います。

魔法使い

さきほどの治癒神という言葉にも関連してきますけれども、この他にキリスト教徒や教会は魔法を行うグループだと見られたふしもあります。例えばアプレイウスの『弁明』の一節に、魔法使の名が列挙されていて、その中にゾロアスター、モーセ（！）と並んで、字はよく読めませんが、元のラテン語テキストにhis…という字を含む名前がみえる。そのつづりはクリストスChristusという言葉の一部ではあるまいか、などと言われます。これはもちろん、あまり確実ではありません。それよりも確かなのは、ケルソスという人の著述です。この人は二世紀の人で『真実のロゴス』という書物を書きまして、キリスト教を批判しました。ケルソスの書物自体は失われたのですが、それを三世紀のオリゲネスというアレクサンドリアのキリスト教教父が、これに反駁する『ケルソス駁論』という大きい書物を書いた。オリゲネスはそこでケルソスの著述を逐一引用しているので彼の思想が知られるのですが、オリゲネスによると彼は、イエスは魔術師だったと強調しているといいます。イエスは、荒れ野へ行った、あるいは子供の頃エジプトへ行った。そしてそれぞれの地で魔法を教わってきた。奇跡などというのは全部魔法だったのだ、と言うわけです。魔法使いなどというのはローマ帝国にやたらいたので、イエス・キリストというのはたくさんいる魔術師の一人にすぎない、とケルソスは述べているのです。

もっとも、ケルソスはこのような言い方で、キリスト教は本当に魔術師集団だったという事実を知らせるというよりも、キリスト教はこのようにいかがわしいものだと強調する、そういう意図で述べていることに注意する必要があります。むしろ、ケルソスは、そういった叙述よりも、異教の人間としては歴史上初めて、キリスト教に対して正面から攻撃を挑んだ人物として重要です。聖書の文書を読んで、十分にキリスト教を把握した上で、例えば、キリスト教は唯一の神と言っているが、キリストをも神のように礼拝しているならお前たちは二人の神を拝んでいることになるのではないか、という形でキリスト教の矛盾に攻撃を加える。我々はケルソスをそういった人物として認識することができます。つまり二世紀の後半に正面切ってのキリスト教批判の書が現れた、ということなのです。

このように、キリスト教徒はいろいろな中傷を投げかけられた。例えば、キリスト教における魔法の要素となると、我々はいかにもキリスト教と魔法というのは関係ないと思いますけれども、初期キリスト教会においては、もちろん悪魔の存在は信じられていましたし、魔法的要素と解釈されうる行為も行っています。三世紀半ばのローマの教会には、ちゃんとした役職として、いわゆるエクソシスト（悪魔祓い）というものがあったことすら知られているのです。

三つの悪徳

キリスト教は、このように迷信であると広く信じられていました。そして、彼らは、その迷信に従って目もあてられないひどい行為をしている、と。その具体的な内容についてもまた、いくつかの証言があります。いちばんまとめて書いてあるのは、アテナゴラスという、二世紀ギリシャのキリスト教教父です。彼によると、キリスト教徒が糾弾され誹謗された理由は、第一にキリスト教徒は無神論者であるということ、つまり神を信じない連中であるということ。そして、これについては、序で紹介したように、古代地中海世界が宗教とたいへん深くかかわった世界であった以上、神をもたない人間というのは、まことにおぞましい人間を意味した、ということを理解する必要があります。第二はテュエステスの連中だと言われていたということです。これは、ギリシャ神話なのですが、テュエステスという人物は兄アトレウスと仲たがいをしまして、アトレウスのたくらみでだまされて自分の子供の肉を料理に出されて食べさせられてしまいます。たいへん悲惨な経験をするわけです。ですからキリスト教徒は人の肉を食べるグループである、これが二番目です。第三番目は、オイディプスのやからだ、と言われます。これは、有名なソフォクレスのギリシャ悲劇のテーマであります。オイディプスという王は、幼くして父母と離れ、まったく父母を知らずに育ち成長して後、父親を殺し、それを知らずにいる母親のところへ行って、夫を失った母親を妻とした、これまた悲劇的な人物です。要するにキリスト教徒は近親相姦、性的な乱交を行っているグループだ、というふうに非難をあびせられたわけです。

そしてさらに具体的な、読むに堪えないような叙述がミヌキウス・フェリクスという人の『オクタウィウス』に出てきます。これは、ミヌキウス・フェリクスが、マルクス・アウレリウスの修辞学の先生だったフロントという人が言っているとして引用するのですが、キリスト教徒は人肉を食い乱交するのだと書いてあります。あるいは、もうちょっと大ざっぱには、テルトゥリアスの『護教論』やユスティノス、この人は、殉教した教父ですけれども、これにも教徒に浴せられた幼児喰い、乱交などの憎悪に満ちた中傷への反論がでてきます。

もちろん、こういったことが事実だったとは考えられませんし、実際にプリニウスのような総督がいて、調べれば事実誤認だというのは分かるわけですけれども、しかし、キリスト教徒の悪徳行為という観念は根強く行き渡っていたと思われます。プリニウスは、かなり良心的に調べ、事実をある程度つきとめたわけで、キリスト教徒の清潔な食事について述べておりますし、少なくとも教徒の生活には非難さるべきところがないことを認識しています。けれども、彼がわざわざ食事のことや、教徒の生活態度を調べ、それを記録したからには、彼は事前にキリスト教徒はとんでもない悪業にふけっている連中だという話を聞かされて任地に赴いていたことを示すのかもしれません。ともあれこのような偏見にみちた見方にとりかこまれたキリスト教徒にとって、迫害が見舞ってくるのも、そういう意味からすれば当然だったかもしれません。

第2節　キリスト教徒は社会とどう関わったか

さて、このようなキリスト教徒の方は、ローマ社会とどう関わったのでしょうか。この点については、最初に簡単に触れたように、a説とb説でいささか評価が分かれています。a説は、初期キリスト教徒の観念はいろいろな問題を取り上げてみても当時の異教徒の考えていたこととほとんど変わっていない、キリスト教は異教世界の中で特にヒューマンでもなかったし、例えば人間の差別を批判するとか、国家権力に抵抗するとか、要するに進歩的、革命的な人々ではなかったのだ、と言っています。そう言う裏にはキリスト教はそうだった、そうであってほしい、という現代キリスト者の希望的観測があるからで、だからこそこのa説のような批判が出てくるという面もあります。それはともかく、a説はキリスト教徒の、モラルの面における古代世界での積極的な役割を否定する研究です。そのような主張者は、総じてキリスト教は一般社会と同じような倫理をもっていて、かつ、ローマ帝国の中でなかなか広まってはいかなかったのだ、という考えを持っています。この点で、私が紹介してみたいのは、アメリカのマクマレンという人です。この人は、キリスト教は四世紀になって皇帝から公認されて、上から引き上げられてようやく力をもちはじめたのだ、という考え方をしています。

富の問題

マクマレンはいくつかの問題を取り上げて次々とキリスト教と一般通念はあまり変わりがなかったのだといいます。まず、富の問題です。キリスト教は必ずしも富者に対して門戸を閉ざしていたわけではない。そもそも、ギリシャ・ローマ世界では、上層の金持ちを良い人間、下層の貧乏人を下らぬ人間、という呼び方をするほど、富を高く評価する社会でした。その中でキリスト教は逆に、富を嫌い、貧しいこと、貧者を評価した、と言われます。新約聖書のイエスの言葉が知られているからです。「貧しい人たちは幸いである」とか「金持ちが天国に入るよりもらくだが針の穴を通る方が容易である」などという言葉です。しかしそれをその通り実践したとは言えない、というのです。貧しい者が助け合う原始共産制でもなかったし、キリスト教徒の集まりには最初から富者がいたし、むしろ、その富者がキリスト教の教会を支える中心的な役割を果たしていた。富に対する肯定的な見方が、一般生活とパラレルにあったのだということです。この問題についてはヘンゲルの『古代教会における財産と富』(教文館)があります。ただし、ここからキリスト教の特徴をうかがえるとすれば、金持ちは、それだけたくさん教会に捧げるべきであると主張され、意識されていたということです。三世紀のアレクサンドリアのクレメンスという人に短い書物があるのですが、それは、『金持ちは、いかにすれば救われるか』という書物で、金持ちは天国へ入るのが難しいと福音書には書いてあるけれども、むしろ、金持ちの方が救われるのだと。それは、彼は貧しい人のために捧げるべく教会に献金すれば、それだけ救いの確実さが得られるのだと、そういう論理が展開される。あるいはもっと先に書かれた使徒教父文書という聖書以後の一連の初期キリスト教文書の一つである『ヘルマスの牧者』、これは、一世紀終りか二世紀のローマにいたキリスト教徒の話ですが、これを書いた人は一応、もと奴隷だと言っていますが、ずいぶん大きな別荘をローマの郊外にもっている人で、そういう人間がローマの教会の中にいたということは、なかなか示唆的であるわけです。

富に対する考え方として、キリスト教にはこのような特徴があるというのです。そして、金持ちが自分の属する集団のために富を捧げるということの行為は、ギリシャ、ローマの都市ではあたりまえに見られたというか、金持ちの市民に義務として求められていたことを想起するならば、富んだキリスト教信徒の役割というのは、まさしく、ギリシャ、ローマの富んだ市民の場合と同じであるということも指摘できるかもしれません。もちろんここには自分の救いのために、信仰のために棒げるべきだという、キリスト教的ニュアンスの要求が付け加えられたという点は特徴的かもしれません。

奴隷への態度

第二点は奴隷の問題が挙げられます。奴隷制という非人間的な制度とキリスト教はどう関わったか。キリスト教が古代世界において奴隷制を廃止する、あるいは、奴隷を自由な身分へと解放するといった積極的な働きかけをしなかった、ということは否定できない事実です。むしろ、教会は奴隷の解放には消極的であったという研究もなされているくらいです。しかしこれも注意を要するので、だからキリスト教はヒューマニズムをもたなかったという形でのキリスト教批判をするのは少し酷だと言えます。奴隷というものが所与の前提であった古代世界の中で考えるべきであるということが一つ。それからもう一つは、古代世界における奴隷解放のやり方にはきわめて宗教儀式的な面があって、神々の前、つまり神殿などで奴隷を解放するのがギリシャの普通のやり方である以上、そのような解放は、キリスト教徒が異教の神々と接する機会となってしまう、だから解放には消極的であった。あるいは、より正確に言えば、キリスト教徒は信仰を守るために解放に消極的であったと言えるわけです。あるいは逆に、キリスト教徒は家庭の中で奴隷を大事にした、奴隷をキリスト教徒に改宗させることに努力し、共に礼拝をした、教会の中では、奴隷と自由人とが区別なく礼拝し、奴隷も何らかの務めを果たした、ということが十分考えられます。

例えば先に出たプリニウスの書簡で、プリニウスはキリスト教のことを知るために奉仕者、ミニストラエと呼ばれていた二人の女奴隷からキリスト教会の真相を究明した。多分、このミニストラエというのは教会の役職の一つで、これを奴隷が務めていた、ということが分かります。また二世紀後半フランスのリヨンで起こった迫害で、ブランディナという女奴隷が牛の角にかけられて無残な殉教をするのですが、彼女も教会の中で何か役を担っていたということが推測されています。こういう形でキリスト教のヒューマンな奴隷への扱いはあったかもしれません。ただし実は、ギリシャ、ローマ世界においても、紀元前一世紀ごろから奴隷も人間である、という考え方が一般に認められるに至っています。これは、アリストテレスとくらべるとよく分かります。紀元前四世紀のアリストテレスは、有名な言葉ですが「奴隷は口をきく、物を言う道具である」と考えていて、奴隷には人格がないということが建前だったわけです。けれども、道具だと言いながら奴隷が人間であることは疑いえない、ということは、突きつめていけばギリシャ人も別にそれを否定はしなかったのでしょうけれども、それが前一世紀に本格的な論議として出てくる。奴隷の人格承認は、ギリシャ人、ローマ人がキリスト教よりも先にやりだしたのです。そして、奴隷に対する扱いもヒューマンにやるべきだと言われだします。ただ、その理由は、あまりひどい扱い方をすると奴隷が主人を暗殺する恐れがあるからというようなところもあるわけです。いずれにせよ奴隷への寛容の動きは、何もキリスト教が先ではない、ということが指摘されるのです。

ともかく、キリスト教はドミナントになっていっても、奴隷を廃止するという方向へは働きかけてはいない。奴隷は自然になくなってはいくのですが、それでも、例えば、キリスト教を公認した皇帝のコンスタンティヌスの時にむしろ奴隷の扱いが厳しくなったということが法律から知られます。いったん自由にされた奴隷が不道徳な行為をしたらただちにもとの奴隷の身分にもどすという規程が新しく決められたのです。また、奴隷に対して主人が売春を強制する行為は四二八年、キリスト教が公認されて百年以上たってからようやく禁止されたなどということも証拠になります。コンスタンティヌスは、奴隷の解放をただ一部だけ承認しております。しかしそれはどういう所に現れるかと言うと、異教徒である主人に所有されている奴隷がキリスト者の場合は解放させる、という、そういう形では出てくるのですけれども、基本的には、奴隷制を廃止するなど考えていなかったことが指摘される。あるいは、キリスト教皇帝時代の法典をみても下層民や女性、奴隷に対する法文の文言は依然として非常に差別的であるということも、キリスト教のモラル、ヒューマニズムについて、初期の段階では、とても時代をリードする進歩的なものと言えなかったことを示します。

見せ物への態度

その次の問題は、ローマ帝国の都市で催される演劇や戦車競走、人間同士や人間と野獣が戦う剣闘士競技、野獣のショーなどの娯楽に、キリスト教徒はどのような姿勢をとったか、これで比較がなされます。この種のショーは、ローマ地中海世界の都市生活では、ちょうど現在の相撲・野球やサッカーの役割を果していたわけです。市民がこぞってこの種のショーにのめり込む、という姿がしばしば見られたのです。

このような公的パフォーマンスに対して、テルトゥリアヌスやアレクサンドリアのクレメンス、アウグスティヌス、その他のキリスト教著作家は、一貫して非常な嫌悪感を示しております。こういったものからキリスト教徒は遠ざかるべきだということです。演劇、パントマイムを含め、それらを演じること、また、酒を飲むこと、お化粧、宝石、女性が派手な服を着ること、冗談をやたら言うこと、これらはキリスト教徒にふさわしくないと、モラル面でも強調されました。これは、見ようによるとキリスト教が一般社会の中で非常に倫理的、道徳的であったことの証拠であったと考えられなくはないわけです。剣闘士競技が、いかにアンチ・ヒューマンで残酷なものであったかは、我々にも分かります。そして、それを喜んで人々が声をからして、息も絶え絶えになって敗れた剣闘士を、「そのまま殺せ」とか「よくやった」と熱狂的に叫ぶ。あいつは二六人殺した末にやられたがよく戦った、と。また有名なスターにあこがれるように剣闘士奴隷のファンになる。このような姿をみてキリスト教徒は、これでは人間は堕落してしまう、流血を好むようになる、あるいは賭けがはびこってくると家庭が崩壊してしまう、と。そのようなことからは絶対に信者を遠ざけねばならないというわけです。

そういった問題については、こういった催しがこれまた宗教祭儀と結びついていたことが背後にあるのです。ともあれ、キリスト教徒のかかるショーに対するこのような反感というのは、それだけ彼らが倫理的であったことを示すものなのだろうか、ということは問題です。それについてａ説は次のように指摘しています。この種の公のパフォーマンスについて、実はローマ社会でも、とりわけ上層の哲学者や元老院階級、あるいは皇帝たちは、明確な蔑みの念をもっていた。こういう競技などに熱中する人間は愚かである、とすでに言っていたのだ。だからキリスト教徒のこの種の批判は特に新しいものではない。小プリニウスやマルクス・アウレリウスの証言にそのような批判が出てくる、というのです。

これが一つの見方ですが、もう一つの見方は、常にそのようなショーに対する反感や侮蔑の念がありながら、この種の催しものは連綿として続いた事実がある。ということなのです。エリートたちは心の中では軽蔑しながら自分たちの財布をはたいて都市の中でこのような催し物を主催する義務を負っていた。これが地中海世界の金持ちと貧乏人の関係の構造だったと言うわけです。

キリスト教皇帝になっても、この状態は実は変わらなかった。四世紀になっても、神々のための祭典としてオリンピック競技が続いていた。残酷な剣闘士競技も、五世紀の前半まではローマや新しい都市コンスタンティノポリス、キリスト教ローマ帝国の首都でも行われていた。熱心なカトリック信者として有名であったテオドシウス大帝も、古い首都ローマに入城した時は異教の神々の祭典の競技のために戦車やあるいはそういった競技のための資金を与えて熱心な異教徒であった元老院議員、シンマクスという人物からたいへんな感謝を捧げられたという事実もあります。キリスト教徒のこの種のショーに対する態度は、異教徒とくらべて特に際立って違ったものではなかった、ということです。

キリスト教皇帝の刑罰

その次の論点として、三世紀から四世紀にかけて、ローマ帝国は、犯罪を冒した者に対してたいへん残酷になってくるという傾向があげられます。だいたいローマでは、犯罪への死刑は、崖からつき落とす、あるいは自殺を命じる、刀で首を切るなどでしたが、総じて市民の処刑は少なく、相当ひどい犯罪でも追放刑程度であった。それが帝政期が進むにつれて刑罰が非常に多様になっていきます。下層民や奴隷には、十字架刑、火あぶり、野獣に食べさせる、鉱山労働――当時のことですから一度暗い鉱山に入ると死ぬまで日の目は見えないということから死刑と同じでした。こういった傾向が目立ってきます。

そして、四世紀のキリスト教皇帝コンスタンティヌス帝の時代に、とりわけこの種の残酷な刑罰が非常に増えてくる、倍増する。特に目立つのは性犯罪に対する規制が厳しくなりました。それから官吏の不正、汚職をやった者には煮えたぎった鉛を飲ませる、手足を切り落とす、舌を抜く。こういう刑罰は、むしろキリスト教皇帝になってから新しくできた。鉛を飲ませるのを発案したのはコンスタンティヌスらしいのです。

これは、コンスタンティヌスが異常心理の持ち主だったというわけではなくて、ローマ帝国が徐々にそれまでに地中海世界がなじまなかった専制的な帝国に変化していく時、今や市民の世界ではなくなって、上は皇帝から下は下層民、奴隷にいたる階層的な社会に移っていく、権力が強い社会になっていく。そういう社会の中で、皇帝権力のもとで国民は、厳しく残酷な扱いを受ける傾向をもつ。そのことを示している。キリスト教ローマ帝国は、まさにそのローマ帝国の動きをそのまま継承したのであって、初期キリスト教は残酷な刑罰はヒューマニズムに反するという意識をもってこれを批判したりはしなかったのです。

社会的不正

それからａ説では社会的な不正に注目します。古代末期の世界の一つの特徴は、暴力と汚職とコネ、これがたいへん特徴的に現れる社会である。そして、そのような買収や汚職、不正万能の世界の中でキリスト教徒あるいは教会はどう行動したかと言うと、特にそれを糾弾したりしなかった、ということをａ説では強調します。後にも出てきます修道院運動を始めたパコミウスは、彼が住んでいたエジプトの地で、飢饉になったとき、弟子を遠くの町に派遣して、食糧調達をやらせます。その弟子に、熱心なキリスト教徒の倉庫の管理人がひそかに不正を行って、パコミウスのために食糧をくすねて都合してくれるわけです。それをもち帰るのですが、パコミウスは、不正に入手した食糧についていては、多少量が多すぎたことに文句を言っただけで、なんらそれ以上とがめだてをしなかったという記述が伝記の中に残っているといいます。

それから、すでに三世紀の後半からアフリカの教会の中では金で司教職を買う聖職売買が現れ、これはキプリアヌスのような教父から非難を受けていますが、ここでもまたキリスト教徒は一般常識と変わったモラルを示すわけではないことが指摘されるのです。

性の問題

このように、キリスト教と一般社会との相違においては、類似面を強調するa説の代表のマクマレンも、いくつかの点ではキリスト教が当時の地中海世界で特異な特徴を示したと言います。それは性に関することです。キリスト教は離婚、あるいは再婚というものをきらった。それを認めなかった、ないしはキリスト教の聖職者は独身者であることを求められた。これはかなり特徴的な点だと言うわけです。もっとも、性という問題を厳しく考える倫理的な動き、それから一夫一婦の夫婦関係や家庭というものに高い価値を置く考えも、二世紀あたりのローマ帝国ではそれ以前よりも強く意識されるようになっていたから、キリスト教が特に進歩的であったとも言いきれない、とは付け加えられます。

皇帝への態度

それからマクマレンの言うもう一つのキリスト教の特異性は、アンブロシウスというミラノ司教が、皇帝テオドシウスの時に、皇帝が非常な怒りにかられてたくさんのテサロニケの市民に虐殺的な処刑を科した時、皇帝をとがめ、礼拝の聖礼典を受けられないように、彼を一時破門処分にした事例に示されます。ここで強調されるようにキリスト教には教会の権威がローマ帝国や法を超える、という意識があった。これもまた、それまでの宗教や社会の中で特に見出せなかった、という点であることが指摘されています。

しかし一方で、マクマレンは言っていませんが、実はキリスト教の帝国観、当時の皇帝に対する考え方というのは、必ずしも一般社会とは違っていない。よい皇帝はよい皇帝として受けとめるというように、その種の考え方でもキリスト教は、やはり伝統的というか、周りと同じ考え方を示す、ということも指摘されなければいけないことだと思います。

このようにa説でいきますと、キリスト教というものはローマ帝国の中でも特に変わった倫理や価値観を示したわけではないし、それに帝国社会への浸透の度合もたいしたものではなかった、ということになります。しかし、キリスト教徒も生活の多くの場面を一般社会の中で行っていた以上、彼らがすべての面でキリスト教的に生活するなどとは、はなから想像しにくいわけです。ある意味でa説が言うことは当然だということです。これに対して、キリスト教は一般社会との関係においてもっと深く異なる点が大きかったと主張する考え方もある。私はどちらかと言うと、このb説に与したい。しかし、歴史的には、a説の方も無視できない、そのような考え方に立ちます。

さてb説についてはアメリカのピーター・ブラウンという学者の見解を中心に紹介したいと思います。彼は、二世紀から五世紀にかけて、地中海世界が大きく転換し、中世へと動いていった中で一番大きく変わったことは都市を単位とする社会が、教会を生活の中心とする世界へと変わっていったことだ、要するに古代末期の変動の中で一番大きく重要な問題は、キリスト教が果たした役割だ、という風に考えます。それは私にはたいへん示唆的で有益な見方のように思えます。

少数派集団の連帯性

キリスト教は、ローマ帝国の中で全くの少数派として存続しなければならなかったので、教徒は彼らの集団の連帯性を非常に強めようとした、そのために、彼らは教会の内と外の間に大きな裂け目を置いた。ギリシャ・ローマ都市では、エリートと大衆との間に大きな裂け目があったことと対比されます。つまり教会は閉鎖集団ということになりましょう。キリスト教徒同士は、うちとけて、心の中を明らさまにして、互いに秘密のない状態でなくてはならない。しかし、外に対しては、それを開け広げないというわけです。キリスト教は外から蔑まれ、憎悪され攻撃を受ける。したがって、キリスト教徒たちは外から見て分かるような厳しい倫理的な生活を行うことを自らに求めることになる。

禁欲・性の忌避

もっとも特徴的に現れるのは、性を断つと言うことです。キリスト教徒はなるべくなら結婚しない方がいい。配偶者に死なれた場合、残された者は再婚しない方がいい、してはならない、と認識される。結婚した夫婦もできる限り性的関係はもたない方がいい、という風にあらゆることを性というものに結びつけて避け、肉体を卑しいものと見なし、そういうモラルをもち込みます。かくして、二世紀や三世紀のオリゲネスのような有名な神学者を含めて、何人かのキリスト教徒たちは、男性の場合ですけれども、自ら公の場で去勢して、私たちはこれほど性と関係ありませんと言うことを示そうとしたということがあります。そういう厳しい倫理の面が性に現れる。その倫理でもって教徒を結集していく、とピーター・ブラウンは言っております。それだけではありません。このように、性に対しては、一般社会と見方が違う、例えばユダヤ教などは、指導者も妻をもつことを許されておりましたが、キリスト教の中では、指導者こそもっとも禁欲を守らなくてはならないと言うので、司教をはじめとして高級聖職者は、決して妻をめとってはならないという、聖職者童貞制というものが確立していくというわけです。かくして、キリスト教会の中には、処女たち、或は夫を亡くしたやもめたちが以後の生涯をすべて教会に捧げて奉仕するグループが形作られることになります。

しかし、人間のことですから結婚もし、家庭をもつ人間がいないわけはありません。そういう人たちはどうかと言うと、教会の中における地位は性を断った人たちにくらべて非常に低いわけです。但し、彼らは自分たちの富を教会に捧げることによって自分たちの罪をある程度軽くすることができた。そういう構造が成り立ってくるというわけです。キリスト教徒は罪ある人々である。しかし、その罪を献金によってあがなうことができる。その献金は貧しいものたちを救うためにまわされる。貧しい人々というのは、これは象徴的に罪ある人間を示しているのだ、そういうふうに考える。それが、キリスト教の構造における大きな特徴であることが分かります。やがて都市的社会が専制ローマ帝国の圧迫を受ける中で、教会は一層こういった信者たちを集め、外の世界とは異なる倫理の中で力を得ていく。教会の聖職者が性を断った人々として一般社会に対しても、重要な発言権と指導力をもった社会になる、とピーター・ブラウンは言うわけです。そしてこの教会の中でももっとも良く禁欲を守ることのできる人々、これが修道者、隠修士として、都市から出て行く。荒れ野で修業を始め、そこに修道院を営み始める。都市の生命力が弱まっていく中で、教会や修道院の象徴的、信仰的な指導力は次第に性や夫婦、家庭関係、経済、あるいは、裁判の上でも重要な役目を果たしていく。こうして、都市中心の地中海世界は大きく転換して行くのだ。これがピーター・ブラウンの考えです。

我々は、これまで述べたa、b二つの両面から初期キリスト教の歴史、古代末期の展開というものを考えていけるだろうと思いますし、またその必要があるに違いないのです。

第3節　キリスト教徒迫害の実態

以上述べましたようにキリスト教と異教社会との関係をめぐる評価は、こういう分かれ方をするのですけれども、キリスト教徒が徐々にローマ帝国の中に浸透していったことは間違いありません。その理由はいろいろと考えられます。ここでは、初期キリスト教徒が受けた迫害という問題を取り上げて、初期キリスト教の歴史の一つの側面を考えてみましょう。ではその迫害は実際はどのように行われたのかということです。

民衆リンチ

そこで初期迫害——私は四世紀初めの大迫害にまで至る迫害のうちでも、二世紀までを一応初期と呼ぶことにします。その二世紀まで、あるいは三世紀初めまでの迫害を見てみると、やはり我々は（二）のa説にもうなずける所がある。つまり、キリスト教のローマ帝国社会の中における重みというのは、全体から見ればさしたるものではなかったということは必ずしも否定できないように思えるのです。どういうことかと言うと、この時期の迫害は決してローマ帝国、帝国政府が正面から行なう国家的迫害としては一度として行われなかったという事実があるからです。

実際、キリスト教は生まれてからすぐに、『新約聖書』にも見られるようにユダヤ人たち、あるいはエフェソスのアルテミス神殿の商売で生活している人たちがおこした事件から見られますように、ギリシャ人たちによって、言うならば民間レベルのリンチ的な形で迫害されておりました。エフェソスの例もそうですけれども、都市や属州の当局者は、キリスト教徒に対するこの種の迫害には非常に冷静に対処しました。公式の法的手続きでもってこれを扱おうとし、迫害に公的に加担しようとはしなかったわけです。我々は、有名な迫害としては、ネロ帝時代、六四年のローマ大火直後のキリスト教徒迫害を知っております。しかしこれは帝国が、キリスト教徒は有罪であるとして命令した迫害ではなくて、あくまでも大火の放火犯としてキリスト教徒が特定されたということにすぎません。従ってこの時キリスト教徒は、まさにローマ市で迫害されただけでありまして、その他の地域では、迫害されておりません。その後しばらくは迫害されることもなかったのです。九六年にはドミティアヌス皇帝が迫害をした、そのために小アジアで悲惨な出来事が起こって『ヨハネ黙示録』が書かれたということも定説化されておりましたけれども、最近の研究では、実際に九六年にそのようなキリスト教徒を特定した迫害が行われた証拠はないとされているのです。次いで二世紀段階では先ほど来何度も史料から見ましたように、キリスト教徒に対する認識は一世紀に比べれば徐々に深まっています。そして先ほど示したような見方をされながら、しかし多くの人にとっては、あまり意識されないでキリスト教徒は存在していた。しかも帝国政府も属州総督も迫害には乗り出していません。彼らキリスト教徒たちは、多くの場合、割合おおっぴらに礼拝を守り、墓地の集会も続けていた。伝道も行われていたと思われます。

もっとも、我々は小プリニウスの書簡から、先述の二世紀初頭のキリスト教徒たちが小アジアで告発されていたという事実を知っておりますし、それからローマではユスティノスというギリシャ哲学をよくするキリスト教教父が殉教している事件を見ることができます。それから小アジアでは二世紀半ばにポリュカルポスという、スミルナの教会の八〇歳を超える高齢の司教が殉教していま す。また一七七年と想定されますけれども、フランスのリヨンで、四八人のキリスト教徒が殉教するという迫害が生じました。このように二世紀が進むにつれて、キリスト教徒迫害が目立ってくるということは事実です。しかし、これらの迫害の多くは、都市で特定の時期に、何か飢饉が起こるとか、あるいは戦争の後だとか、疫病が起こるとか、ないしはその都市で何年かに一度の大祭典が行われる、皇帝が来る、という類の宗教的社会的な高揚の機会をきっかけに、民衆の中から自然発生的に起こったものばかりと言っていいと思います。中にはユスティノスの殉教のように、彼が哲学の学校を開いて人気を得ているので、嫉妬したライバルの哲学者が彼を告発するということから生じた迫害もありましたけれども、多くはポリュカルポスやリヨンの迫害のように、民衆たちが突然キリスト教徒を襲う、そういう形で出て来る迫害であります。

告発

　このように初期の迫害は民衆的なリンチから始まることが多いのですけれども、その次の段階は当局にキリスト教徒を告発するという手続きをへるわけです。そうなると当局は、これは非常に大きな問題になるのですけれども、先ほど言いましたように、当局はキリスト教徒である限りはこれを処罰するということになります。私が指摘しておきたいのは、このようなリンチ的な迫害がいつまでも続くのではなくて、裁判の場に持ち出されてくることです。実はこのように告発によって裁判が行われるということもまた、ギリシャ・ローマの都市的な裁判のあり方なのです。現代のように警察が出ていって逮捕して告発が始まる、検察が告発するというのはほとんどないので、国民が、自分が被害を受けたから告発する、そこから出発するわけです。告発がない限り、犯罪は生じないという原則があるのです。このような民衆の告発によって生じる迫害に対して二世紀の諸皇帝はむしろ熱狂的な迫害に対してはこれをやめさせる、あるいは無責任な匿名告発を禁止する。当局は積極的にキリスト教徒を探し出しに行ってはならない、こういう態度で処するわけです。それは皇帝トラヤヌスがプリニウスに対して与えた答の中に出てきます。

　ローマ帝国ではトラヤヌスが二世紀初め、それからハドリアヌス、アントニヌスと続きます。このあたりの皇帝までは、熱狂的迫害を禁止する指示を与えていますが、五賢帝最後のマルクス・アウレリウスのときにおこったリヨン＝ルグドゥヌムの迫害に際しては、マルクス・アウレリウスは激しい迫害を行う総督、あるいは都市に対して、これを是認する方向を示しています。そういう意味で、キリスト教徒に対するローマ帝国の姿勢は徐々に厳しくなっているということは指摘できます。しかしなお我々は先ほどのような初期迫害の基本的性格は続いている、帝国自体が乗り出していくという事実はまだ見出すことはできないように思われるのです。

なぜ迫害されたのか

ところで簡単に、キリスト教徒はどうして迫害されたのかと申しますと、例えば皇帝礼拝を拒否したから迫害されたと高校の教科書にはのっているかもしれません。しかしそれだけではないということです。例えば弓削達氏はキリスト教はローマ帝国の諸共同体が一致して行わなければいけない行為に加わろうとしない閉鎖的な団体を作った、そのために彼らはうさんくさい、社会になじまない連中だ、として迫害された、と言います。共同体の交わりには非常に宗教的な要素が強いから、彼らは無神論者だと見なされたというのが一番大きなキリスト教徒迫害の背景だ、と。共同体的な行為に加わらないから段々迫害されるようになったのかどうか、それとも最初から彼らはそのようなものとして存在していたかどうか、ここはなかなか難しいところがあるのですけれども、どうも私にはある学者――フィティングホーフの研究が示唆的なように思われます。彼が言うには、クリスチャンという言葉が知られたときに、すでにその名前自体が犯罪者という風にまわりから受け取られるものであった――つまりキリスト教徒と人々が見たときに、弓削氏がいうように、あいつらはこういう我々の行動に入らないからけしからんのだという論理の前に、キリスト教徒だからけしからんという「偏見」がもう始まっていたのではないかという気がするのです。もっとも、教徒についての情報がなければ何も分からないわけですから、突然キリスト教徒があらわれた村などでは良いも悪いも分からない、しばらくするとどうも変だということになってきたかもしれません。

これは歴史研究上もたいへん難しい問題です。しかし、例えばクリスティアノイという言葉は、新約聖書の『使徒行伝』の中に初めて出てきます。アンティオキアという町でキリストを信じる者たちが初めてクリスティアノイと呼ばれたという記述です。これは、要するにキリストをあがめる者たちという意味ですが、どういうことかと言うと、ナザレのイエスという人物がたいへんけしからんことをして十字架につけられた、ところがその人物が復活したなどとでたらめといいますか、ホラを吹いてそれを神とあがめる、ありもしない復活をしたと言ってその犯罪者をあがめるような、そういう連中がクリスチャンだ、犯罪者をキリスト・救い主だと崇める連中だと、そういうところから名前がついた、と言うわけです。私もそういうことなのではないかと考えています。そういうキリスト教徒のまわりの人々の「心的」な問題が背景にはありうるのです。

しかし、実際のローマ地中海世界は共同体意識が強いとはいうものの、よそ者に対して特に常に排他的、排除的であったとは限りませんでした。ですからクリスチャンは普段は他の人といっしょにくらしていて、何か事があればその事態の責任を負わされる犠牲の小羊予備軍として、地中海世界の都市に存在を続けていたと言えるのかもしれないのです。

ユダヤ人もまた同様に共同体の中に入り込まない者として、ローマ市から追放されたり、あるいは無理矢理反乱をおこさせるように仕向けられたりして、紀元六七年、そして一一三年頃に大反乱をおこします、初期キリスト教徒の殉教者よりも反乱で命を落としたユダヤ人の方が数はきっと多かっただろうと思われます。ところがユダヤ人の場合は――ローマ帝国の中においてはこれも無神論者と見られていましたが――ローマに対して反乱のあと一種の税金を払うことによってユダヤ教の礼拝が黙認されるという形で存在を許されていた。そして彼らの場合はユダヤ教徒はすべてユダヤ民族であるということが当然の前提とされている。時々ローマ人が割礼を受けてユダヤ教徒になってそれで処刑された、追放されたという例はあります。しかし民族的な枠内の宗教であるということはローマ帝国の政府にとっても都市にとっても、あるいは一般社会にとってもある種安心できる。しかしそれに対して、ユダヤ教徒よりも少なかったであろうキリスト教徒は、我々もよく知っているように民族的な壁がないわけです。どの階層、奴隷も自由人もある程度、礼拝するのは平等だという形であることは、逆に言えば伝道する際の強みにもなっていたでしょう。けれども、周囲の社会からすると、妻や子供がいつキリスト教に引き入れられるか分からないという一種の恐怖感を与えることにはなる。それが増幅していきますと迫害になる。実際に、妻がキリスト教徒になったので離縁するとか子供を奪って妻を家から追い出すとかそういう事例は出てくるのです。

そういった背景があって、我々の知る民衆規模の迫害がまずおこってくる。それが二世紀段階だったと思えるのです。一方キリスト教徒の側は、ピーター・ブラウンが言うように、独特な論理や倫理をつくって防衛を強めていったかもしれません。けれども同時に彼らは一般の社会生活をしている人々である。教会としては、(二)のa説が言ったように、特に異常な行為を教徒たちに求めない、むしろ妥協的な姿勢もあったということ、このことを否定してはならないと思われるわけです。異教神殿に仕える祭司でありながら教会に来る、あるいは戦争に行って兵隊になるキリスト教徒もいくらも見つかってくるのです。とりわけ神々の礼拝を非常に熱心に行う軍隊にもキリスト教徒は既に二世紀からたくさん見出せるのです。

帝国の危機

さて、このような状況が続いていた二世紀から三世紀に入ると、ローマ帝国自体が大きな転換点を迎えることになります。ローマ帝国は大きな危機に直面します。経済的な不振、あるいは外民族の侵入などがおこります。こういう状況の中でローマ皇帝の地位が不安定になってきて彼らが次々に目指したものは皇帝権力を強化し、都市、帝国住民に対する圧迫の度合を強め、言うならば搾取の度合を強めていくことでした。そしてそれに加えて皇帝たちは自分の権威を強化し、ローマ帝国国民の精神を動員するためにイデオロギー政策を強調することになります。ある皇帝は太陽神を帝国住民に礼拝させようとし、ある皇帝はユピテル、マルスのような伝統的なローマの神々の信仰を復興させようとしたり、とにかく宗教心を高めることによってローマ帝国の守りを強くしようという方向にいくわけです。

しかしある時点まで、つまり三世紀半ばまで、ローマ帝国の混乱の中でもキリスト教は迫害のない小春日和をある程度楽しむことができたようです。むしろ、都市に対する圧迫が強まる中で、窮屈さを覚える人達が教会へ行く、圧迫される苦労の中でキリスト教に救いを見出そうとする人も確かに増えていったということは言えるかもしれません。というのは、三世紀半ばのローマ教会のデータが残っているのですが、このローマの教会は、二人の司教、四六人の司祭もしくは長老、七人の執事、七人の副執事、四二人の侍従のような役割をする人、それから先ほど言いましたエクソシスト、つまり悪魔祓いをする人、聖書を朗読する人、守衛、こういった下働きを合わせまして五二人、全部で百数十人の役職をかかえていた上、教会がその食事を保障してやる貧民、やもめ、みなし子は千五百人以上であった、と言うのです。貧民層が千五百だとすると、だいたいその五倍くらいの人間が教会に集まっていたであろう、するとローマ市のキリスト教徒は七千五百人くらいであったという、そういうデータがあるわけです。また、北アフリカの教会も非常に豊かになり、豊かになったあまりに聖職者を選ぶ選挙に不正が生じてくるというようなことも先ほど引用した通り起こっています。そしてついには小アジアにゴート人が侵入してきた時は、キリスト教徒がゴート人に内通してローマを敗北に導いたというようなうわさが立つほど、キリスト教徒の活動が活発となる、ないしは反社会的になったと人々から見なされる、そういう事実が見出されるわけです。

全帝国的迫害

そういう過程で当然我々はいよいよ三世紀半ばに帝国が迫害に乗り出してくる事実を見出すことができる。キリスト教徒の迫害はこの時点で大きく転換します。そう言いましたのは、やはり初期迫害からいよいよ最後と言いますか、本格的帝国迫害の時代になったと私は考えます。特にそれは、皇帝がどのようなイデオロギーで帝国精神を総動員するかという過程で出てくる問題です。三世紀前半のエラガバルスという皇帝はシリアから出た皇帝でありますが、彼はシリアのエメサにあったローカルな太陽神を帝国の宗教にしようとします。それ以前から太陽神は割合よくローマ皇帝たちの好むところになっていました。やはり太陽神というものは、もろもろの神の上に君臨する神だという意識があったのでしょう。ミトラスという有名な神も同様に太陽神です。一神教を受け容れる下地は徐々に生まれていたと言えます。しかしまだ皇帝が神として何を選ぶのかということがかなりの影響力を持つということは、逆に言うならばキリスト教を選ぶ皇帝も「可能性」としてはあったと言うことでありあります。そのはしりとして出てくるのが、アレクサンデル・セウェルスという皇帝です。三世紀の前半に出て来ます。この人は自分の宮殿の居間に、神々の像と並んで、しかもギリシャ・ローマの神々ばかりではなくて、東方ペルシャ起源の神や、アブラハムやモーセ、そしてキリストの像もおいていた、一種の混合宗教を目指したということが異教史料に出てきます。また、学者によっては、もっと後のフィリップス・アラプスという皇帝がキリスト教に好意的で礼拝に出た、と伝えられ、初めてクリスチャンに改宗した皇帝だと言う人もいますが、私はちょっとそれは考えすぎだと思います。でもここで重要なのは、皇帝が何を選ぶかということのインパクト、これが既に準備されているということです。逆のインパクトが出ますと、三世紀半ばのデキウスという皇帝が伝統的なギリシャ・ローマの宗教の祭儀を全帝国民に行わせて、蛮族や疫病の害からローマを守ろうという、そういう政策をうち出した時に、キリスト者の一部は屈服して祭儀しに行きます。行かないのもいますけれども。しかし拒否した連中はかなり広い規模で帝国によって迫害され、処刑されます。これが我々の言う全帝国的規範でのキリスト教徒迫害と呼ぶべきものであります。その後、出てきたウァレリアヌスも大規模な迫害をやります。

公認への前史

ところが、ここでもまだキリスト教徒迫害は、長期的、全帝国的規模でずっと続くものではありません。ヴァレリアヌスという皇帝の息子ガリエヌスは迫害をやめ迫害中没収されていたキリスト教会の財産を返還するという、実質的なキリスト教徒黙認・寛容の措置をとります。ガリエヌスがどのような神を選んだかと言うと、それほどキリスト教に近いわけでもないのですが、ただおそらくここにはガリエヌスが、父親でキリスト教を迫害したヴァレリアヌスと非常に仲が悪かったということ、それからキリスト教徒を迫害したヴァレリアヌスがペルシャとの戦闘に敗れたすえ、たいへん悲惨な最期をとげたらしいことと、このことが影をおとしているのかもしれません。

しかしいずれにせよガリエヌス以後、二六〇年から三〇三年までローマ帝国による迫害は全然行われませんでした。そして注目すべきことに、二世紀の初頭から二世紀後半まではさかんに見出すことのできた都市の民衆レベルによる迫害の例もまたほとんど見出すことが出来なくなってくるという事実に気づきます。ここでもまたキリスト教徒のおかれていた地位は大きく転換してきたように思います。これまで都市的な要素を強く保ってきた古代地中海世界も、三世紀の混乱と帝国の矛盾の下で、都市自体が衰えてくる。こうして都市の宗教活動も弱ってきたということが考えられるでありましょう。ですから今や帝国においては、キリスト教のみならず他の多くの元々ローマのものでない宗教が人々の心をとらえるようになりました。それまでのギリシャ・ローマ的でない宗教です。ミトラス、イシス、セラピスその他諸々の神々の名が知られます。それに対してローマ皇帝は新しいものを選ぶのか、ないしは古い宗教をまた持ち出すのか、新しい神々の中からどれを選ぶのか、こういう問題に直面する。そのこととキリスト教は非常に深く関わってくる。第２節で述べたａ説がどう言おうとも、三世紀のキリスト教はそこまで存在感をもつに至っていた、と私は考えます。それで二六〇年から三〇三年の四〇年間キリスト教は、ほとんど迫害を経験しなかったわけでありますから、その間ついには皇帝の宮殿のあるニコメディアのような都市に大きな教会堂ができるというような事態が生じたのです。

第４節　古代地中海世界の終焉

キリスト教の浸透

最後の４節に入って簡単に終ることにいたします。そのような四〇年の平和の後に三〇三年ディオクレティアヌス皇帝が大迫害に着手します。キリスト教はかなりのインパクトを示していたという観点から見ますならば、大迫害は遅きに失した抵抗だったということになります。迫害の規模も殉教者の数も、それまでとは比べものにならないほどではあったのですけれども、迫害は西方では三年でおわります。東方は一〇年ほど続きますが、三〇六年に西方で位についたのがコンスタンティヌスです。彼の時代、いわゆる「ミラノ勅令」が三一三年に公布されてキリスト教は公認されます。キリスト教皇帝コンスタンティヌスが現れたのは必ずしも偶然ではない、それだけの素地がキリスト教徒によって獲得されていたという風に、浸透説からするならば言うことができるだろうと思います。というのはコンスタンティヌスの妹のひとりの名前はアナスタシアで、その名前は、

「復活」という、たいへんキリスト教的な響きを感じさせる名前なのです。つまり、コンスタンティヌスの母がキリスト教徒で、この名をつけたのかもしれない、と推測させる根拠です。

その他、軍隊にはいよいよ沢山のキリスト教徒が入り込み、彼らが果敢な抵抗を試みて殉教するという事例もみられる。キリスト教徒の浸透は相当程度のものだったというふうに主張しても、あながち誇張ではないと確かに言えると考えます。ただ、にもかかわらず我々がパーセンテージの上で考えるならば、キリスト教徒は少なくとも帝国の東方において、所によって半分以上キリスト教徒という地域があったかもしれないけれども、まだまだ全体的にみるならば優勢ではない。というのは、ローマ帝国の最高の役職にはほとんど一人もキリスト教徒である人物が出てこない。コンスタンティヌスという、権力を獲得した皇帝がキリスト教を公認し、自らキリスト教に接近することによって帝国エリートへの突破口が開かれた、という点からするならば、キリスト教の浸透もまだその程度であったのだとも言えます。（二）のａの批判説も、あながち葬り去れないということになります。

コンスタンティヌス帝

いずれにせよ、コンスタンティヌスが現れたということはその後のキリスト教の浸透をまさに可能にする大きなインパクトとなったことは確かであります。くわしくは申しませんけれども、教会に対するたいへん手厚い援助、教会の信条の統一、あるいは司教を集めて一緒に食事をする、あるいはコンスタンティヌス自身が「余は司教なり」と宣言したりする、そういう状況のもとで、キリスト教徒が、ローマ国家の最高の役人、例えばコンスル、あるいは皇帝の側近の近衛総督とか、そういった役職に、ポツン、ポツンと現れてくる。まだポツンポツンという段階なのですが、コンスタンティヌスの時三〇人くらいの最高官が出ますが、そのうちの七人か八人、多く見積って一〇人ぐらいがクリスチャンであるという、その程度のデータになります。

こうしてキリスト教の進展は続いていきますが、ここでは、ともかく先ほど言いましたような、刑罰が苛酷になるとか、依然として祭典や競技が続いていくとか、奴隷制が守られるとかというふうに、ローマ帝国の専制化のペースはキリスト教とはかかわりなく続いていくわけです。むしろキリスト教は、このような専制皇帝を神としてではありませんが皇帝としてあがめ、教会の指導者としてあがめることになります。教会が皇帝を利用したという側面もあるかもしれませんが、皇帝によって支配される側面の方が強かったわけです。そういう意味からすると、むしろキリスト教は本格的に帝国・専制帝国の中にとりこまれていくという面が強いかもしれません。帝国のイデオロギーとして活用されるという形でキリスト教は勝利を確保したということも言えるかもしれません。

異教とキリスト教の並存

こういう状況で四世紀、異教徒たちは依然として健在の側面も示しております。もっとも、異教徒はそもそもキリスト教徒とは違いまして、キリスト教がしだいに優勢になっていく中であまりこれに抵抗を試みようとはしなかったのです。異教徒の殉教者は四世紀を通じてほとんど知られないのです。そもそも異教という世界は、多くの神々を認める世界ですから彼らはキリスト教も、それなら神々の一つとして認めようと、そういうふうな発想で受け止めたということでありましょう。一方コンスタンティヌス以後のキリスト教皇帝もまた、彼ら異教徒を重宝がる側面も持っていたわけであります。言うならば最後の四世紀の大迫害が終った後は激しい宗教闘争は姿を消したと言っていいだろうと思います。それでも、折々、背教者ユリアヌスが現れてキリスト教を弾圧したというようなことはあります。しかしこれは異教徒がこぞって宗教闘争をいどんで、ユリアヌスをかつぎあげて、キリスト教徒を迫害しようと、言うならば時代を逆行させたというようなものではなくて、ユリアヌスの個人的信仰よる、一種の思いつき的な政策の傾向が強かったわけですし、激しい殉教や迫害が行われたわけでもないのです。言うならば四世紀から五世紀にかけて異教は静かに、徐々に、姿を消していくという傾向にあったと思います。こういう状況の中で皇帝は先ほどのようなイデオロギーとしての教会の利用を進めていきます。強調すべきは、今や教会の信仰を一致させることがローマ帝国の皇帝権力の下での一致と等しいということが主張されたということです。そのためにアリウス派で統一しようと考えたのがコンスタンティヌスやその子コンスタンティウスだったわけですし、もうちょっと後になりますと、アリウス派と対立したカトリックで統一しようということになって、最終的にはそちらが勝つわけです。

それから、皇帝はローマ帝国の外にいる他民族の下に支配されているキリスト者を保護する権利をもつという発想もまた、重要なポイントとしてあげられると思います。だからペルシャ帝国にいるキリスト教徒を守るためにこれを討たなければならないという論理が出てくる。あるいはインドへ向かったメロピウス、それからエチオピア・アラビア方面に伝道したテオフィロス、あるいはゴート人に伝道してゴート語訳の聖書をつくったウルフィラスといった人々に皇帝は望みを託す。これはどうも彼らを派遣して、経済、貿易上の利益を得ようと考えたという所もあるようですけれども、こういうふうにキリスト教がとらえられてくるということであります。

都市の世界から隠修士の世界へ

しかしもちろんこのようにキリスト教が政治レベルで活用されるようになった状況の中で「砂漠」の修道士の世界が展開してきます。その砂漠に出ていく修道士たちは都市から離れますが、都市からそれほど遠くない所に自分たちの禁欲修道の場をつくります。ということは彼らは必要があれば街に戻ってくることができるし、街の市民たちは信仰上なんとなく鬱屈した気分の時に、街からちょっと離れた所に行くと修業中の修道士の姿を見ることができる、それによって励まされて街に帰ってくるということもありました。

それからまた、修道士は経済活動――農耕・牧畜等の仕事も行います。そうしてやがて中世に典型的なように、彼らがつくった修道院が一つの生産単位として経済的に貢献するという役割もはたします。それからまた、本当はただ一人で修道すべきモナコスと呼ばれる独修修道士の所に、彼を慕う人々が街からワッとおしかけて、五千人くらいが集まって修道生活を行うという、こういう形でも修道院はできていくのです。それで、ここにもまた我々は、専制ローマ帝国下で大きく位置が変わってきて立場をしだいに侵されていく都市の悩みというか、都市の衰えというものを見出すわけです。都市を離脱していく人々の姿が見られるのです。

このような微候を見ます時に、やはり私はピーター・ブラウンの視野の大きな考え方が説得的だと思います。専制ローマ帝国へと傾斜していく中でキリスト教はやはり大きくその役割を変えたのだし、信者も増えたのだと思います。そして何よりも、実は彼らが果たす社会的な役割が大きく変わったのです。ということはとりもなおさず、地中海世界の「基本構造」というものが、古代的なものから次の時代へ緩み、かつ変貌していくということを意味しています。そのような形で歴史の中のキリスト教をとらえることができるのではないかと考えるわけであります。

第3章　初期キリスト教における信徒の心性《メンタリティー》と生活

第1節　はじめに

ご紹介いただきました松本です。私は、今の紹介にありましたように初期のキリスト教とローマ帝国の関係、これを歴史的に研究するというテーマを学んでおります。

今日は、ご要望もありまして、そのテーマの中から、最初の時代のクリスチャンはどのような生き方をしていたのかというお話をしたいと思います。キリスト教徒ではあれ、ローマ帝国、古代地中海世界に住んでいた人間であることは間違いないわけで、その人たちの実際の生活というものを垣間見る、そんな話をしようと思います。それは史料からは分かりにくいことなのですが、できるかぎりのことをいたしたいと思います。

今日用います資料は二種類あります。最初の、表題のついた六ページにわたって話の概要を記した資料に従ってお話いたします。もう一つの「初期キリスト教徒に対するローマ人の見解」というのは付属する資料でありまして、これはちょっと特色のある資料です。最初のキリスト教徒たちは、ものすごくたくさん文書史料をのこしました。ギリシャ語、ついでラテン語で文章を書きました。その最初が新約聖書になるわけですけれども、それらの史料の共通点はクリスチャンが書いているわけですから、キリスト教の価値観で一貫しています。そこに真実はもちろん含まれますけれども、いささかの誇張や宣伝がないわけではありません。それに対して、今日集めてお示しした史料は、そのキリスト教徒を眺めていた、キリスト教徒でない人々のキリスト教徒についての言及を集めたものです。なかにはキリスト教徒が、その異教徒の言及を引用した間接的な証言もありますけれど、多くは直接的にキリスト教を外から見た史料です。したがってそこには逆の意味での偏見があります。変な奴だとか、忌まわしい連中だとか、キリスト教徒を国家に害をなす連中だと考えた人々の証言もあるわけです。ただキリスト教徒の述べたことと、キリスト教徒ではない人たちの述べたことと、バランスを取るという意味で貴重な証言であるということは間違いありません。分量からすると百対一くらいに少ないのですが、集めてみるとこのくらいあるということです。

さて、信徒の心性とは何か。これはメンタリティーの訳語ですが、歴史学で言うと、ある特定の社会、集団の人々の考えていた価値観とか、感情とか、常識とかそういったものの枠組みみたいなものです。例えば表現は適切でないですけれども、ヨーロッパでは、満月になると人は狂気に陥るとか、狼男に変身するとか言います。《お月さまの》という意味のはずのルーナティックという形容詞が、狂気の、狂った、という意味になります。それに対して、日本人は、「月見れば千々にものこそかなしけれ」と、いささか物哀しさというものを月に対して感じる。つまり、ヨーロッパ人の月に対する心性と、日本人の心性が違っているということになる。そういう意味で心性という言葉を使います。

第2節　初期キリスト教徒のありかた

今日の話は初期のキリスト教徒がどうだったかという話なので、イエスのメンタリティーとか、イエスの生活についてはここでは触れません。ところで、私が歴史学者としてイエス・キリストのことを書く、そのような場合に私の立場を標準的な文章にすると次のようなものです。

「イエスはユダヤの禁欲者集団で、ユダヤ教指導者を批判し、神の国の到来を望んで罪の悔い改めを勧めたヨハネに影響を受けて、三〇年ころ、ガリラヤで宣教活動を始めた。神の絶対的な愛を説き、社会の枠組みにとらわれない、神の前での人間の平等を主張し、神の国の到来が近い、と民衆に語った。彼の周囲には女性や社会的には下層の人々、ローマやユダヤ教指導部に不満を持つ人々が集まり、弟子集団が組織された。イエスが病をいやすなどの奇跡を行うとも信じられ、彼自身自らを神の子と語り、彼を、これまでユダヤ社会において信じられていた救い主、メシアだとする空気が生まれた。

ユダヤ教の指導者はこの運動を危険と見てイエスを捕らえ、社会に不穏をもたらす者としてローマの属州ユダヤ総督ポンティウス・ピラトゥスに引き渡し、イエスは処刑された。その死後、弟子たちの間にイエスが復活したという信仰が生まれ、イェルサレムとガリラヤに最初の教団が現れた」。

間もなく私、『キリスト教の歴史』（山川出版社）という本を出しますけれども、そこでもこれと似た記述をします。このような書き方は、カトリックあるいはプロテスタントのクリスチャンの方には、ちょっと引っかかるというところがあるかもしれません。それは歴史学者として書くということなので、ご了承願います。

まず、イエスと原始キリスト教の心性史的光景です。ユダヤ教がキリスト教の前提になることは確かで、ユダヤ教徒の一人としてイエスはパレスチナの一角、ガリラヤという、都会ではない、村の子供として生まれたということです。ただ、イエスが現れる前のユダヤ教はかなり大きな変動の時期にありまして、中でもユダヤ教の中枢部が、例えば富んで豊かな人しか対象としない、など世俗的で堕落していたと言われます。ユダヤ教の中心を学者たちだけで独占して、一般大衆には知識も何も知らせないで、従うだけにさせているという批判が出てきて、もっと禁欲的に聖書の教え通りに生き、ひたすら神に祈りをささげようというグループが現れました。そのグループの中の一人がバプテスマのヨハネと呼ばれることになる運動家でした。このヨハネの影響を受けて若きイエスは洗礼を授けられた、と考えられます。しかしそれ以後イエスはヨハネと袂を分かって、独自の宣教の活動を始めた。彼のメッセージは独特でありました。神の国は近い、神の愛は差別されたもの、弱い者、罪人に及ぶ。深い罪に陥っている人間はその自覚を持ち、悔い改めねばならない。このように、イエスの教えは人々に強い覚醒といいますか目覚めることをせまるものでした。神が人間を愛してくださった、人間は互いに愛し合い、そして神の愛に応えるべく、悔い改める生活を送るということは文字通り聖書の福音書に込められたメッセージでありますが、そういう生き方を命じた。

そして彼の周辺には男の弟子たちのみならず、女性たちが多く彼を慕って集まってきたと思われます。病気に苦しみ、差別されている者、あるいは奴隷、貧しさの中にあって食うにも困る人たち。社会の中に入れられないでドロップアウトしていったような人たちも含めて、イエスの周りに、多いとは言えませんが、人々が集まっていたと思われます。

こういう運動がユダヤ教中枢の人にとっては危険と見なされて、イエスは捕えられユダヤ教の当局は裁くことを放棄して、ユダヤを支配していたローマ帝国の役人の手に渡して、総督ピラトゥスはユダヤ教徒たちの空気を見て、イエスを処刑しなくては不穏な状況が起こると判断して、イエスに死刑を命じた。ところが、死刑執行後三日目にイエスは復活したのだ、という信仰が生まれた。そのことを信じる人たちが現れた。

その群れの中にこれからお話しするペトロ、ヤコブ、あるいはヨハネ、母マリア、マグダラのマリアなどの人々が含まれていた。普通社会一般の人々が作るグループ、それは主としては社会活動別に作られますから、貴族は貴族で集まる。その次は上流市民たちのグループ、職人グループ、これらは男たちのグループです。女たちは社会的なグループを作ることはなかった。ところがイエスを信じる群れは様々な人々が含まれたグループでできていた。そういう意味では特色あるグループだった。

キリスト教徒出現の時期は、歴史的にはっきりさせることは難しいのですが、最近出た説では、キリストが処刑されたのは三三年だっただろうと言います。だとすると、三五年～四〇年にかけてこの群れはまだガリラヤやイェルサレム周辺の小さな群れでした。彼らは何と呼ばれていたか。ある時点から彼らはクリスティアノイ（キリストをあがめる連中）と呼ばれ出したと言います。いささか揶揄した表現だったと想定されています。アンティオキアという大きな町でユダヤ人だけでなくギリシャ人も多く住んでいる、そういう町でそのように呼ばれ始めた。それ以前はどう呼ばれていたのか、ガリラヤ人とか、ナザレ人とか、もっといろいろな呼ばれ方があったのではないかと言われていますけれども、外から呼ばれたクリスティアノイという呼ばれ方が、結局、その後の総称になってクリスチャンという呼称が確立した。それでもキリスト教は、生まれてから三百年以上たっても、ローマ皇帝ユリアヌス、背教者として有名ですね、四世紀キリスト教が優勢な宗教になってもなお、ギリシャの神々に戻ろうとしたあの皇帝です。そのユリアヌスが死ぬとき口にしたのが「ガリラヤ人よ、お前の勝ちだ」と言うものでした。ガリラヤ人というのはキリスト教徒のことであるのは間違いないので、その時代でもなおクリスチャンについてガリラヤ人という言い方をされていたということが知らされます。初期のキリスト教についてはまだまだ、定説とは別な、あるいは多様な側面があるということを注意しておかなければなりません。

とにかくそのようにしてクリスチャンは生まれました。最初のグループの核になったのはイエスと直接交わった十二弟子と呼ばれるような弟子たちでしたが、やがてその群れの中に、最初の教徒たちを迫害した、ユダヤ教の一流の学者であったパウロという人物が、ある劇的な体験をきっかけにキリスト教徒になり、その群れに加わります。そして彼はキリストについて、信仰について、体系的と言っていい、詳しい解釈をし、説明したわけです。それまでは弟子たちが、イエスはこんな奇跡を行った、十字架につけられて復活された、という面をもっぱら語っていたのに対してパウロは、なぜキリストはこの時この世界に生まれなければならなかったのか、あるいは一体人間の罪とはどういうものであるのか、等々についてたいへん難しくはありますけれども、しっかりとキリスト教の骨格を固める教義を持ち込んだ。そして彼の役割が大きかったのは、この教えはユダヤ教徒だけではなく、すべて世界の人々に向けて語られるべきだ、世界の人々をキリストを信じる者たちの群れに迎えるべきである、という飛躍をキリスト教徒の群れに持ち込んだことだと言っていいと思います。

キリスト教徒たちは順調に増えていったわけではありません。まず最初にイェルサレム、それからガリラヤに生まれた小さな群れだったと思います。しかし彼らには「神が自分の子供を遣わし、その御子が死んで復活したのは人類全体の罪の赦しのしるしである。神を受け入れて救いの時を待て」というよい知らせを世界に伝えなければならないというモチベーションが与えられていたかのようです。彼らはイェルサレムでユダヤ教徒たちによって迫害されたということも大きな理由だったのですが、東地中海のユダヤの地から外へ出て行きました。当時の旅の仕方は基本的には船です。地中海は航海には向いています。バルナバ、シラス、そして彼らを引き連れたパウロ。その他名の知られていない人々が方々へ行きました。大げさな伝承がその後積み重ねられていきますから、トマスというキリストの弟子の一人、これはイエスが復活したことをなかなか信じなかった。「私は、甦ったというキリストの脇腹に手を差し入れて傷に触れてみなければ信じない」と。その目の前に復活したキリストが現れたのでトマスは信じた、と、これは聖書に書いてありますけれども、そのトマスはインドまで行って伝道したという伝承が生まれたりします。

彼らは船に乗り、船は地中海の沿岸に沿って航海して港町に着きます。その港町にはユダヤ人が必ず住んでいました。ユダヤ教徒はいろいろな理由からパレスチナをはなれてローマ帝国中に、またそれを超えた領域にまで広がって増えていました。ギリシャ語を話すユダヤ人、西の方ではラテン語を話すユダヤ人も増えていました。ローマ帝国の人口は六千万人というのが多くの学者たちが想定する数字です。三つの大きな大陸に広がる帝国ですが、古代のことですから、人口はまずその程度の推計でよしとしましょう。ユダヤ教徒はそのうち七百万人位はいたであろうというのが多くの学者が一致するところです。例えばアレクサンドリアという町では五つの区のうち二つの区がユダヤ人の居住区だったと伝えられています。ですから、ほとんどの町、地中海の東の方のエフェソス、コリント、スミルナ、南の方だとアレクサンドリア、キュレネ、カルタゴ、などには必ずユダヤ教徒の群れがいました。そこへ、キリスト教徒の弟子たちは滞在するのです。その町に住んでいるユダヤ人の中に彼らの知り合いがいたと思われます。その知り合いの家に泊まります。そこで彼らはキリストのことを語りだすわけです。やがてその家の人たちがキリスト教を信じて受け入れる、こういう形で最初の伝道は始まっていったのだと思います。

しかし、よく書物では「燎原の火の如くキリスト教はローマ帝国に広まっていった」などという表現が好んで使われますけれども、とてもそんなことではなかったと思います。これも正確なデータではありませんけれども、スタークという学者によると、紀元四〇年頃にキリスト教徒たちが千人位だったとまず想定します。一年経ったら多少増えて一、〇四〇人くらいになった、そういうふうな増え方ですね。その翌年には一、〇八〇人になり、一、一二〇人になり。上昇カーブはゆるやかで、少しずつ増えていくそんなグラフです。やがて、二五〇年ころからそのグラフは急速に上層カープを描く、三一三年にキリスト教は公認されますが、そのときでもローマ帝国全体でキリスト教徒の数はやっと六百万人くらいだっただろうと言います。それくらい少ないというイメージを私たちは持っている必要があると思います。

キリスト教徒が少なかったから説明できるいくつかの矛盾点があったのです。こんな謎めいたことを言っても申し訳ないので、どういう矛盾か例を挙げます。キリスト教徒はものすごい迫害にあって、例えばフランスのリヨンの競技場の真ん中で野獣に噛み殺されたり、あるいは、熱した鉄板上で焼き殺されたりという迫害を受けて死ぬ教徒がいます。ところが、その死んでいった教徒が属していた教会の有力なメンバーは、全然迫害されないで生きている。そして迫害が終わったらまた教会の活動が始まる、というような矛盾です。ローマ皇帝が迫害を命じます。キリスト教徒が捕らえられてきます。キリスト教徒だと言うと死刑になります。ところが、私は昨日までキリスト教徒でしたが、もうキリスト教徒をやめますと言ったら無罪放免になる。これは法律的に言ったらおかしい。人を殺した人が、悪うございましたと言ったら釈放されるものではありません。これもまた矛盾です。いくつかの矛盾は先ほども言ったようにクリスチャンがあまりにも少数だったから人目に付かない、人目に付くキリスト教徒だけが捕えられて迫害されたと、私は説明しています。キリスト教徒は絶対的に少数者だったということを強調したいと思います。

迫害された理由はいろいろ挙げられます。初めはユダヤ教徒が、キリスト教徒は自分たちを裏切ってユダヤ教の教えを否定するグループだという理由から迫害したということは間違いないと思います。もっとも、ユダヤ教徒はローマ帝国の人口のたかだか一割か一割五分くらいですから、それ以外の大多数のギリシャ・ローマの神々を拝んでいた人々にどう映ったかが重要です。変な迷信を崇める連中だ、というところから、やがてそれが拡大していって、「あいつらは人間の肉を食べている」「夜になったら集まって乱交パーティーを開いている」ということはしばしばキリスト教徒たちについて偏見として浴びせられた言葉だったようです。キリスト教徒たちは聖餐式に際し、パンをキリストの体とし、葡萄酒をキリストの血としてそれを飲み食いする儀式をたいへん重要だと考えていました。これが人の肉を食べたり血をすすったりする、といううわさになり、誹謗中傷が拡大していったということが考えられます。これもキリスト教徒が絶対的に少ないわけですから、ろくに見たこともない人たちがキリスト教徒はそういうものだと思いこまされやすかったのでしょう。現代にもありがちな噂というものが初期のキリスト教徒たちを取り巻いていたのだ、と言ってもいいと思います。

伝道者たちは海を渡って行きました。なぜ海にこだわるかと言うと、古代世界の旅は陸を行くとものすごく時間がかかるし危険だったからです。やむを得ざる場合は集団で行きます。たくさん奴隷を連れていかなければ危ない、そんな旅です。それに引き換え、海には海賊がよく出ていた時代ではありますけれども、それでも船の方がずっと安全でしかも早かったのです。嵐もありました。パウロも嵐にあって難破してマルタ島に辿り着いた、そういう経験もします。それでも、船の方が安全で早かったのです。早いといっても時間の流れが現代とは違います。アレクサンドリアからアフリカの、今のチュニジアのカルタゴまでは、船で一ヶ月かかったといいます。これだとだいぶかかるな、という気がします。ところが、ローマからカルタゴまでは、わずか三日で行けたといいます。ローマからギリシャのコリントへは、ここはアテネよりは近いですけれども、五日で行ったという話です。それぐらいのスピードでキリスト教徒たちは、少しずつ少しずつ、都市を拠点に増えていったのです。

最初の時代の教会の拡大のために一番大きな働きをしたのはパウロだと思います。彼はギリシャのコリントとか、北の方のフィリピ、テサロニケ等の教会を建てるかもしくはそれを強化したのだと思います。しかし大事なのは、パウロが行く前にすでにキリスト教徒の小さな群れが存在していたという町が大部分だったろうと思われることです。特に驚くのは、当時のローマ帝国の首都ローマの人口は当時、けた外れに多い百万人ですが、そこの教会にパウロが手紙を書いていますが、それは多分五〇年代、イエスが死んでからまだ一七、八年しか経っていないころのローマにはもうすでに教会があったということです。先ほども言いましたようにパレスチナからローマまで船で行ったら、順風か逆風かによって違いますがだいたい三〇日くらいかかる。そのローマにかなり早くキリスト教が出現していたということは、三〇年代の終わりか四〇年代には名前こそ分かりませんが、誰かがキリスト教を伝えてそこに教会を形成していたことになる。パウロが手紙を書き、やがてローマへ行くのですが、そのときにおそらく百ではきかない数のキリスト教徒のいる教会があったのは間違いないだろうと思います。

一方、数からするとどうなのだろう。これでもまだ少ない。なぜ少ないと言えるかと言うと、ローマ側の文献史料でキリスト教についての言及が、二世紀まではほんの一、二しかないということです。ユダヤ教についてはかなりたくさんあるということと比べてみてもキリスト教徒の少なさはそこから分かる。石に刻まれた碑文についても同様です。データが非常に少ない。キリスト教側の史料は多いのですが、二世紀、三世紀以後に書かれたものが多くて、自分たちの歴史について誇張したり美化したり、偏りがありますから、やはりキリスト教徒の数の多さの証拠にはならない。

このように一方で広く広まっていったという面もあるし、実数は少なかったという面もある。先ほども言った矛盾する面が平行しているということがここでも指摘できます。

パウロは教会を建て、強化しましたが、一方で彼は都市のエリートたち、ローマ総督を含めた上層民と親しい関係を持ったようです。これはパウロが権力者エリートたちを仲間に入れたら伝道に都合がいいと考えた、と政治的な見方をする人もいます。そういう面があったということは確かでしょう。しかしパウロが貴族や金持ちだけを見ていたということにはなりません。彼のたくさんの書簡の中には、キリストが来たことによって自由人と奴隷の「へだての中垣」が取り除かれた、などの記述があり、パウロには神の前での人間の平等という意識が強いことが明かですし、人間の弱さ、罪深さということをよく知っていたパウロでもあります。また、パウロは自らテントを作る職人として働く労働者でもあった。そういう人間だからです。

さて、迫害のポイントだけ言いますと、キリスト教徒に対する迫害は単発的に起こるのがほとんどです。有名な迫害は六四年にローマで起こった、皇帝ネロがローマ市のキリスト教徒たちをたくさん捕えて十字架につけたり、野獣に噛み殺させたり、火をつけて見世物にしたりした迫害です。そのことを書いたのがローマ人の歴史家、キリスト教徒ではない歴史家タキトゥスの有名な記述です。

　ネロはしかし、キリスト教徒を信仰のゆえに処刑したのではありませんでした。ローマに火を放った放火犯人がキリスト教徒だというので処刑したとタキトゥスは書いています。タキトゥス自身それが本当だと信じてはいないようです。しかしこの背景として重要なのは、ネロが事実をねじ曲げたにしても、皆が「あいつらなら、やりかねない」と思うだろうという確信を持っていた、ということ。つまり、ネロの目にも一般市民の目にも六四年の時点で、キリスト教徒はいかがわしい連中だと受け取られていたということのように思われます。

　そして、キリスト教徒に対する六四年の迫害は一週間くらいで終わったようで、その後キリスト教徒はまたローマで礼拝を再開することができたようです。キリスト教への迫害は単発的であったということです。

　ところが、二世紀初め、今のトルコ、小アジア地方の属州総督であった小プリニウスという、やはりキリスト教徒ではないローマの役人が書いた文書になると変化が見られます。総督ですから裁判を担当します。巡回していた、とある町で、「こいつはクリスチャンです」と何十人かが訴えられてきた。そのキリスト教徒たちの裁判をしたというのです。彼は、その訴えられてきた人たちを審問して、「おまえはクリスチャンか」と聞いて、「私はクリスチャンです。間違いないです」と言った人たちを処刑するのです。ネロの場合と違っています。火事を起こしたとか、そういう悪事をしたから処刑したのではなくて、キリスト教徒だと言っただけでプリニウスは処刑している。彼はこの件を手紙で皇帝トラヤヌスに知らせます。トラヤヌスの答えも残っています。トラヤヌスはネロの時から五〇年後の皇帝です。彼は「キリスト教徒だと言い続けるものは死刑にしてよろしい」と認めました。クリスチャンであるということは死刑対象になっているということです。

ただトラヤヌスと小プリニウスの名誉のために付け加えておかなければならないことは、「今はキリスト教徒ではない、もうやめたのだ」とか「実はキリスト教徒などではない」とか、そういった人が出てきた。その証明方法としてプリニウスは、神々と皇帝に礼拝させ、キリストを呪わせた。そして自由にしてやってはどうかと皇帝に提案したら承認されたということが一つ。もう一つはキリスト教徒である限りは死刑になるのですが、警察がキリスト教徒を探索して見つけ出すということは絶対やってはいけないと皇帝は命令したわけです。つまり、キリスト教徒だと告発され訴えられてきた者を裁判して、キリスト教徒なら処刑です。ところが訴えられない限りキリスト教徒は自由だということです。トラヤヌスはまた、告発した人の名とか理由がはっきりしていない限り当局はその訴えを一切受け取ってはならないとしました。これは、いわゆる匿名告発とでもいうべき無責任な告発ですね、それを受取ってはならないと皇帝はタガをはめている。

ここでもまた、矛盾を指摘できるわけですね。ただ重要なのはネロのときと、五〇年経ったトラヤヌスのときとではキリスト教徒に対する帝国の姿勢が変わったということです。帝国と皇帝がキリスト教徒に対して少し厳しくなったということは間違いなく言えることです。

迫害自体は二世紀になると急速に増えますが、殉教者数の多さで有名なのはリヨンですし（四八名）、それから、ローマでは有名なキリスト教学者ユスティノスが仲間七人とともに処刑されています。小アジアのスミルナでも大きな迫害がありました。二世紀のキリスト教徒迫害について共通して言えるのは、多神教徒市民がキリスト教徒に暴行し、告発する熱狂的な運動が起こってくることです。トラヤヌスのときはそれを防いだのですが、五〇年後のマルクス・アウレリウスは黙認しがちでした。リヨンがその例です。むやみにキリスト教徒たちが処刑されました。しかし、これらの迫害はいずれもリヨンならリヨンだけ、スミルナならスミルナだけと地域限定です。しかも、時間的にも、長くて三ヶ月くらいです。キリスト教徒を追い立てるような激しい迫害が、突発的、短期間特定の町だけで行われた。一部のキリスト教徒だけが処刑される。残りは気の弱い人々も多かったでしょうから、彼らはひっそりと自分の家に閉じこもっていれば迫害を受けることはなかったわけです。でも、キリスト教徒の中には異教徒たちの攻撃が起こると、抵抗する熱狂的な連中が現れる、彼らだけは処刑され殉教する。こういう図式が二世紀では共通しているのです。

二五〇年になって皇帝の政策が変わります。初めてローマ皇帝デキウスはキリスト教徒を特定したかのようにローマ帝国の市民たちに「神々の像に礼拝せよ」という命令を出します。これは外国から、ゲルマン人の侵入や、パルティアあるいはペルシャの攻撃によってローマ帝国に危険が迫っている中で、帝国民が一致して神々に祈ろうという宗教総動員的な要素のある命令だったようです。このときキリスト教徒の中には言うことを聞いて神々の礼拝に出かけて行った教徒もいました。しかし、中には抵抗して、あくまで「神々などは偶像だ」と言って命令に従わない教徒もいました。その結果二五〇年には、人数的には数十人か百人くらいでしょうけれども、処刑されるキリスト教徒が出ました。やがて次に来たのはキリスト教徒のリーダーたちを特定し、捕えて神々に祭儀させるという迫害の嵐でした。しかし、これも短期間で終わったのです。皇帝が変わると寛容になったり迫害したりという状況もありましたが、三世紀の終わりの四〇年間キリスト教徒に対する皇帝の迫害は止みました。市民たちのリンチによる迫害も今では止んでいます。それは、キリスト教徒が少しずつ増えていき、市民たちの間でのキリスト教徒に対する認識が少し良化したからかもしれません。

しかし、逆にキリスト教徒の増加に危機感を持つ者たちも現れてきました。キリスト教徒たちは皇帝の命令に逆らう、帝国が大事に掲げていくべき神々をないがしろにする、つまり帝国にとって役に立たない、反社会的存在ではないかと主張する人々、特に哲学者たちが現れます。そのような中で、帝国の総力を挙げての迫害に踏み込んだのがディオクレティアヌスという皇帝でした。その迫害は一〇年間続きましたが、キリスト教徒を徹底的に壊滅させることはできなかった。それまでより多数の殉教者が出ましたけれども、教会の方は息を潜めただけで根絶やしにはされなかった。ついには皇帝の間で内乱が起こる中でコンスタンティヌスという皇帝がキリスト教に救いの手を差しのべた。逆にコンスタンティヌスがキリスト教の神を自らの権力の支えにしようとしたとも言えます。このような展開があって、三一三年、キリスト教が公認されたわけです。

第3節　キリスト教徒の心性《メンタリティー》

さて、以上が大雑把な初期のキリスト教のたどった歴史と、教徒の社会的ありかた、と言えるものです。ここから先は主題であるキリスト教徒が抱いていたメンタリティーとか生活、そういった点に絞ってお話をしたいと思います。

教義とその基となる聖書などの文書という点では、他のギリシャ・ローマ宗教には、神話こそありましたが経典というものはありませんでした。キリスト教徒がたくさんの書物を書いたということは先ほどお話したとおりです。新約聖書が、旧約聖書と合わせて成立するのは四世紀になってからのことです。その正典となる旧約聖書は三九、新約聖書は二七の文書からなりますけれども、それ以外にも初期のキリスト教が生み出した文書は、その何倍にもなるのです。日本語でもそのほとんどを読むことができます。その中には非常に特殊な、おどろおどろしい伝奇的な世界を展開する文書もあります。正典のキリスト像とは非常に異なったキリスト像、中にはイスカリオテのユダをキリストの弟子の中の最高の素晴らしい弟子と称える福音書すら書かれていました。しかし、正典の成立は四世紀とはいえ、すでに二世紀に書かれたパピルスには二五種類くらいの文書が挙げられていて、それはマタイによる福音書、マルコによる福音書、使徒言行録、パウロのローマ人への手紙というように、その後の新約聖書とほとんど重なるのです。ヨハネの手紙、あるいはペトロの手紙のいくつかがないくらいなのですね。つまり、すでに早い段階からキリスト教会はたくさんある文書の中でこれは正しい、これは正しくないという風に彼らなりに正しい教会、正しい信仰という、正統的規範を追究する意識があったということは指摘できると思います。非常に重要なことだと思います。いかがわしい文書を、つまりキリスト教を称しながら、ちょっとちがう文書を異端として排除しつつ、キリスト教の正統性が出来上がっていったということは、その後のキリスト教の歴史の土台になったと言えると思います。

この、正統的な、ということばを教会では「普遍的」という意味の「カトリック」ということばで表現しました。もちろん後のカトリック教会の源となることばです。

ただ大事なのは、この時代のキリスト教徒は書物もたくさん生み出しましたけれども、キリスト教徒がローマ帝国の他の人間よりもずっとよく文字が読めたかというと多分そうではなかった。古代世界で文字が読める人、とにかく書いてある文字が理解できる人は二割と言われます。そして、自分で文字を書いて論理展開できて人を説得できるような文章や本が書ける人はその十分の一と言われています。ですから、文書を生み出した知識人の教徒はごく少なくて、キリスト教徒たちの大部分、八割もしくは九割は読まれるのを聞いて理解していたのだと思われます。教会には聖書が一冊あるかないかの時代だったと思います。

キリスト教の信仰の内容はある意味では分かりにくいものです。罪の救いにしても、神と、子キリストと、聖霊との三位一体、このことの確立のためにキリスト教徒の間では激しい論争を百年にわたって繰り返し、ときには流血沙汰すら起こさざるを得なかったほどです。しかし、その根幹になる教理を打ち立てたのはパウロだろうと思います。ただパウロの教理をキリスト教の教会全体で共有できるほどの神学的、知的レベルに達するのにはしばらく時間がかかったのだろうと思います。それにもかかわらず、彼らが教会という信仰共同体を持っていたのは重要です。その信仰共同体は一般の社会の階層の枠を超え、つまり自由人も奴隷も、貴族も平民も、基本的には隔てのない、区別のない、神の前の教徒として集まっていたということは言えるだろうと思います。一般の社会ではつまはじきにされる、あるいは古代都市の社会のメンバーたる権利のない女性、奴隷、あるいは差別された病気の者たち、こういう人たちも原則として、教会には迎え入れられたということです。そして、教会は民主的なシステムではなくて、司教という強力な指導力を持つ人物が生活面と霊的信仰の面のリーダーになっていくという体制を整えていったということにも特色がありました。

ここでもまた、矛盾というか理想が実現されていたとばかりは言えないということを指摘しておかなければなりません。初期のキリスト教徒の中には、最初は貧しい人、中産以下の人が多かったと思うのです。社会全体がそうでしたから、金持ちが少なくて中産以下から貧しい大衆が非常に多い社会を反映していたのが教会です。しかし、そこにもやがて富のある人が入ってきます。そうなると彼らは多分教会の中でも重きをなす人になったでしょう。上席を与えられるようになったと思います。同じ女性でも、奴隷の女性よりも元老院議員や、町の役人の奥さんである女性が教会に来ればみんな敬意を払うというようなことがあったと思います。しかし、本来人間は平等だということがうたわれたという面も覚えておかなければいけないということです。富と貧しさについてはあとで触れることにします。

キリスト教徒は、ローマ帝国の国民として、帝国の秩序とか皇帝に対して尊敬の念を持つ従順な国民であったと言わなければなりません。彼らは決して社会的反乱を目指す人々にはなりませんでした。ごく限られたキリスト教徒の中に、役人が迫害をしようとすると飛び出して行って、公務執行妨害で逮捕処刑される教徒もいましたけれども、それは信仰上の姿勢からであって、反権力というものではなかったと言っていいだろうと思います。逆に多神教の哲学者たちがキリスト教徒は潜在的に帝国の敵なのだというようなことを言う。それに対してキリスト教徒たちは繰り返し、「我々は皇帝に忠実である。帝国と皇帝の安寧のために我々は祈っている」、そのように弁明する群れだったのです。聖書に基づけばキリストも同様の姿勢を示していたのです。

さて、その次はメンタリティーについて具体的に考えてみます。社会の中で非常に少数派であった彼らです。だから、自分たちの共同体を守るという意識は非常に強かったわけです。ユダヤ教徒も、キリスト教徒よりはずっと多いですけれども、もっと長い歴史を通じて少数者だった彼らは、子供を作り次世代を育てるということを非常に大事にしました。男性について、少し話が性的な問題になりますけれども、彼らは男性の同性愛、それから自慰行為を嫌いました。そういう行為は神によって罰せられるという記述が旧約聖書ではしばしば出てきます。それは、この種の行為はいずれも子供を作り、家系を引き継ぐことを否定する行為だというところから説明できます。そういう価値観を持ち、倫理観を持つのがユダヤ教でした。それをキリスト教徒もある面で受け継ぎました。家族でキリスト教を守るということを大事にしましたが、何分少数であったキリスト教徒の女性たちは、家を飛び出して教会に飛び込んでくるというそういうケースも間々あったようです。ですから、異教徒たちの世界では、キリスト教は家庭崩壊に導くと見られるフシもあったようです。二世紀ごろのアフリカのアプレイウスという人のラテン語の小説があります。『黄金のろば』という物語の一節なのですけれども、ある粉屋のかみさんがとんでもない女なのだと粉屋が嘆いている、そういう話なのです。確かにひどい女なのですけれども、おもしろいのはこの女が、「粉屋の亭主をないがしろにして神は一つしかないと宣言して憚らず」とか、「夫まで欺いて朝から生酒を飲み」などという言い方で、ひどい女だとされているのですが、「私はもうゼウスさまなんか拝まない、キリストの神様しか拝まない」と彼女が言ったのだとしたら、それから教会に行って聖餐式の葡萄酒を飲むという話をしたら、こんな表現になったかもしれないですね。お金を持ち出す。それを彼女が教会に行って献金を捧げるとなると、家の亭主にしてみれば、家の金を持ち出して変なことに使っていると思えたかもしれない。そこでこのアプレイウスの記述は、そうとは明確に書いてはいないけれどもキリスト教徒のことに触れているのかもしれないと解釈されるということなのです。キリスト教会は少数者の集団を守らなければならない。そのために外に与える印象の特異性というものは否定できなかったと思います。

パウロだけでなく、三世紀末から四世紀にかけて生きていたキリスト教徒の弁論家ラクタンティウスの言葉にも「我々の間には奴隷も主人も存在しない」という表現が出てきます。皆、平等だということですね。教会の中の人たちは、極端に奴隷が多いとか、女性ばかりだとか、貧民ばかりだとか、そういうことはなかっただろうと思います。ただ、外の社会に比べて、女性、奴隷も差別されない、完全に平等とは言えなかったとは思いますが、権利も自由も与えられていた、そこに教会の特異性はあった、と想定したいと思います。

富と貧しさと、それから死という問題、これについてキリスト教徒は外の世界と少し違う考え方、つまり、心性の異なる捉え方をしたと言っていいと思います。イエスは金持ちを福音書の中で非常に警戒すべき存在だと言いました。場合によっては富んでいる人の救いはあり得ないとまで言いました。「金持ちが天国に入るよりも、ラクダが針の穴を通るほうが容易だ」というのはあまりにも有名なたとえです。初期のキリスト教はイエスの言葉を大事にしましたから、この言葉は絶えず語られました。金持ちが何故まずいかと言うと、金に拘泥するあまりに本来の人間の生き方を失うという、今でも通じる分かりやすい意味でした。逆に言うと一番捨てにくいのが富でもあります。しかし、金持ちのキリスト教徒が現れてきたのは確かです。彼らが教会の中に入ってくるのが排除されたかと言うとそうではありませんでした。ある程度の妥協があったのです。ただ、富は危ないものだということは語られたはずです。中に「富んだ人はむしろ、救いに近いのだ」という論理を展開するキリスト教徒も現れました。三世紀のクレメンスというアレクサンドリアの人です。なぜかと言うと、富んだ人は貧しい人よりたくさん教会に献金できる。富を教会のために捧げるということは、その人の罪を軽減する。これは本来のキリスト教としては間違った考えになります。しかし、教会の中ではある種の現実性をもって語られることではあったのです。実際に捧げられた献金で、貧しい人たちへの施しが実現しました。人は弱いものですから、「自分の出した大金で貧しい人、何百人もの飢えが救われた。いい気持ちだ。これなら神様も許してくれるだろう」。そういうふうに思うキリスト教徒も当然出てきたでしょう。そんなことではだめだ、という声もあったと思うのですが。

実際キリスト教は二世紀になると、いろいろなところでクリスチャン以外の者も教会に招いて食事を与え、家を提供して病気を治す病院のような、社会福祉的な役割を果たしていたようです。そのために献金が使われたことは間違いありません。このような実績があって、例えばテルトゥリアヌスという、たいへんするどい修辞学者、今でいう弁護士というか政治家と言ってもいい、それまではキリスト教徒を信じていなかった人が、キリスト教の教会で行われている隣人愛の実践に強く心を惹かれて教会に入ってきたという例もあったのです。そしてこのようなキリスト教徒の弱者救済の役割はその後も続けられ、四世紀にキリスト教が公認され、皇帝がキリスト教に支援を始めたとき、政策の一部を教会に任せるということが行われましたが、そのうちの一つが福祉事業だったわけです。これ以降のローマ帝国はキリスト教の国家となりますが、福祉事業をやったのは国家ではなく教会だったのです。もう一つ、下級裁判、民事裁判が教会の司教に任せられるということもありました。

死ということについてはどうか。キリスト教徒は、死を、人間の永遠の消失とは考えません。霊魂不滅ではなく、長い眠りにつくと考える。これが少し即物的に解釈されてしまうと火葬はだめなので、土葬でないといけないと考える。なぜかと言うと、来るべき終末のときに、甦って神の国に入れられるが、そのとき体がなくてはならないから、そういうふうにキリスト教の終末観は教える。死はしばしの眠りだからそうなるのですね。時代がたつと、燃やされようが土に埋められようが、それは本質的な問題ではない、究極の時がくれば、いずれにせよ我々は甦る、そのとき肉の塊がどうこうというのは一切考える必要はない、というふうに神学の説明はなっていきますけれども。いずれにせよ死はそのように解釈されました。だから、キリスト教徒は墓地というものを、亡くなった親しい人たちとの交流の場と考える傾向があったようです。ローマのカタコンベがずいぶんきれいな絵画で飾られたのはそのせいでしょう。彼らは、白昼礼拝すると迫害されるから怖くて地下のカタコンベに潜って礼拝していた、というわけではないようです。墓所は死んだ人とともに礼拝する場所だから、教会の一部と考えたのです。

外でなら公然と礼拝を行えるのはローマ帝国のキリスト教徒の日常だったはずです。もっともそれでも迫害は起こる。誰かが、例えばその家の奴隷が密告したり、自分の妻が逃げて教会に行ってしまったと夫が考えたら、怒り狂って、妻と、その妻を教会に誘い込んだ司教などを告発すると、裁判が成り立つわけです。それが事実だとなったら死刑にされる。けれど、その対象にされないキリスト教徒たちは平気です。平和に礼拝ができます。キリスト教はそういう状況にあったということです。

あと、付け加えるならば、キリスト教徒は勤勉に働く職業人を大事に考えました。それだけ町の職人たちのキリスト教徒たちが多かったということです。パウロの例は先ほど言った通りです。この職業人には商人も金貸しも含まれていました。ギリシャの哲学者のアリストテレスという人は、職人は物を作るので職業としていいのだけれども、職人が作った物を持って市場へ行って多少高い値をつけて売ってその差額で儲ける商人というのは、要するに犯罪に近い行為をしているからだめだ、と言っています。金貸しについてももちろんです。つまり、不労所得で、それはずるいと考えた。もちろん、今の我々は他の人が作った物を仲介して売って、その間の手間賃や、宣伝などして商品価値を高めて、他人が作った物で利益を上げて何が悪いか、と考えますが、ギリシャ、ローマ人にはそうは考えないところがあった。農民とか、兵隊とか、政治家とかそういう人たちはまっとうな仕事と考える。ところが手仕事を含め、特にいけないのは街中で焼き栗などを売って稼いでいる零細な商人で、それは卑しい職業だと言われていた。アリストテレスが嫌った、商人や金貸しも同様です。

しかしイエスのたとえには、もらった金を貸して利子を取ることが当然とされているものがあります。また、二世紀にエイレナイオスというリヨンの司教は、「商売で、いわゆる差額でもうけることは何も悪いことはない。立派な労働である」という言い方をして、時代を先取りしたような、あるいはアリストテレスを一部克服したような言い方もしていることを付け加えておきたいと思います。

もう一つ付け加えます。兵隊はどうなのか。キリスト教的に言うと、昔からキリスト教は平和主義で、戦争に加担するようなことは拒否しただろう、そういうふうに考える、もしくは考えたいという傾向があります。しかし非常に早い段階から、例えば二世紀のユスティノスという殉教した教父はローマ軍隊の規律のすばらしさと兵士をたたえるという点において人後におちません。軍隊というものがプラスのイメージなのですね。そしてキリスト教の兵士たちも二世紀にはかなりたくさんいて、ローマ帝国のために戦って、軍団が苦境に陥ったときに彼らキリスト教徒の兵士は自分たちの神にローマの勝利を願った、すると奇跡が起こってローマが勝ったという伝承が出来上がります。ローマのために戦う兵士とキリスト教とが、矛盾なく受け入れられているのです。でも、ここにも両面があります。三世紀末には、人を殺すということは神の命令でできないと言って、兵隊の軍服を脱ぎ捨てた将校がいて、軍規違反で処刑されるという事例も起こってくるのです。

性的禁欲については少し説明しましたので簡単にいたします。キリスト教が性欲を押さえつけようとして、禁欲を大事にしたということは間違いありません。結婚が禁じられたというわけではありませんけれども、子供を生み、家庭を作るという点でのみ夫婦関係は認められた。子供ができた後の夫婦が性的交渉は持つべきではないと指導されたのです。それに、生涯結婚をしないで過ごすことが奨励されました。司教が童貞でなくてはならないという、後にカトリック世界で確立する慣わしは古代では生まれてはいませんけれども、教徒が禁欲を求められたということは間違いありません。特に処女たちが結婚をしないで生涯教会のために働くということも望ましいとされました。しかし、これにも両面の説明が可能です。結婚しているのに妻以外の女性との性的交渉を平気で行う男に対する嫌悪感は、実はキリスト教の外のローマ社会の中に、既にもう早くからありました。何もキリスト教だけが性的規範や禁欲的規範を強く主張し、ローマ社会は堕落を極めていたということはありません。ただ、キリスト教徒の中に女性が比較的多く、若い女性にとっては適切な配偶者を見つけることができない状況の中では、異教徒男性と結婚するよりもむしろ独身を守る、処女を守るという方がより良きことであるというモチベーションがあった、という説明ができるだろうと思います。

それから、女性が教会の中で、男性と同等とは言いませんが、かなり重要な役割を期待されたということは言えると思います。このことは外からは誤解されることになります。キリスト教徒が処女性の評価を高め、特に離婚・再婚はいけないと主張する。これは間違いないですね。堕胎、子捨てもキリスト教会は拒否した、もしくはそれをいけないこととしたことも間違いないと思います。そうなると、再婚は不可、だからキリスト教徒は家庭を持たなくていいと言う、と外の世界に誇張して知らされたときに、ローマ帝国の社会というのは子供を生んで家庭を守るべきであるということを次第に主張し出してきましたから、キリスト教徒というのは、家庭の崩壊と少子化を主張してけしからんという受け止め方をされた、という可能性はあるかもしれません。この時代、子供を生んでも大半はすぐに死んでしまいますから、たくさん子供を生まなければいけない。連れ合いが死んだら、再婚してでも子供を生むようにしなければいけないというモチベーションの社会の中でキリスト教はやや異質なものと見られかねなかったということがあります。

奴隷について、です。キリスト教は奴隷制が非人道的なシステムだからやめようとは決して言いませんでした。奴隷は奴隷として使役しつつ、彼らも人間であって、そしてキリスト教徒となりうるという風に受け取っていたということです。ですからその後、時代が進んでもローマ皇帝は奴隷制を廃棄しようとはしませんでした。逆にキリスト教徒のある富裕な婦人の中には、イタリアとシチリアで何万人もの奴隷を使って農場経営をしている女性もいたのです。

魔法や魔術、悪霊祓いがキリスト教会の観念や儀式の中にあったということも否定できない事実です。ただ、キリスト教が奇跡によって病を癒したこと、初期のキリスト教がイエスの名によって病気を癒したということをあまり強調することはできないと思います。強調する研究もあるのです。初期のキリスト教は病気を癒す集団として人々を引きつけたのだろうと言われたのです。しかしそれは重要な手段ではなかったはずです。ただ、病人に対して手厚い看護をするということで教会は大きな役割を果たしたことは間違いないだろうと思います。魔術についても同様で、それを表に立てることはなかったけれどもキリスト教徒が悪霊や悪魔の存在を信じ続け、悪霊祓いの儀式が重要だと考えていたことは間違いありません。それは聖霊を信じる、聖なる霊がある以上、悪しき霊もあるということで、キリスト教徒にとって悪霊はむしろ親しい存在であった。憎むべき存在であれ、ありふれたものだった、そう見るべきだと思います。

最後に社会風俗とキリスト教の関係です。まず社会的娯楽です。当時のローマ市民たちが熱狂した剣闘士競技、野獣のショー、あるいは演劇、こういったことにキリスト教はどのようなスタンスをとったか。多分、一般の市民に比べて腰が引けていたことは間違いないでしょう。それは今でもプロレスが好きだということが大っぴらに言えない年齢とか職場があるでしょうし、クリスチャンのくせにタバコを吸うのかとか、酒を飲みすぎるんじゃないかとか言われて、少し肩身の狭い思いをしている方々がいるわけで、似たようなことが古代のキリスト教の中にもあったと思うのですが、だからといって、そういうことを絶対的に否定しようとしたかと言うと、必ずしもそうでもない。キリスト教の皇帝の時代にも剣闘士競技、野獣のショー、戦車競走はずっと行われ続けていたという面はあるのです。

アウグスティヌスと言えば、古代の神学を確立した偉大な教父でありますけれども、彼は若いころ演劇に夢中になっていた。もっとも、彼はそれを、非常に時間を浪費した、私の悪い癖であったと言っていますけれども、そういった人間味というものをキリスト教徒が示したことは間違いないと思います。

それから最近でも話題になるように、なかなかなくならないのが、コネとか不正、売春、あるいは権力にまつわる汚職、これらとキリスト教はどういう関係にあったか。ここでもキリスト教は無罪放免というわけにはいかないようです。三世紀のアフリカでは司教の座をめぐって買収、あるいは暴力が行われたようです。激しい地位の争いは、四世紀のアタナシオスとアリウス派の論争の中でもありました。あのアウグスティヌスもいろいろな人から頼まれて、役職に就けるために有力者にコネを働かせて、依頼状を書いたり、推薦状を書いたりということを、ごく自然に行っていたということが知られています。キリスト教徒は隔絶した、倫理的に清らかな社会の中に孤立して住んでいたわけではないのです。ということは、様々な面で初期のキリスト教について、複眼的な見方が必要である。いったん引いて、客観的に見る見方が必要である。それが私の基本的な姿勢でありまして、そこから少し取り急ぎでありますがお話いたしました。

質疑応答

質問①　四世紀ごろからローマ帝国が福祉事業と民事裁判について教会に任せるというお話がございましたが、民事裁判を教会に任せるということだと、その当時のローマ帝国の官僚制は民事裁判にまで手が回らなかったために教会に任せたということなのかということ。

もう一つは、司教の座の選挙をめぐって買収が行われたということですが、買収までして地位を得ようとしたことは、司教になることによって何か具体的な利益があったのか、そのことについてお願いいたします。

厳密に言うと民事裁判全部を司教にというとちょっと言い過ぎで、ある程度行政の裁判と平行していたのですが、最近私が教えた学生の書いた本で、そのことについて扱っています。アウグスティヌスがその事例を知らせてくれるのですが、具体的に、税金を滞納したとか、あるいは人から土地を奪われたとか、そういう理由で持ち込まれるのですが、客観的に見て行政の裁判の方が時間がかかり、かつ不正が起こりやすい。ですから弱い立場や社会的地位の低い者にとっては司教裁判のほうが良心的に裁いてくれるであろうし、より迅速であったと一般的に言えたようです。それだけ司教はたいへんだったと思いますが、司教裁判に大衆的な人々が殺到するということも北アフリカの都市では起こっていたということがわかっています。

それから、司教の地位についてです。これはキリスト教の史料の中にはあまり出てこないのですが、司教というのは三世紀くらいになってくると、都市によっては何千人という人々を導く役割です。それに、教会は非常な富を蓄積することになります。会堂を建てたり、貧民に施したりするのですが、管理する富の大きさ、教会における役職の地位に対する皆のあこがれがあり、従って司教になりたいという欲望も想像できる。このような集団の中でトップの司教になるということはたいへんなことだと見なされた。生涯その地位を保証されていましたし、神さまに最も近い人間だ、と。従って、相手を蹴落としてでもなろうとか、場合によっては奇跡が起きたと称して司教の地位を我が物にするとか、争奪の的となることもあったでしょう。史料では本当に奇跡が起こって、無名の人が司教になったという例が書かれています。司教になることのメリットは非常に大きかったと言えると思います。

質問② 職業観というか、職業規制というかそんな問題について質問したいのですが、マックス・ヴェーバーの『プロテスタンティズムの倫理と資本主義の精神』にあるように、カトリックとプロテスタントの職業意識などの違い、それはキリスト教の歴史上の中で考えるとどのように理解されるのでしょうか。

古代世界の職業の規制ということでお答えしてよろしいですか。古代世界全般で現代と異っていたのは、生まれながらにして富があって、土地があってそれを他人が耕して、自分は政治とかあるいは何もしないで暮らす貴族的な仕事というのか職業というのか、それが一番尊くて良いことだとする観念の存在です。それから、金貸しとか商売に携わること、特に小規模の商売は卑しいから、できればそれは奴隷がやることだという観念。他方、多少労働はきついけれど農民のように自分で自分の土地を耕したり、あるいは小作人に耕させたりしてもいいのですが、農業は尊い、というような価値観があったわけです。職人と商人を比べた場合は職人のほうがよりよいというのです。ではキリスト教はどうかと言うと、おおむねそれを受け継いでいたと思うのです。貴族とか元老院議員とか、土地を奴隷に耕させている人、皇帝とか総督も、それは職業のうちに入りませんが、名誉ある地位とみなされたわけです。キリスト教徒でも農業は良いと考えていたはずです。彼らが嫌ったのは、異教の神々に仕えるような職です。これは古代の世界では多いです。軍隊の世界でも祭事を行って戦争に出かけていきましたから。それから、どんな職業にも組合があって、例えば鍛冶屋の組合にはヘーパイストスというギリシャの鍛冶屋の神さまが守り神でいました。だから祭事に携わる異教の祭司も含めて、将校も組合員も神々を拝む仕事だから、キリスト教徒は勤めてはいけないということですね。そういうキリスト教的な価値判断はあったと思います。また、テルトゥリアヌスが書いている文章の中には演劇もいけないとあります。舞台の上で自分ではない人間を演じるということは、嘘をついていることだからだめだとか。その他売春が嫌われるということは当然のことなのですが、様々な職業をテルトゥリアヌスは多神教とか、偶像崇拝があるからだめであるという言い方をしています。実際には様々な職業の人がキリスト教徒にはいて、働いて富を得るということもまた褒められるべきであるという基本的な抽象的論理も充分成り立っていたのです。

質問③　びっくりしたことは、パウロが行く前にすでにキリスト教信者がいたということです。はてなと思いましたのが、使徒言行録で十二使徒に復活したキリストが現れて、また六百人に同時に現れ、最後にパウロに現れたとあります。すると、六百人のだれかが先にローマに行ったのかと思ったのですが、これはあまりに単純でしょうか。ひょっとしたらパウロのようにキリストは神の子だ、死んだのは私たちの罪のためにだったと考えるような神学を学んだ人などではなくて、とにかくキリストは生き返ったらしいよ、というような感じで最初は伝道をしたのではないか、その辺が分からなかったのです。

二点目はメンタリティーということで、先生は日本人が月を見た場合の感じと、外国の人は月を見て狼男になると感じるという違いを言われてすごくはっきり枠組みが分かるのですけれども、ローマの人たちの当時の生活のメンタリティーと、その中にいた少数のキリスト教徒の生活のメンタリティーと、もっと分かりやすく対比させていただけるとありがたいのですが。

興味深く、かつ重要な質問がありました。キリストが死んで復活したということを信じた人たちの群れは、皆同じ信仰ではなかったかもしれませんが、キリストの言葉の中には、「お前たちは出て行って世界に宣べ伝えよ」という命令が福音書の最後のところにあります。これを文字通りにとる人々がある程度はいたのだということ、しかし、彼らの信仰内容はまだまだ素朴だったと思うのです。キリストが来て奇跡を起こして、私たちに伝えてくれた。死んだけれど甦った、この喜びを伝えよう。パウロが後から行ってより深い内容を伝えたのでしょうが、最初の喜びを持った人たちの中で、遠くへ行く理由のあった人が、たまたまその人は商売で海へ出て取引をするような商売の人だったとか、あるいは言うなればパレスチナにもう居られなくなった人だとか、悪いことをしたわけではないでしょうが、土地がなくなったとかそのような理由で、遠くへつてを求めて行かざるを得なくなった、あるいは親戚が病気になり遠くまで見舞いに行かなければならなくなったというような様々な理由から、ユダヤを出て伝道した人がいたかもしれない、というイメージを私は持っています。パウロの「ローマ人への手紙」を見ると末尾のところに、アンドロニコの家の人によろしくなどと、名前を上げられている人が二〇名以上いる。だから、ローマの教会では最低二〇何名かはいたということです。その家族を考えると百名以上はいたという想像ができる。後になると最初にローマに伝道したのはバルナバだったということになってきますし、ローマの最初の使徒はペトロだという伝説も出来あがってきますけれども、推測の域は出ません。いずれにせよ最初の教会はこのようにして無名の伝道者が建てた教会が大部分です。パウロが強くした教会も幾つもありました。ペトロが働いたということもあったと思います。それが第一の答えです。

第二の答えは、たしかにローマ世界の中におけるキリスト教のメンタリティーとローマ社会全体のメンタリティーは、私の今日の説明をまとめると、大きな円がローマのメンタリティーだとすると八割くらいはそれと重なって、二割くらいがローマのメンタリティーから飛び出たキリスト教徒だけのメンタリティーの枠組み、というようなイメージでお話しました。戦争に出て皇帝のために戦う、などローマ人たちの価値観と共有するところがキリスト教徒たちはたくさんあります。しかし、富とか禁欲とか罪とか、何よりもキリストは復活した神の子である、といういくつかの点で、ローマ社会のメンタリティーからはとても認められないというメンタリティーをキリスト教徒が持っている。そういう意味で重なりつつ異質な面がある。そういうふうな枠組みだと思っております。

質問④　奴隷についての質問ですが、キリスト教徒も奴隷の存在を当然と考えていたということで、古典古代が奴隷制社会であるということは十分理解していますが、私としては、奴隷は物を言う道具という存在であったと理解しておりまして、やはりキリスト教徒たちもそのようなふうに奴隷を見ていたのか、というのが一つの疑問ということと、もう一つはコンスタンティヌスの時代に目だって刑罰が残酷になったという点で、コンスタンティヌス自体はキリスト教を公認しましたが、しかし彼自身は確か晩年にクリスチャンになっていたかと思いますので、どの時点辺りから刑罰が残酷化してきたのか、彼がキリスト教をどのように見ていたのかというのを疑問に思ったので質問させていただきました。

第一点ですが、キリスト教徒だけが奴隷に対して人間的だったわけではないと言わなければなりません。奴隷は人間ではないとか、奴隷には人格がない、という通念があったことは確かなのですが、それはいわゆる法的レベルのことで、キリスト教徒以前のローマ人の世界ですでに、ちょうどアンクル・トムズ・ケビンの話のように、子供の頃から優しく育ててくれたトムに、奴隷なのだけれど、白人の子供も非常に愛情を持っていたというのが現実で、古代世界でもそういうことはいくらでもあったと思います。しかし、法的には権利がないわけだから、奴隷を殺してもいわゆる殺人にはならなかったわけです。しかし実際ローマ社会ですでに、奴隷を殺すということは殺人に等しいことだと、奴隷所有者たちがある種の反省の念を込めて認め始めたということが現にありました。そして、哲学者達の中で、特にネロの頃にいたセネカなどがそうですが「奴隷は人間だ」とはっきりと言うようになりました。しかし、他方で奴隷は使い続けていたわけです。キリスト教徒も同様でしたが、一般社会よりは奴隷を自由人と同じ人間だと見なす傾向があった。セネカは、奴隷は人間だがやはりローマ人よりも下等だという侮蔑感がまだ残っていた。キリスト教徒にも侮蔑感は残っていたと思うのです。しかし立て前としては奴隷と自由人の隔ては無いということがパウロにも出てくる。しかし奴隷制までは否定しないという、一種の矛盾と言えば矛盾ですが、彼らの中ではそう矛盾ではなかったと思います。そういうわけでパウロは、オネシモという奴隷が主人のところから逃亡して、自分の所に来たとき、その奴隷をかくまって自由にしてやるというのではなくて、元の主人の所に返すわけです。返すけれども逃亡した奴隷だからといって、痛めつけたり、殺したりしてはいけないと伝えた、そういう温かさをもって接したということです。

第二点、コンスタンティヌスは死ぬ直前まで洗礼を受けませんでした。それもアタナシオスではなくて（異端の）アリウス派の洗礼を受けて死にました。しかし彼がキリスト教を迫害せず、大いに支持し教会をたくさん建てたという厳然たる事実があります。そのことと彼が死ぬ前まで洗礼を受けなかったということで、実はコンスタンティヌスの内心のキリスト教信仰はどうだったのかという問題の議論はずっと続いています。

最近、Ａ・Ｈ・Ｍ・ジョーンズという人の書いた『コンスタンティヌスの改宗とヨーロッパ』の邦訳が出ました。それなどは、コンスタンティヌスは心から信仰の回心を遂げた人ではなかった、政治家としてキリスト教の利用価値を認める人物であったというふうに考えています。一方でコンスタンティヌスは自分が勝ったのはキリスト教の神のおかげだ、ということを早い段階から劇的体験で感じていた、とする古代史料もあります。では先ほどのように死ぬまではクリスチャンではなかったことはどう説明されるか。洗礼を生まれてすぐ授けるというヨーロッパのやり方は後になって確立してくるわけで、信仰は持っているが洗礼は死ぬ前にというのは四世紀あたりはよくあったようです。そういう意味で、お答えとしてはコンスタンティヌスの信仰者としての心の問題についてはなお分からない。キリスト教への支援の姿勢という政治的な行動は非常に明確である。そのようなお答えになります。

質問⑤　パウロがローマに行く前にすでに教会があったということですが、それは洗礼を受けていた人たちがいたということでしょうか。パウロ自身は洗礼を授けないと言っていましたが、そうなってくると聖餐式やミサは洗礼を受けた人たちだけがあずかるわけですが、そのあたり、洗礼と教会に集う人たちというのはどのような関係にあったのでしょうか。それとも行って先ず洗礼を授けることが先になるのか、死ぬまで待つのか、一般的な場合を知りたいと思いました。

洗礼のことは二世紀末とか三世紀から割合文書に書かれることが多くなって、洗礼を受けるためのカテキズム（入門問答）等々が整ってくるのですが、原始教会については本当には分からないと思います。想像をめぐらせればペンテコステのときに聖霊の奇跡を共有した人は洗礼を受けなくても、そのとき洗礼を受けたつもりでい続けたかもしれないし、いろいろな想像ができるとは思います。パウロが行く前のローマの教会で、もうすでに洗礼が施されていたとしても、初心者段階を経て、もう洗礼を受けてもいい、受けたら聖餐式にあずかってもいい、そういう制度はまだ整っていなかったと思います。二世紀の後半のヒッポリュトスという教父が、教会の規範の書を著していますす。そこでは、信仰を決断する、そして訓練を受ける。それも一週間程度ではなくて、場合によっては一年から三年ほど勉強する期間をおいて、初めて洗礼を受ける、聖餐に関しても非常に限定した時期しか行わない、ちょっとした罪があれば受けさせない、といった規範が見いだされます。またそのカテキズムのとき覚える信仰告白、使徒信条などは徐々に時間をかけて作られていったのであって、ローマの教会にパウロの時代、それほど整った礼典の体制はまだできていなかったでしょう。だからといってまるっきり無かったというわけでもないと思います。集まって讃美歌を歌い、聖書の言葉を聞き、そのとき証しがあり、祈りがあり、ある人は神の言葉を霊につかれたように語る、予言の能力を持っている。そしてこの人は監督である、そういう、素朴とはいえ、他の宗教集団に比べればかなり体制の整っていた集団ができていたということは間違いないでしょう。

質問⑥　シリアにドゥラ・エウロポスという古い遺跡があったと思います。まだ教会堂、聖堂とは呼べないおそらく一般の家を改築した遺跡があったようですが、たしかその遺跡の中では洗礼を授ける洗礼場のようなものがあったと思うのですが、もしそうだとすれば、その辺りのキリスト教はローマ帝国の中で数が多くなる以前の時代に、キリスト者の生活の中で奇跡的な生活を実現していたのでしょうか、洗礼を受けて聖餐を授かるという制度は、充分伝承として文書で確かめられるほかに、何かしらの痕跡でたどることができるのではないかと思います。

三世紀は割と制度もはっきりしてきます。ドゥラ・エウロポスというのは非常に重要な遺跡で、建物として、遺跡として把握できる教会の最古だと言われていますが、それがたしか二五〇年から二六〇年のものですね、人数的に八〇人くらいが入れる部屋で、そこには聖書の絵などが描いてあって、あきらかに教会堂で、しかも大きな家の一角が礼拝堂としてしつらえてある。ローマのカタコンベもよい遺跡ですが、どうしても時代がさかのぼらないので、古いキリスト教の遺跡というのは三世紀まではごくわずかだった、というのが一つです。

それから、二世紀には先ほどお話した、ヒッポリュトスやユスティノスなどが、かなりはっきりと聖餐のパンとぶどう酒の用い方や、式文を記しています。その原型はもっと古かったかもしれません。洗礼のほうがもっと早めに確立していたかもしれませんが、やはり、二世紀よりさかのぼることは難しいということです。

それから、洗礼のやり方です。ヨハネがしたのは洗礼ではなくて清めの洗いですが、あれは全身を浸す浸礼だったようです。頭に水をしたたらせるだけの洗礼も割に古くからあったようです。我々は古代の人は皆、川に入って浸礼を受けていた、と思ったりしますが、案外そうでもなかったようです。

質問⑦　先ほど、職業の規制という話がありましたが、先生のお話にあった『ヒッポリュトスの使徒伝承』という史料などに、二世紀の終わりごろに、洗礼を受ける者たちの資格とか訓練期間と関連して、職業による規制はありましたでしょうか。

職業の規制が記されています。こんな仕事をしている人は洗礼を受けてはならない、などということがあります。裁判官はいけない、辞めて洗礼を受けよ、とかはありますね。兵士はもちろんいけません。後は享楽的な職業、歌うたいなどです。今では許されるものでもいけないとされた職業はあります。それからヒッポリュトス以外でも、やはり裁判人はいけない、他人を正しいとか正しくないとか裁くのは人間のわざではない、などという価値観を示す文書がありました。もっともこれらも教会の立場としての公式見解ですから、現実にはもっと寛容な扱いがされたと思います。

第4章　初期キリスト教における教会間交流

第1節　はじめに

キリスト教はその成立の直後から、伝道し拡大することを志向する特色をもっていた。イエスの死後十数年のうちにイェルサレムからはるか西のエーゲ海岸、ギリシャ、そしてイタリアのローマに教会が生まれたことが確認される。使徒パウロはそれらの教会を訪れ、あるいは新しい教会をつくることもしながら三度の東地中海旅行をはたした。彼はまた旅先からローマを始め多くの教会に書簡を送った。イェルサレムで五〇年頃、アンティオキアからの教徒も参加して教会会議が開かれる。そこでも広く異邦人に伝道することが決議された。[1] パウロの手紙からは教会間の書簡の交換も、また信者たちの交流と教会間の助け合いも盛んであったことがうかがえる。

この特性はその後も変わらなかった。二世紀初め、ローマ帝国のほぼ五〇の都市に教会が生まれていたと想定される。[2] しかし一部の都市を除いてはごく少数の信徒しかもたなかった。にも関わらず初期キリスト教は多数の文書を生み出し、教会間の交流も盛んに続けたのである。その理由を問うのは難しいが、キリスト教徒はユダヤ教徒と異教徒民衆に蔑視され、不快感を与え、迫害を受ける存在ではあったが、絶対数が少なく、帝国権力が弾圧にのりだすこともなかったから、礼拝も交流の旅も比較的自由にできる、という条件はあったのである。本稿では初期キリスト教における盛んな教会間交流の実際のすがたを史料から探り出してみたい。初期キリスト教がかなり複雑な要素をもち、特に地域的な差異が小さくなかったことが、たとえば使徒による癒し行為、千年王国的運動、異端思想、などのテーマから指摘されている。しかし私がここで調べてみたいのは、このような多面性が事実あった中で、教会の中枢から、正統性と一致の実現をめざす強い意志が示され続けたこと、そのことと活発な交流とは重要な関係があったのではないか、ということなのである。(3)

第２節　二世紀の教徒の移動、教会間の交流

初期キリスト教は偶然にも、世紀が変わるごとに新しい段階に入るようである。教会間の交流の面から見ると、二世紀初めにその現象の事例が多くなり、三世紀の特に半ばから遠隔地の教会間の情報交換、大規模な会議の開催が頻繁になる。その背景には教徒数の増加と拡大、異端との論争の深刻化、帝国レベルでの迫害が波状的に実施されるようになったこと、などの事実があった。しかし、二世紀のキリスト教徒の移動と交流もまた活発ではあったのである。

使徒の伝道については、パウロとその協働者バルナバ、プリスカとアキラなどの行動は確証されるが、ローマなどにだれが最初の伝道を行ったのか、ペトロはローマに移り住んだのか、について

は二世紀以降の伝承しかない。アレクサンドリアにマタイが、インドにトマスが伝道したなどという話はもっと空想的である。しかし初期教会における伝道、交流が盛んであったことは疑い得ない事実である。

使徒教父の中ではローマのクレメンスがコリント教会に手紙を書いている。イグナティオスについてはもっと多彩な交流が知られている。彼はアンティオキア司教として捕らえられ、裁判のためにローマに護送される。護送中とはいえ、そこがローマ帝国時代の犯罪者取り扱いの奇妙なところだが、シリアからはアガトプース、途中からはキリキアの執事とされるフィローンが付き添い、イグナティオスはスミルナなどの町からエフェソス、マグネシア、スミルナ、フィラデルフィア、ローマの諸教会に自由に手紙を書き送っている(4)。それらの教会について彼は具体的に教徒の名を挙げ、その役職についてもよく知っている(5)。複数の人々を使者として用いていて、彼らの間の交流はかなり密であったようである。

イグナティオスはいわゆる自発的殉教者のようで、首都ローマにおいて野獣刑で処刑されると公言しており、その通りになったと思われる。彼の手紙で唯一個人宛のものは、スミルナ司教ポリュカルポスへの手紙である。そのポリュカルポスがフィリピ教会に宛てた手紙も残っている(6)。それには、彼の手紙をクレスケンスとその妹がフィリピに運ぶ、と記されている。そしてフィリピの教徒もポリュカルポスに手紙を送っているのである(「ポリュカルポスの手紙」一三)。おもしろいのはポリュカルポスが、フィリピからの手紙をシリアへ送ろうとか(同一四)、イグナティオスからの手紙をフィリピへ送る(同一三)、などと記していることである。この時代、キリスト教会において

「手紙」は私信ではなく「回状」であったことが分かるのである。これは原始教会のパウロ書簡以来のならわしだったのであろう。

ポリュカルポスはまたローマの司教アニケトス（位一五五―一六六）から、東西で食い違いのあった復活祭の日付に関する会議のため、ローマに招かれている。結論は出ず、物別れに終わったが、イタリアとアシアをまたぐ最初の教会会議であった(7)。キリスト教徒は距離をいとわず連絡をとり、集まろうとする姿勢を保ち続けるのである。

ギリシャとアシアの教会の間にもネットワークの形成が見られる。二世紀半ば、コリントの司教ディオニュシオスが、スパルタ、アテネ、それにクレタのゴルテュンの教会を励ます手紙を書き、アシアのニコメディア、ポントス、アマストリスとも連絡をとっている。彼の手紙もエウセビオスによれば「公同書簡」であり、回覧が想定された教訓的書簡である。さらにディオニュシオスはローマ司教ソーテール（位一六六―一七五）にも手紙を書き、ローマ教会の善き習慣を賞賛するのだが、その中にローマ教会が各都市の多くの教会に献金を送っているという項目も含まれている(8)。

二世紀後半、アシアとガリアの教会間の文書のやりとりが一例だけ知られている。そもそもガリアの教会として二世紀に確認できるのはその例で出てくるルグドゥヌムとウィエンナだけである。ルグドゥヌムの民衆の間から、キリスト教徒への暴行という形で迫害が生じた。一七七年と推測されている。この年、ガリアで開催された皇帝礼拝の大祭の高揚した空気の中でキリスト教徒が公開処刑されたのだと思われる。殉教者は四八名だったと伝えられる(9)。迫害は大祭の終了と共に終わったようで、キリスト教徒は元通りの生活に戻ることができた。その段階で彼らは詳細な迫害の記録を、アシアのフリュギアの教会に書き送ったのであり、それはエウセビオスの『教会史』に記録され、「殉教伝」としても保存されている[10]。ルグドゥヌム迫害の殉教者にはギリシャ系の名前が多い。彼らとアシアの交流の深さはそのことと関係があるかもしれない。しかしエウセビオスはまた、ルグドゥヌムの殉教者たちが獄中にある間にローマ司教エレウテロス（位一七五―一八九）に書を送った、とも記す[11]。教会間ネットワークはやはり広く機能していたのであろう。

アシアは二世紀のローマ帝国の中でキリスト教徒の勢いが目立って強くなった地域である[12]。ことにフリュギアでは田園まで進出した。土着の女神キュベレ信仰をひきずるキリスト教徒の間にモンタノスという熱狂的リーダーが現れ、彼の煽動で神の国が今しもペプーザという小村に到来すると信じた人々が殺到するという場面も生じた[13]。アシアのこの東北部は伝統的、文化的に霊的宗教性がつよかったのであろうか、ポントスでは新奇な偶像崇拝の運動が生じたとき、キリスト教徒がこれと衝突したという逸話をルキアノスが伝えている[14]。その非キリスト教徒文人ルキアノスの『ペレグリーノスの死』には、シリアでの逸話が記録されている。キニーク派哲学者とされるペレグリーノスという男がキリスト教徒の群に入り込み、尊敬を集めるが、迫害にあい、捕縛され投獄された。そしてこの獄中のペレグリーノスのところにアシアのキリスト教徒が献金を集めて届けに来た、というのである[15]。

本節の最後にローマ教会が、広大な領域への活発な発信を行っていたことを指摘する必要がある[16]。パウロの時代のローマ教会はすでにかなりの規模であり、イグナティオスもローマ教会に特別な敬意を払っていたことがうかがえる[17]。しかし、ローマ教会から他の教会に発信されるのは、二世紀半ばまではクレメンスのコリント教会宛書簡があるだけである。六四年、ローマ大火後のいわゆるネロの迫害による打撃で、ペトロとパウロの殉教は確証されないが、教会指導層が失われたことにも一因があるかもしれない[18]。二世紀後半にヘゲシッポスが、ペトロから始まるローマ司教の系図を作成したとされるが[19]、クレメンスの書簡と、「ヘルマスの牧者」からうかがえるところ、ローマ教会には強力な単独司教は現れておらず、集団指導制であったようである[20]。ところが、確実に把握できる最初の司教と言ってよいアニケトス[21]になって突然先述のように会議を招集するのである。三代後の司教ウィクトル（位一八九―一九九?）が再度アシア、パレスティナの諸教会に復活祭日の統一を呼びかける。このウィクトルはアフリカの生まれで、史上初のラテン系ローマ司教である。ウィクトルは、ローマの方式に従わないアシアの教会に破門をもって迫った[22]。ローマ教会の発言力の大きさと教会の交流がさらに深まっていることが分かる。

アシアでも復活祭をめぐって会合を開く動きが顕著になった。エフェソス教会のポリュクラテスが指導的立場にあった[23]。またパレスティナではカイサリア司教テオフィロスとイェルサレム司教ナルキッソスが中心となって会議を開いた[24]。そしてこの復活祭論争にはルグドゥヌムのエイレナイオスも加わる。二世紀に猖獗をきわめる異端への全面的攻撃の書物を著した正統派のイデオローグであるこの人物は、生まれはスミルナだとされ、ローマで学んだこともあり、広い交流を体現している。一七七年の迫害時に彼はルグドゥヌムに不在で、司教の殉教後、その後任となる。そのエイレナイオスは、この間の論争におけるウィクトルの姿勢を遺憾として、批判の書簡を送ったという[25]。

教父で殉教者のユスティノスも、生まれはパレスティナのサマリアで、エフェソスで教えた後ローマに来た。やはり初期キリスト教世界でよく動いた人物である。その弟子のタティアノスはアッシリアの生まれで、ユスティノスを慕ってローマに来た。マルキオンはポントスのシノペ生まれである。グノーシス運動の雄となるヴァレンティノスはエジプト生まれである。彼らいずれもが二世紀半ばにローマに集まっていた。付け加えるなら、サルディスの司教で教父のメリトンはイェルサレムを訪れたことがあったという[26]。

二世紀のキリスト教徒の交流の活発さはめざましいように見える。そして彼らについては交流を知らせる史料が豊富である。要するにキリスト教徒は帝国中を自由に移動できていたことが分かるのである。それだけではなく、彼らは東の帝国国境を越えて、アルメニア、アラビア、パルティアにまで伝道し、信者を獲得するに至っていた[27]。

彼らは法の庇護外にあったのではなく、移動を禁じられず、ましてやお尋ね者として探索される不安を覚える必要もなかった。ところが他方でイグナティオスのように護送される教徒がおり、ポリュカルポスのように町の迫害を避けて田園の家に匿われても捜索、逮捕される例があった。ただ、矛盾する状況が併存していても、弾圧と束縛の面の方が小さかった、と言うほかはないのである。

キリスト教会はこのように広く散在し、互いに交流できたのだが、そこでどの教会も同じ信仰を共有すべきだという観念に最初から固着していたようである。そのために使徒が各地教会を巡回し、他の地域の教会の情報を集めようとし、文書を共有しようとし、異なる教理を排除しようとし、そのために他教会を指導しようとし、重要とみればある程度広域な範囲で会議を設けようとしたのである。もちろん、時に迫害が生じて、交流はもちろん、礼拝の実行すら妨げられることがあり、これに加えて古代的な旅ゆえの困難さ、移動の遅さが制約となった。信仰の一致をめざしても、復活祭のように遠隔地であるがゆえの食い違いも避けられなかった。新約正典の確立にも二百年は必要だった。そういう条件下で、やはり交流の努力は続けられたのである。

このような交流の間に、帝国内の地域ごとに有力教会が現れてくる。二世紀はアンティオキア、コリント、エフェソスなど、より早く成立した教会に、ローマ教会が積極的な発言によって参入してくる世紀である。しかしまだどの教会も最有力というわけではない。歴史が古く人口の多い都市の教会が目立って来はするが、ローマ教会もまだ有力教会の一つ、というにすぎない。ただ、正統信仰を擁護する意志をもち、人望をも得た有名司教の出現した教会が指導力を持った世紀だった、ということは言えそうである。

第３節　三世紀のアシア、アフリカ、イタリアの教会間交流

三世紀に状況はどうなっていくだろうか。信者数は増加の度を高める。帝国レベル、つまり皇帝命令による迫害が着手される。教理をめぐる論議が盛んになり、正統・異端の対立も先鋭化する。それでも迫害は短期で終わるから、迫害時に蒙った深刻な後遺症に教会が悩む時間が生まれ、会議開催の必要性が高まる。また教理の深化を背景に、キリスト教弁明の文書など教父による著作が急増する。論争、研究、教育を求め、彼らの移動も活発になる。このようなキリスト教の状況の発展があった。この３節では、新しい交流の拠点となってくるアレクサンドリアとカルタゴの有力司教

に焦点をあて、これらと常に密接に交流するもう一つの拠点ローマ、にも顧慮しながら史料を見ていきたい。

東方の教会――アレクサンドリア教会を中心に

アレクサンドリアのキリスト教は三世紀に急速に発展したように見える。シチリアの人と言われるパンタイノスが一九〇年頃、いわゆる「教校」を設立する。[28] 跡を継いだのはアテネで改宗した後、ここに来たクレメンスであり、オリゲネスもアンティオキアから学びにやってきた。[29] のみならずグノーシス・キリスト教学者として有名になるバシリデスがアレクサンドリアでも一時講義した。ウァレンティノスもここで学んだ後、ローマで活躍することになる。[30]

アレクサンドリア教会の司教についてはエウセビオスが伝えてはいるが、[31] 三世紀半ばのヘラクラスまで、それぞれの働きは不詳である。教校との関わりも不明である。しかしヘラクラスの後任の司教ディオニュシオスが登場した（二四七年）ことによって急に私たちの情報が豊かになる。というのもディオニュシオスが残した文書とその行動がエウセビオスの『教会史』に網羅されているからである。彼は教校でも学び、オリゲネスの謦咳にふれた。[32] 司教となる前に（二三三年？）は教校の責任を負っていたようである。[33] 二五〇年のデキウス、二五七年のウァレリアヌス帝による迫害をも生き延びた。アレクサンドリアでは、司教を含めた多数の殉教者が出、異端の運動も起こった。ディオニュシオスは自身追放を受けながらも精力的に教会を固め、ローマ、カルタゴの司教たちと連絡を取り、その他の各地の教会を支援し、また叱責した。

エウセビオスによる限りディオニュシオスの著述はすべて書簡で、そのかなりの数が『教会史』に引用されている。彼の交流の範囲を見てみよう。デキウス帝が、神々への祭儀を国民に強制する形で生じた迫害と、それに先立つアレクサンドリア民衆の迫害の実態を知らせる書簡が最初に引用される。宛先は、まずアンティオキア司教ファビオスである。(34)

ちょうど同じデキウスの迫害で、ローマ教会に司祭ノウァトゥス（ノウァティアヌス）の反指導層の運動がおこる。これは迫害における棄教者に対して厳しい態度をとる厳格派であった。司教コルネリウス（位二五一―二五三）がこの運動の詳細をファビオスに書簡で知らせていた。(35) ディオニュシオスはその情報を二人のどちらかから知らされたのであろう、ノウァトゥス本人に分派にいたらぬよう説得する手紙をも書いた。(36) その他、ディオニュシオスは個人宛ではヘルマモーンにウァレリアヌスの迫害の詳細を伝え、(37) オリゲネスにも書いている。宛先だけからするとエジプトのヘルモポリタイ、アシアのラオディケア、キリキア、カパドキア、東のパレスティナ、アルメニアにも文通相手がいた。(38)

ディオニュシオスが最も多くの手紙を送った相手がローマ教会である。ノウァティアヌス宛てに続いてコルネリウス（エウセビオス『教会史』六、四六）、その後の司教ステファヌス（同七、二―五）、司祭フィレモー（同七、五、六―七、一―五）、司教ディオニュシオス（同七、五、六―七、八）、司教シクストゥス二世（同七、九）に書き送っている。問題の中心は、ノウァティアヌスの厳格派が棄教者の復帰に否定的で、棄教者聖職による洗礼の無効、再洗礼を主張したのに対し、ローマ司教たちは一貫して寛容派であった。ディオニュシオスは再洗礼を認めることはしなかったが、深刻な教会の対立に憂慮した上で司教たちを支持し続けたのである。しかし、この再洗礼問題は多くの教会で対立を引き起こし、ことにカルタゴではキプリアヌスが関わる深刻な事態となった[39]。

アレクサンドリアを動かずに書簡で交流していたディオニュシオスも、ウァレリアヌスの迫害時には捕らわれて副総督アエミリアヌスの裁判を受け、ケフロという村に追放されたがそこで教会を新たに建てるような抵抗を見せ、さらにリビアの荒れ地に追われたという[40]。その試練にも耐えて彼はアレクサンドリアにもどる。いつの時点かは不明だが、ともかく迫害休止の期間に、アレクサンドリアなどの都市から離れたエジプト田園の教会が勢いを得るに至った。ところが都市教会との関係がうすれ、ネポスなどという指導的人物があらわれてユダヤ教的傾向が強まった。ディオニュシオスはこれを憂慮して、アルシノエという地に赴き、村の長老、教師を集め、ネポスの書物を論駁して説得に成功したという[41]。

都市と田園のキリスト教の関係は、四世紀により広い地域で問題を生じさせることになる。

ディオニュシオスは晩年アレクサンドリアで長生きし、ウァレリアヌスの後のガリエヌス帝による寛容なキリスト教政策の時代をも享受できた[42]。この間上述のように多数の教会との間で、正統教義擁護のために文書活動を行い続けたのである。

おそらく二六〇年代、迫害休止期に、キリスト教界に衝撃を与えるスキャンダルが起こる[43]。エウセビオスによるならば、サモサタ（アシア）出身でアンティオキア司教であったパウロスがキリスト解釈において異端の疑いをもたれた。加えて彼の教会の礼拝や信者指導、彼自身の私生活の異常さも非難された。カパドキアのカイサリア司教フィルミリアノスがパウロス糾弾のためにアンティオキアに教会会議を招集する。会議はパウロスを罷免し、後任を定めるがパウロスは退去しない。司教たちは皇帝アウレリアヌス（在位二七〇―二七五）に訴え出る。皇帝はイタリアとローマの教会の司教たちが解決するように、との判決を下した。エウセビオスは、この問題が生じたとき、ディオニュシオスも出席を要請されたが、彼は書簡を送ってパウロス弾劾に同意しただけであった、としている。この点に関しては、ディオニュシオスの没年が二六四年あるいは二六八年と推定されるので、事件が事実だとすればエウセビオスに混乱があることになる(44)。いずれにせよ教会間の交流の密なこと、皇帝の寛容で情報の確かな点、など興味深い逸話だと言えよう。上記のカイサリア司教フィルミリアノスはキプリアヌスとも交流したことが知られている(45)。

カルタゴ教会と諸教会

北アフリカ属州のキリスト教の情報は一八〇年代、スキッリウムにおける殉教の記録が初めてである。しかしすでに見たように一九〇年代にローマ司教となったウィクトルがリビアのトリポリタニア出身と言われ、護教論『オクタウィウス』の著者ミヌキウス・フェリクスも二世紀末には活動していただろう。そしてラテン教父として膨大な著作を送り出したテルトゥリアヌスが突然のように登場する。彼は一六〇年頃カルタゴに生まれ、おそくとも一九七年までにはキリスト教徒になった(46)。このように見るとカルタゴを中心に二世紀半ばにかなりの力の教会があったと推測できよう。そしてセプティミウス・セウェルスの時代、二〇二／三年にカルタゴで生じた大きな迫害の記録が「ペルペトゥアとフェリキタスの殉教」である。幻や予言、殉教者の栄光、が強調され、北アフリカ属州のキリスト教の特性がよく示されていると言われる。
このカルタゴで二二〇年には最初の教会会議が開かれる。主宰した司教はアグリッピヌスで、このときすでに会議のテーマは、異端に陥った聖職者による洗礼の有効、無効を論ずるものであった。[47]出席した司教は七〇名、アフリカだけではあったが東はレプティス・マグナ、西はトゥブルボという小都市まで広い範囲から集まった。二三六―四〇年にも会議が開かれ、キプリアヌスによると、ヌミディア人司教プリウァートゥスが異端となったためであり、九〇人の司教が出席したという。[48]
キプリアヌスがカルタゴ司教とされたのは二四八年頃だと思われる。本来富んだ家柄の出で、貧民によく施していた。[49]雄弁な聖書学者でもあった。民衆的人気を背景に司教に推戴されたが、快く思わない人々もいた。その矢先、二五〇年初めにデキウス帝の神々への祭儀命令がアフリカ属州では特に厳しく遂行された。キリスト教徒の中には拒んで捕われて殉教する者、拷問を受けても屈服せず、結局釈放された告白者、屈服して祭儀した棄教者（lapsi）が続出した。[50]キプリアヌスはこのときカルタゴを離れ、郊外に潜伏する。司教不在となった教会には祭儀強制に遭遇しなかった教徒（stantes）がおり、彼らが教会を守ったようだ。そこに釈放された告白者が帰ってくる。彼らの発言力が強まり、教会の人事を勝手に進めるようなことも行われるに至った。[51]さらに深刻だったのは、lapsi たちが教会に復帰するために罪の赦しを求めたことで、告白者がその赦免状を発行する資格がある、と認められてしまったのである。[52]
キプリアヌスは潜伏先でこの教会の状況をよく把握していた。教会ではフェリキッシムスという人物が主導権を握ろうとし、告白者の赦免状の有効性を認める立場で、反キプリアヌス派を形成した。キプリアヌスは教会に書簡を送り、赦免状を否定し、反撃する(53)。本稿はカルタゴの教会政治の展開に立ち入る余裕はない(54)。デキウス迫害後の措置に問題を生じた帝国内諸教会の交流、という観点からのみ見てゆこう。

デキウスの迫害はローマ教会にも及んだ。司教ファビアヌスが殉教し、告白者も lapsi も現れた(55)。ファビアヌスの死後一五ヶ月間、司教座が空位となった。ローマでは lapsi の復帰を許さないとする厳格派のノウァティアヌスが有力になった。この間キプリアヌスはマクシムスなどというローマ教会人と手紙をやりとりしている(56)。二五一年になってようやくキプリアヌスはカルタゴ教会にもどり、会議を招集する。ヌミディアに加え、マウレタニアからも参加者があり、司教九〇人、それに司祭、執事そして一般信者も出席したようで、総数は数百に及んだと思われる(57)。この会議ではフェリキッシムスが破門され、lapsi に厳格なキプリアヌス主導で進められたが、対立は収まらなかった。そしてローマ教会ではこの年の春にコルネリウスが司教に選出され、lapsi には寛容な姿勢を示し、ノウァティアヌス派との対立が激化する。

対立を抱え込んだ二つの教会の交流が盛んになってくる。旅行期間を感じさせないほどに密な書簡と人とのやりとりである。キプリアヌスはカルタゴ会議の決定をコルネリウスに書き送り、コルネリウスからはその決定を支持する回答が送られる(58)。ところがローマのノウァティアヌスも、告白者の署名つき書簡を持たせてかなりの数の使者をカルタゴに送ってきたのである(59)。ローマの険悪な状況を憂慮したキプリアヌスは、両派の調停のために二人の司教を派遣した(60)。キプリアヌスはこの問題においてはコルネリウスに好意的である(61)。つまりここにはねじれ現象が見られる。カルタゴでは、lapsi の問題についてキプリアヌスは厳格派であったからである。そして赦免状の無効が主張されると共に、lapsi 司教の施した聖礼典、とりわけ洗礼は有効か否か、という問題が起こり、彼は明確に無効を主張したのである。その結論は lapsi 聖職者からの受洗者は再洗礼を施されなければならない、というものであった。(62) エウセビオスによれば、明確な再洗礼主張はキプリアヌスが最初であったという。(63)

この問題は事効論、人効論として四世紀以降正統異端論争で繰り返され、近代まで続くことになる。キプリアヌスのカルタゴだけでなく、他の地域でも大きな論争となった。(64) アレクサンドリアのディオニュシオスの微妙な意見についてはすでにふれた。他方でカパドキアのフィルミリアノスは再洗礼を支持し、キプリアヌスにその旨書き送ってきた。(65)

折しもローマでは二五三年六月、司教コルネリウスがケントゥムケラエで没する。詳細は不明だが、トレボニアヌス・ガルス帝（在位二五一—二五三）による迫害で追放されていたと思われる。(66) その跡を継いだ司教ルキウスはすぐ死に、ステファヌス（位二五四—二五七）が就任する。彼はコルネリウス以上に寛容派で、とりわけ再洗礼それ自体をはげしく糾弾し、キプリアヌスに書簡を送り、フィルミリアノスを含めアシアの教会の厳格派に交流の断絶を宣言したのである。(67) しかし、キプリアヌスがローマとの決裂に踏み切ることはなかった。

政治的にも信仰的にも、北アフリカと地中海沿岸各地の教会と連絡しつつ論争と指導を続けたのがキプリアヌスなのであった。二五四年、二五六年に彼はふたたび会議を招集し、迫害時に欠けていた聖職の人事を進め、(68) 論争も行った。二五四年の会議には史上初めてヒスパニアのキリスト教徒が登場する。メリダ司教マルティアリスとレオン司教バシリデスがそれで、彼らは lapsi となったために非難を受けたとしてこの会議に調停を依頼した。[69] しばらくの小康状態の後、二五七年、ウァレリアヌス帝は宮廷のキリスト教徒と、初めて全キリスト教会の聖職者に特定して祭儀を強制する強硬な迫害を命じた。[70] キプリアヌスはまた一時カルタゴ郊外のクルビスに隠れるが、今回は執拗な探索が行われて逮捕され、二五八年九月殉教したのである。[71]

第４節　おわりに――正統性と一致をめざす交流

これまで見たように、三世紀、ガリア、イタリア、ギリシャ、小アジア、シリア、アラビア、アルメニア、エデッサ、エジプト、ペンタポリス（現リビア）からヌミディアまでの北アフリカ、イベリアのローマ帝国諸地方に、キリスト教会間の連絡・情報交換が実現していた。制度としての管区ができていたわけではない。集まりやすさからイタリア、カルタゴ中心のアフリカ、小アジアなどの会議グループが形成されたが、それを無視する遠隔地教会間の、文書の、また人的交流もかなり頻繁に行われた。

司教や教父などの移動も頻繁で、しかも比較的安全に旅行できている。司教の書簡は使者が携行するのが普通で、その役には司祭、執事、acolytus があたった。教会間交流のためには使節が立てられることもある。司教の反対派が独自に使節や書簡を送ることもあった。じっとしていては情報を手に入れることが困難な古代社会では、手に入れたければ出かけていくというのが最良にして当然の選択であったのだ。

教会の中に上位下位の違いは明らかにあった。一都市内に複数ある場合（ローマ）などでの関係はよく分からないが、都市の教会と近郊田園の教会との間では前者が上だった（アレクサンドリア、カルタゴ）。ローマ帝国の属州レベルの大きさでは行政上の首都の教会が、他都市の教会より上位とされるのが普通だった（カルタゴ。ただしイェルサレムとカイサリアとは微妙）。帝国全域で、大きく、広く知られ、尊重され、自他共に指導力を持つとされた教会もあった。ローマ教会にそのような事例が多いが、制度化されていたようではない。むしろ個性が強く、文書などで著名となり、信仰において主流にあるような司教のいる、有力教会と伝統的に見なされている教会が、他教会を指導し、指導を求められる、という段階だったようだ。

これほどに交流を志向するモチベーションは何だったのか。ローマ帝国の人間自体が移動と交流を当たり前に行っていたのだから、キリスト教徒の行動は異例ではない。しかし一つの信仰集団の継続的行動としては希有のことと言ってよいであろう。移動交流の具体例からは、伝道・宣教への意欲、聖地・聖人の故地への巡礼、などが浮かんでくるが、総じて間違いなく言えるのは、正統信仰の護持とそのための教義の一致、が非常に大きな要素を占め、書簡による指導、会議による合意の形成、異端の排除、が熱心に求められた、ということであろう。

注

（1）「使徒言行録」一五。
（2）A. von Harnack, *The Mission and Expansion of Christianity in the First Three Centuries*, Vol.2, tr. J. Moffat, London 1905, 94-96.
（3）本稿は二〇〇八年度日本西洋古典学会大会の報告「初期キリスト教における教会の組織と教会間交流」が基となっているが、実質的に「教会の組織」について立ち入った言及はできなかった。このため本題目となった。
（4）「イグナティオスの手紙」八木誠一訳（荒井献編『使徒教父文書』講談社学芸文庫　一九九八）。
（5）トラレスの司教（八木訳では「監督」）ポリュビオス、マグネシアの司教ダマス、など。上掲書。
（6）田川健三訳（荒井編同上所収）。
（7）エウセビオス『教会史』（邦訳は秦剛平、山本書店　一九八六―八八）四、一四、一、三。五、二四、一六（以下引用は、Eus., *Hist.Ecc.* とする）。
（8）以上 Eus., *Hist.Ecc.* iv.23.
（9）松本宣郎「ルグドゥヌムの迫害再考」（『西洋史研究』新輯九、一九八〇）一―二三。
（10）Eus., *Hist.Ecc.* v.1-2.、「ルグドゥヌムにおいて最期を迎えた人々の殉教」土岐正策訳（『殉教者行伝』キリスト教教父著作集二二、教文館　一九九〇）
（11）Eus., *Hist.Ecc.* v.3.4.
（12）松本宣郎「ローマ帝国のキリスト教化」（同『キリスト教徒が生きたローマ帝国』日本キリスト教団出版局　二〇〇六、第八章）参照。
（13）Eus., *Hist.Ecc.* v.16-18.
（14）邦訳「偽予言者アレクサンドロス」高津春繁訳（ルーキアノース『遊女の対話他三篇』岩波文庫　一九

六一）

（15）邦訳「ペレグリーノスの昇天」同訳（同上書）。

（16）松本宣郎「ローマ市の初期キリスト教」（阪本・小野・鶴島編『ソシアビリテの歴史的諸相』南窓社二〇〇八）九七―一一五参照。

（17）「ローマのキリスト者へ」八木訳（上掲注4）一八四。

（18）参照 Eus., *Hist.Ecc.* ii,25. 殉教暦、Martyrrogium Hieronymianum によると殉教者はペトロ、パウロを含め九七七人とされる。Cf. W. H. C. Frend, *The Rise of Christianity. Primitive and Early Church, ca.30-600*, London 1984, 109.

（19）Eus., *Hist.Ecc.* iv.22.3.

（20）Frend, *op.cit.*, 130ff.

（21）上掲注7参照。以下ローマ司教に関しては信頼性に問題はあるが、R. Davis rev.and trl., *The Book of Pontiffs (Liber Pontificalis)*, Liverpool Univ.Press 2000 参照。

（22）Eus., *Hist.Ecc.* v.23.9.

（23）*Ibid.*, v.22.

（24）*Ibid.*, v.22,23.3.

（25）*Ibid.*, v.24.10. Cf. Frend, *The Rise of Christianity*, 245.

（26）Frend,*op.cit.*, 175,212f. Cf. s.v. Melito, in *The Oxford Dictionary of the Christian Church*, 2nd ed. 1974, 900.

（27）G. Clarke, in *The Cambridge Ancient History*, XII 2nd ed. 2005, 603-605（三世紀のキリスト教に関する記述での言及）。

（28）Eus., *Hist.Ecc.* v.10. パンタイノスはインドへ行った、ともされる。生地はシチリアと推定される。Cf. *Oxf.Dic.Chr.Chur.*, 1027.

（29）オリゲネスもよく旅をした。アテネにも行った（Eus., *Hist.Ecc.* vi.32.2）。アラビアのボストラでのキリストの神性についての討論に二度招かれた（*ibid.*, vi.33,37）。ローマに古い教会を見に行ったこともあった（*ibid*., vi.14.10）。晩年はシリアのカイサリアに住んだ。

（30）s.v. Valentinus, *Oxf.Dic.Chr.Chur*., 1423.

（31）Eus., *Hist.Ecc.* iii.21;iv.1,4,5.5,19;v.9.

（32）*Ibid*., vi.29.4.

（33）s.v. Dionysius, *Oxf.Dic.Chr.Chur*., 406.

（34）Eus., *Hist.Ecc.* vi.41,42.

（35）*Ibid*., vi.43.

（36）*Ibid*., vi.45.（Novatianus が正しいがエウセビオスは混用している）

（37）*Ibid*., vii.1,10,23.

（38）*Ibid*., vi.46.

（39）次項「カルタゴ教会と諸教会」を見よ。

（40）Eus., *Hist.Ecc.* vii.11.

（41）*Ibid*., vii.24.

（42）*Ibid*., vii.23.

（43）*Ibid*., vii.27-30.19.

（44）*Oxf.Dic.Chr.Chur*., 406 によるとディオニュシオスの没年は二六四年。秦剛平によると二六八年（Eus., *Hist.Ecc.* vii.30.1 の注二八三、エウセビオス『教会史』三、二三九頁）。皇帝在位は、ガリエヌス二五四—二六八年、クラウディウス・ゴティクス二六八—二七〇年、アウレリアヌス二七〇—二七五年。

（45）次項参照。

（46）*Oxf.Dic.Chr.Chur*., 1352.『護教論』の刊行が一九七年とされる。Cf. T. D. Barnes, *Tertullian. A Historical and Literary Studies*, Oxford 1971.

（47）Cyprianus, *Epistulae*, 71.4. Cf. *The Letters of St.Cyprian of Carthage*, translated and annotated by G. W. Clarke, New York Vol.4, 1989, 211.; Augustinus, *de unico baptismo*, 13.22

(48) Cyprian., *Ep*.59.10.1. Cf. Clarke, *The Letters*, Vol.3, 1986, 251; M. A. Tilley, in *The Cambridge History of Christianity. Origins to Constantine*, edited by M. Mitchell and F. M. Young, 2006, 387.
(49) Cyprian., *Ep*.15-17. Cf. Pontius, *Life of Cyprian*.
(50) 殉教者とされるのは、Optatus (*Ep*.29.1.1), Saturninus (*Ep*.21.4.2) など。司祭の lapsi としては Virtius Rogatianus (*Ep*.43)。参照、キュプリアヌス「背教者について」吉田聖訳（上智大学中世思想研究所編訳『中世思想原典集成』四、平凡社　一九九九）二一六―二四七。
(51) Cyprian., *Ep*.34,41,69 など。
(52) *Ibid*., 21.3.2,27.3,34.
(53) *Ibid*., 35.
(54) 参照、保坂高殿『ローマ帝政中期の国家と教会――キリスト教迫害史研究一九三―三一一年』教文館　二〇〇八、三九五以下、四三三。
(55) Cyprian., *Ep*.28.
(56) *Ibid*., 30,31,36.
(57) *Ibid*., 45.2.1.
(58) *Ibid*., 45.4,50,59.
(59) *Ibid*., 44,45,48.
(60) *Ibid*., 45.
(61) *Ibid*., 46,49,59.
(62) *Ibid*., 71.1.
(63) Eus., *Hist.Ecc*. vii.3.
(64) *Ibid*., vii.5.2.
(65) Cyprian., *Ep*.75. Cf. Eus., *Hist.Ecc*. vii.5.3.
(66) G. Clarke, in *The Cambridge Ancient History*, XII, 636.

（67）Cyprian., *Ep.*72,75. Cf. Eus., *Hist.Ecc.* vii.5.4.
（68）Aurelius (*Ep.*38), Celerinus (*Ep.*39), Saturus (*Ep.*29), Numidicius (*Ep.*40) らが従来よりも簡便な手続きで昇進した。
（69）Cyprian., *Ep.*67.
（70）G. Clarke, in *The Cambridge Ancient History*, XII, 637-641.
（71）年代については Clarke, *The Letters*, Vol.I, 1984, 46.

第5章　初期キリスト教における労働と職業

第1節　はじめに

初期のキリスト教の歴史研究の一つとして、現実のキリスト教徒の社会的なあり様を明らかにすることが私の年来のテーマである。そのようなスタンスから、これまで、キリスト教徒への迫害の、ローマ帝国側の背景や、迫害に直面したキリスト教徒の対応は様々に分かれたこと、キリスト教における性意識などを取り上げてきた(1)。

本稿では労働と職業という、すぐれて社会的な問題がイエスから初期のキリスト教会でどのように考えられ、また実際の状況はどうであったか、ということを眺めてみたい。すでに、初期キリスト教徒がローマ帝国の市民（あるいは奴隷）としてどのように生きていたかを描いた書物においては、労働と職業のことだから、触れずにすませる事柄ではなく、ある程度のスケッチはしてきたと思うのだが、意識的にキリスト教徒が一般帝国民とどの程度同じような、あるいはいささか異なるような労働観や職業観を持っていたのか、などの立ち入った考察はしてこなかった。それを、十分な文献渉猟はできないのだが、試みてみたいと思う。

取り上げるテーマを「労働観・職業観」とすることも考えたが、本来私が描きたかったのは、初期キリスト教徒の社会生活であった。そこで、イエスと初期キリスト教徒が労働と職業をどのような観念でイメージしていたのかを探ると共に、具体的にキリスト教徒がどのような職業に就き、あるいは忌避していたのか、をも調べてみたいと考えた。手がかりになる研究として、さしあたりR. M. Grant の *Early Christianity and Society* という書物が役に立つ(2)。

本書は初期キリスト教を社会的視野で取り上げたもので、それまでのキリスト教史が迫害や教義など、宗教を中心としていた状況からシフトする動向の先駆的な研究であった。キリスト教徒人口の増加、納税への態度、国家権力にどこまで服したか、などのテーマの中に「労働と職業 Work and Occupation」という一章がある(3)。史料を豊富に引用しつつ、表題以外にもキリスト教徒の社会層、貧しさの捉え方、奴隷制などについても簡潔に言及している。

以下、新約聖書から四世紀までの教父たちが、労働をどのように評価したかを、ギリシャ・ローマの思想家たちの証言と対比させながら眺め、次いでキリスト教徒たちがどのような職業につき、またどのような職業を嫌ったのかを、これも非キリスト教史料をも参照しつつ探ってみたい。

第２節　初期キリスト教の労働観

勤勉に働くことをよしとするのは当然であって、歴史学の研究のテーマとしてなじむか否か、はそのようなメッセージの発せられた時代的文脈と後の時代への影響とを明らかにできるどうか、にかかってくるであろう。まずイエスの労働観から見ることとするが、新約の福音書のイエスの言は、聖書学からするとイエス自身の言とされるものと、その後の教団や記者による加筆が混在しているとされる。しかし一世紀後半からのキリスト教徒たちにとっては、少なくとも権威ある文書として正典となっていく四福音書の中のイエスの教えはなべて真実の言葉として認識されたであろうから、ここでもそのように扱うこととする。

イエスは人の日常生活に根ざす譬えを豊富に語っている。そして、その言葉の展開される世界においては、人が勤勉に働き、その対価として賃金を得、利益を得ることは、取り立てて表現されることはなくとも、自然なことだ、とされている。彼自身「大工」（マルコ六・三。マタイ一三・三五では「大工の息子」）と記されるほど、庶民の生活を共有していた。譬えには羊飼いがしばしば出てくる。ペトロらの漁師出身の弟子たちが彼と親しく交わる。よい地に蒔かれた種、畑を耕す、など農業への言及も労働の肯定である。ぶどうもよく出てくる。みずみずしい実、新しいぶどう酒、いずれも勤勉な労働が前提とされる。羊と羊飼いのテーマもよく知られている。

少し異なる印象を与える譬えもある。ぶどう園の労働者の話である（マタイ二〇・一―一六）。ぶどう園経営者が労働者を募る。夜明けから雇い始め、九時、一二時、一五時そして一七時にも、それまで仕事にあぶれていた労働者を雇ってやった。その上で経営者は全員に同一賃金を支払った。当然夜明けから働いた労働者から不公平だと不満が表明される。経営者は「すべての労働者と契約した通りに支払っている、私が気前がいいだけのことだ」と答えた。この話は勤勉な労働をおとしめる意味をもつわけではなく、信仰次元で理解されるべきものである。人間が求める救いを決めるのは徹底的に神の方なのだ、という風に、である。このほか、主人から託された資産を運用して、銀行に預けて利子を取ることも含めてそれを増やすことが評価された話（マタイ二五・一四―三〇）もある。これも信仰次元での教訓なのだが、イエスの譬えには、後に見るアリストテレスなどの商業や高利貸しへの嫌悪感は薄いように思われる。

要は、イエスは神の国を宣べ伝え、信じる者には罪の悔い改めと救いを希求することを熱心に求めたが、社会における生き方については、これまで通りのまっとうな、つまりきちんと労働して生きるたずきを得つづけることをよしとしたということであろう。そのことは、イエスの「働く者が食べ物を受けるのは当然である」（マタイ一〇・一〇）という言葉によっても裏づけられ、記憶されている。これらのイエスの言葉は、一世紀後半のキリスト教成立以後、確立して行く新約聖書の福音書や教父たちの文書の中で、「山上の説教」などの多くの教えと共に受け継がれ、守られていくのである。

次に、労働に関して証言の多いパウロを見たいが、その前にユダヤ教の労働観はどうであったか。旧約諸文書には様々な言及があり、中には「コヘレトの言葉（伝道の書）」のように人の労苦に空しさしか見出さない文書もありはするが、基調は土地を耕し、家畜を養う堅実な生き方が教えられ、守られてきたと言ってよい。モーセの十戒の、「六日のあいだ働いてあなたのすべてのわざをせよ」はその勤労を命じる黄金律であった。少数民族として、国すら失いながら民族としてのアイデンティティを失わず、パレスティナから地中海世界全体に広がる希有の一神教を奉ずる民族となった彼らは、すぐれて労働熱心な民であった、としてよいであろう。イエスの時代の「ミシュナ」やヨセフスにも労働への愛が喚起されている[4]。

しかしながら、もちろん他の民族がユダヤ教徒に比して皆怠惰であったはずはない。ギリシャ・ローマの思想における労働についての意見は後で見るが、ユダヤ教徒に対して、タキトゥスが彼らを怠惰な民だと決めつけているのは興味深い。それによると「(ユダヤ人が)七日目ごとに休日をとることにしたのは、七日目に彼らの試練が終わったからだと言われている。その後、安逸の魅力に誘惑され、七年ごとに仕事を怠けることにしたという[5]」。いわゆる「ヨベルの年」を指したものと思われるが、「レビ記」(二五・八)によるなら「五十年に一度」であってタキトゥスの誤解である。ただこの箇所でタキトゥスはユダヤ人に関して詳細な叙述を行っていて、一世紀のローマ帝国人の興味と認識がかなりのものであったことを示している。タキトゥスと同時代の皇帝伝作家スエトニウスにもユダヤ人を社会に不穏な要因をもたらす存在とした記述があり[6]、ローマ帝国社会に反ユダヤ意識が広がりつつあったことを示している。このような意識がユダヤ教徒の一派と見なされたキリスト教徒へのローマ帝国社会の反感の前提となった、とも推測されるだろう。

さてパウロと労働の関わりである。彼の場合、労働を奨励するというより、彼自らが休むいとまなく生涯働き続け、またそのことを語り続けた、というところに特徴がある。「使徒言行録」には元々の職業であるテント職人としての労働と、後半生の専門業となる福音伝道の働きが詳細につづられている。[7]また彼の書簡からは、その彼の労働観がうかがえるのだが、イエスの例と同じように真正のパウロ書簡は限定される。しかし二世紀以後のキリスト教会においては厳密な著者の区別はなされなかっただろうから、ここでもそのままパウロの言として受け取っておきたい。

パウロはコリントやテサロニケなどの教会への伝道のために日夜働きに働いた。時に彼は、それを苦闘とも捉える。「今の今までわたしたちは、飢え、渇き、着る物がなく、虐待され、身を寄せる所もなく、苦労して自分の手で稼いでいます」（Ⅰコリント四・一一、一二）。また自らの働きの実りを喜ぶこともある。「わたしたちがあなたがたのところで、どのようにあなたがたのために働いたかは、御承知のとおりです。そして、あなたがたはひどい苦しみの中で、聖霊による喜びをもって御言葉を受け入れ、わたしたちに倣う者、そして主に倣う者となり、マケドニア州とアカイア州にいるすべての信者の模範となるに至ったのです」（Ⅰテサロニケ一・五―七）。

パウロはこのように生きること即労働、と自ら認める人物であったように見える。彼はテント造りという職を手につけていたから（使徒一八・三）、「働かざる者食うべからず」（Ⅱテサロニケ三・一〇）の格言の実行者であり、またそれを他者にも求める人であった（同所）。しかし彼の実際の労働は、人生のある段階からキリスト教の伝道となったから、彼にとってその労働は単なる生活の手段ではなくなったであろう。

パウロの労働への意欲は強く、自ら身を粉にして働くという、実体験に根ざした説得力を持つ主張であった。では彼の生活の支えは何であったのか。各都市を相次いで旅していた彼だが、コリントでは友人アキラらと共にテント造りで稼いでいたと語る（使徒一八・三）。また経済面で他者の助けはえなかった、とも言う（同二〇・三三）。しかし、歴史的事実としては、都市の初期教会に徐々に信者数が増えてきたパウロの時代、専従の伝道者は滞在する都市の信者の家に止宿したり、他の都市に向かう旅費を提供されるなど、手当てを得る状況になっていたのではないかと想像される。一世紀後半の教会を反映する「使徒言行録」と「ローマ書」「フィリピ書」などにはすでに使徒、監督、執事などの教会の職制の萌芽が見いだせる。次第に給与等の支給も定められたのであろう。献金も有力教会では多額になり、他都市の教会に送金する例も知られるから（使徒一一・二九、三〇）、使徒たちの旅費も支給されたであろう。やがてキリスト教会には司教を頂点とする職階が整い、「聖職」という観念が生まれることになる。これらはユダヤ教の祭司やローマ多神教の神官団をモデルとしたとも考えられるが、神に仕える労働を「聖なる職」と認識する観念はキリスト教特有のものと言えるだろう。

ところで、パウロが労苦を強調する文脈には当時の特定の都市の教会の党派的な状況が存した、と指摘されている(8)。二つの都市の教会にそのような状況があった。

まずコリントである。経済的にも繁栄していたこの都市のキリスト教徒はかなりの数に上っていたと思われる。それだけにパウロが伝えようとした福音とは異なる信仰を標榜したり、キリスト教そのものを乗っ取ろうとするグループもあったようである。後者がグノーシスの一派と思われ、世界の最上位に抽象的な知恵という絶対存在を想定する彼らは、思索を重視して実際的な手のわざを下位に置いた。グノーシスの観念においては、世界を創造する「労働」をしたのはデミウルゴスなる神的存在だが、最高神ではないのである。そのような人々を意識したパウロはコリント信徒への書簡においてしばしば攻撃的な論調をとり、自分はキリストの使徒として福音宣教のために全力で働いた、しかし当然受けるべき報酬を受け取ることはしなかった、と言い放つのである（Iコリント九）。日常的な真摯で勤勉な働きこそが価値あることだ、と言うのである。

もう一つの都市はテサロニケであった。コリントとは違い、ここの信者はむしろ信仰に執着するあまり、キリストの再臨が近いと思い込み、仕事をおろそかにするに至っていたらしい。パウロははやる子供を諭すように「主の日（終末）が、盗人のように突然あなたがたを襲うことはないのです」（Iテサロニケ五・四）と言い、日々労苦することを尊び、怠けている者たちを戒め、「いつも善を行うよう努めなさい」と勧めるのである（同五・一二―一五）。

ともあれパウロの労働への姿勢は一貫している。倦むことなくたゆまず働くべし。その働きは彼自身の場合には伝道という営為であるが、自身体験してきた手の技など肉体の労力も含む、食うための労働を極めて大切なこととして、他者に強く勧めるのである。

イエスとパウロのこのような、日々の勤勉な仕事を評価する労働観は、二世紀以後の教会学者（教父）たちにも受け継がれた。一世紀末にローマ教会にいたクレメンスに帰せられる書簡には「良き働き人は、欣然として自分の労働の糧を受け取る。怠惰でなげやりな者は、自分の雇い主の顔をまともに見られない」（「コリントのキリスト者へ」三四、一。小河陽訳）などとあり、全体に誠実で真摯な生活を勧めている。二世紀前半のイグナティオスも（「ポリュカルポスへの手紙」一、三など）、同じ頃の成立とされる「ディダケー（十二使徒の教訓）」（一二―一三）も、働くことをよしとし、あるいは人の義務としてこれを求めている。

やや余談めく記述をエウセビオスの『教会史』（四世紀成立）に見出すことができる。ドミティアヌス帝の時代、イエスの一族の末裔が皇帝の前に呼び出され審問を受けた。彼らは、自分たちは肉体労働をなりわいとしている者だ、とそのあらくれた手を証拠に示したという。皇帝は彼らの信仰の告白を訊いた後、無価値なものとみなして釈放したのだが（三巻二〇）、キリスト教の伝承の中で、農業か手仕事か、ともかく庶民の労働が当たり前のこととされているところが面白い。因みにこのドミティアヌスの伝承は史実とはされていない。

二世紀の教父であるローマのユスティノス、ギリシャのアテナゴラス、さらに三世紀アレクサンドリアのクレメンスにも手仕事への礼賛や、農耕用具や船具の喩えなどが散見される。[9] 最初のラテン教父とされるカルタゴのテルトゥリアヌスがとりわけ熱心な働き人としてのローマ帝国下キリスト教徒の像を強調する。彼はキリスト教徒に対する多神教徒市民とローマ帝国都市や皇帝の厳しい視線に対して、キリスト教徒は帝国中に存在して、良き市民としてあらゆる分野で働いている、と言う（『護教論』四二）。テルトゥリアヌスの主張の趣旨は、キリスト教徒は迫害されるような犯罪者集団ではない、れっきとしたローマ市民であり、今やあらゆる都市、田園に、そして社会層に広がっている、というもので、キリスト教徒はどのような職業についていたのか、という本稿第４節のテーマでまた取り上げたい。

三世紀以降のキリスト教規範文書やギリシャ教父にも、パウロの影響を受けて、熱心な労働と手の仕事への評価の言葉が見いだせる。[10] このような労働観が初期キリスト教の基本観念となったと言えるだろう。次に、彼らの勤勉な労働、就中手の労働への高い評価は古代地中海世界の労働観と同じであったのか、異なる特性をしめしたのか、を見ていきたい。

第3節　ギリシャとローマの労働・職業観

ホメロスとヘシオドスから最初の情報が知らされるギリシャ人の労働観が、労働をきらい怠惰を勧めたとは思えないが、そのニュアンスにはキリスト教のそれとのずれも見いだせるようだ。

前七世紀頃のボイオティアの詩人ヘシオドスがギリシャ文学史上最初の作品とされる（『仕事と日』）。彼自身農耕を行っていて、詩の底流には兄弟との財産上の争いがあったと言われる。自分の財産をかすめ取ろうとする兄弟に、怠けて富を得ようなどと考えるな、私のように汗水流して働いて、その実りを得るようでなければならない、と教訓を与えるのである。彼は確かに労働を苦しみと見てはいるが、それでもその歌は、天空の星の動きで畝起こしや種まきの時を知り、作物を収穫する、そのような労働の喜びをも表現しているように思われる。

ギリシャ人は農牧を基本とし、商業をも発展させて、市民が自立して構成員となる都市国家を作り上げた。市民としての意識の高い彼らは、自ら労働することを当然とし、また誇りも抱いていたであろう。アテネやコリントなどの商業と手工業の発展した大都市では民主政の発展で、農牧より軽く見られがちであった手工業や商店主の層の市民も政権を担うようになったから、労働への評価は低いままではなかったと思われる。

都市国家繁栄の古典期、前五世紀の、悲劇などの文書史料には労働する市民の活躍の姿は見られても、表だって労働を称える言葉を見出すことは難しい。ただプラトンの対話編にソクラテスたちの労働談義は散見される。そのソクラテスは、本来の生業はともかく、兵士として戦地に赴いたときは良き兵士として戦った、と言われる。市民としての義務を果たす意識の高い人であったことは、その従容たる死の逸話からも知られているが、彼の後半生は、もっぱら市民たちとの対話の生活であって、生活の資を得るための労働はなさなかった。そしてプラトンによって伝えられるソクラテスらの対話においては、単純労働を行う手先の技術というのは、高度な思想によって得られる本質的原理を知らなくてこなせることだから、思索や哲学よりも下等だ、と断じられるのである（『国家』九巻五九〇c）。ソクラテスが生活の資をどうやって得ていたのかは、たとえば対話相手の富者の支援があったのではないか、など想像するほかはないが、彼が手先の技術で稼いでいる市民とも付き合っていたことは事実のようで、そのような労働を蔑むようなことをソクラテスが考えていたわけではない[11]。しかしながら、知的営みを肉体労働の上に置く思想はアリストテレスによって、より明確にされる。『形而上学』においては建築を例に出し、建物の全体像を構想する設計家の方が実際に働く建築士よりも優れた存在だ、としているのである（九八一a二四以下）。もっとも、『政治学』においてアリストテレスは、富を得るための獲得術を論じるが、まっとうな職業の、「自然にかなった」方は評価するが、貨幣経済の広がりで儲ける傾向が出てくると「商人的な取財術」というものが現れ、これは得る富に際限がなくなるから甚だ良くない、という論議をしている（一二五六a―一二五八a一〇）。「自然にかなった」職業というのは、「牧畜者、海賊（ママ）、漁夫、狩猟者、農夫」（一二五六b。山本光雄訳）とされる。後段の文脈からすると靴などを作る手工業者もこれに入るようである。このテーマは、初期キリスト教が忌避した職業、と関わることとなるので、次節で取り上げたい。

ローマ人の考えを見てみよう。ギリシャ人よりも実際的で現実的であったとされる彼らだから、やはり勤勉さをうたう者は多い。早い例は前二世紀の大カトーである。元老院議員で大土地所有者であったカトーはローマ人の質実剛健で勤勉な生活を自ら実践して、農場経営にも携わり、他の市民に対しても同様の生活を求め、奢侈を禁止する提案などを行って嫌われた、などとプルタルコスのカトー伝が記している。このほかにもローマでは、たとえば伝説的な英雄キンキンナトゥスが戦場で指揮官として勝利をもたらして凱旋しても、普段の生活は自分の畑で野菜を育てていた、などの話が好まれるような文化があった。もちろんローマの帝国化に伴って、属州からの搾取と大量の奴隷使役がローマ市民の生活を豊かに贅沢にしていったのだが、一部の知識人は古き良きローマ理念として、カトー的な生き方を称揚していた。キケローにもそれは感じられる。これは前一世紀から彼らを捉えたストア哲学の影響があるだろう。後一世紀、ウェスパシアヌス帝に仕えたこともあるムソニウス・ルフスは、書物は残していないが、勤勉な生活を説き、女性が行う手仕事すら称賛したという[12]。ムソニウスの哲学はセネカやエピクテトスにも共通する、あるいはそれに影響を与えるものであったろう。時代はやや飛ぶが、後二世紀のストア哲学者マルクス・アウレリウスにも、「お守り役からは、……苦痛に耐えることを、僅少のものだけを必要とすることを、自分の手を使って労働することを……（学んだ）」（『自省録』一、五。水地宗明訳）などの表現が出てくる。さらにスエトニウスの『ローマ皇帝伝』には、アウグストゥスは、大宮殿は営まず、皇帝としての任務を忙しくこなしていたとか（「アウグストゥス」三三「休まず出廷し、時には日没まで立ち会い、体が耐えられない場合、裁判官席の前に臥腰をおかせ……」國原吉之助訳）、ウェスパシアヌについても同様のことが記されている。これはトラヤヌスやハドリアヌスについても伝えられているところで、総じてローマ皇帝は、皇帝としての務めに関しては誠実・勤勉に果たしていたことはある程度事実としてよいであろう。

このようにローマ人の労働への評価はイエスとパウロの教えと隔たるものではなかったのである。ただ、この二者の間にはかなりの違いがあることも指摘されねばならない。

それについては小プリニウスの証言が示唆を与える。彼も、その伯父である大プリニウスが実に勤勉に、ローマ海軍提督として働き、また博物学者として研究にいそしんでいたことを語っている（『書簡』三巻五）。しかし、騎士身分であり軍の指揮官という立場にあった大プリニウスの「労働」は一般市民のそれではない。ということはすでに多くを紹介したローマ皇帝たちが励んだ「労働」も皇帝としての公務であって、手先の仕事や筋肉労働ではない。つまり、権力をもつ者の中に労働熱心な者がいるのは事実として、それは権力者が担う種類の労働である。この点でイエスとパウロの勧める労働とはあきらかに異なっている。

そこで小プリニウスであるが、彼も一時属州総督として同様の権力業務に精励したことは間違いない。彼の『書簡』第一〇巻はその任務の記録でもある。この任務の一環として彼は小アジアの都市でキリスト教徒裁判を行ったことはあまりにも有名である。その他の巻の書簡は彼の友人たちのこと、家族のこと、彼の所有するウィラや農園経営のことなど多岐にわたる。従ってこれはローマ帝国盛期のローマ人の生活のリアルで貴重な史料であり、多くの研究に利用されている。我が国では弓削達『素顔のローマ人』が代表的なものである。[13] 要は、小プリニウスは地位も権力も皇帝の比ではないが、富裕な元老院議員貴族であり、公務も担ったが、そもそも元老院議員の公職に手当は出ず、彼の生活はイタリア各地にある広大な土地所有によっていたのであり、いうならばそれら大農園からの収入で支えられていた。農園の労働も、その経営も使用人に委ねていた。彼の日常は、公務の合間の「閑暇」を楽しむことで費やされた。それは友人や芸術家との談笑、自らの詩や書簡の朗読会、などであった。ただ、彼は使用する奴隷の農園管理者や労働する自由人農民の働きを良好に行わせることに心を砕く所有者ではあった。その限りでの労働への評価であったのだ。

これに対し初期キリスト教は、自らの手で、汗を流し、労苦して働くことを直接的に評価したのである。これは、ギリシャとローマの、知識人たちの労働観とは明らかに一線を画するものであった。

第4節　初期キリスト教の職業観

前節で記したように、ギリシャとローマの観念において、ことに初期キリスト教が生まれたローマ帝国の社会通念において、労働自体は当然に励むべきことと考えられていたが、エリート層の間では、農耕はともかくとして手仕事や筋肉労働は卑しいものと見なされていた。しかし史料の多くは政治的・社会的エリートのものに限定される。庶民の感覚は、ユウェナリスあたりから窺うしかない。実に雑多な庶民のことばから見るに、生活は貧しく、酒や賭け事に溺れはするが、日々の仕事は稼ぐためにやめるわけにいかないという思いを彼らは抱いていた、というところであろう[14]。

このような社会の中で、イエスとパウロは労働に差別感を示さなかった。イエスはユダヤ社会では一般に評価されなかった徴税人と娼婦にも他の者と平等に接した、と福音書に印象深く記されている（マタイ九・一三、ルカ八・一二）。パウロは自ら職人として生活の資を得ていたことがあり、労働全般に対してこれを見下す意識があったようには見えない。

このような労働観はその後のキリスト教会においてどのように展開していったのか、を見てみたいが、職業についてのキリスト教的な特異性が現れてくることが興味深い。

まず、初期キリスト教徒がどのような職業に就いていたのか、である。イエスの弟子たちとパウロたちのテント造りなどについてはすでに述べたが、その他とその後のキリスト教徒たちがどんな仕事をしていたか、という問題は、初期キリスト教がローマ帝国社会のどの階級あるいは社会層に広がっていったのかという、より広い問題につながり、後者に関しては夙に研究されてきているが、なかなか難しい問題である。そのような研究では初期キリスト教徒は一世紀半ばから二世紀、東地中海の都市と、西はローマ市のそれぞれ中産層から下層に信者を獲得した、農村への進出は二世紀後半からのことで、元老院議員や騎士といった上級身分にはなかなか受け入れられなかった、かつて信じられたほど奴隷の信者は多くなかった、という見方が通説と言えよう[15]。

このように社会層に視点をしぼると、初期キリスト教徒がついていた職種などはあまり顧みられない。ただ、ミークス（W. A. Meeks）というアメリカの新約学者が、パウロが関わったローマ帝国東方都市のキリスト教徒について社会学的研究と題する書物を書いている[16]。彼は、最初の教徒は下層自由民とする Deissmann、中産以上とする Grant、ローマ社会を映して教徒も階層化していたとする Malherbe や Theissen などの諸説を紹介してから、新約のパウロ書簡で言及される六五名、同様に「使徒言行録」言及の一三名についてその社会における立場を調べている。

それによると、やはり具体的な職業が明記された者は極めて少ない。最上位層の人物として、パウロが魔術師を圧倒した出来事に感じいって信仰を持つに至ったキプロス州総督セルギウス・パウルスがいるが、史実性はうすい（使徒一三・七）[17]。その他ではコリント市の経理係とされるエラストがいる（ローマ一六・二三）。これが史実とするなら、都市の公職であり、一般市民の上の身分ということになる。またギリシャのフィリピでパウロから洗礼を受けたルデヤはティアティラ市出身の紫布商人と言われ（使徒一六・一四）、パウロの手紙を筆記したテルティオは筆耕という職業ではなかったか、とされる（ローマ一六・二二）。あとはテント造りのプリスカとアキラ（使徒一八・二以下）、そして医師のルカ（コロサイ四・一四）、ここまでである。その上でミークスは、パウロ伝道圏のキリスト教徒の総合的な印象を述べる。要は、都市のやや上層と思われる豊かな経済状況の人々が主流を占める。というのである。ルデヤもおそらく富裕な商人であろうし、パウロの同行者バルナバは所有地を売って献金する資力のある人で（使徒四・三六）、テサロニケのヤソンは伝道者に自宅を宿泊に提供し、保証金も負担した（使徒一七・一―九）、等々その例は多い。

これらパウロに接した人々の職業は十分知り得ないとしても、想定して確実なこともある。ローマ帝国社会に特徴的な「富裕な解放奴隷」がその一部である。アリストブロ家とナルキソの家の人々（ローマ一六・一〇以下）などがそれである。その中には皇帝周辺の有力者の家人として、執事的な仕事をしていたと思われる者もいただろう。ローマ帝国社会においては奴隷が多くいた一方解放も盛んであった。彼らは市民権を得て、富者を主人としていた者はかなり豊かな人々であったし、その出自から知的能力の高いものも少なくなかったが、社会的に地歩の弱さを持ってもいたから、キリスト教への親近感を抱きやすかった、と想像される。ローマ市にはことに解放奴隷が多く、教会のリーダーとなった教父、たとえばクレメンスなどは、仕えたローマ人の家名を名乗ることの多い解放奴隷と想定できるかもしれない。しかし彼らの「職業」は、その主人の職種にもかかわり、特定は難しい。

初期キリスト教会における女性はかなり多かったと思われる。一般社会に比べて男女の差はより小さく、彼女らは教会に親和性を抱いていただろう。多くの女性は都市の中産の家の出であっただろうが、その職業についてはプリスカからの例外を除いて不明と言うほかはない。

また、バルナバなどは、都市に住んで田園に土地を所有する不在地主で、農産物で利益を得ていたかもしれない。奴隷とキリスト教については社会史研究上から近年注目されているテーマである[18]。女性の場合と同じでどんな労働に携わっていたか、は新約文書においては明らかでない。ただ、奴隷キリスト教徒の存在は「フィレモンへの手紙」のオネシモなる逃亡奴隷として確認され、パウロの奴隷への勧告（Ｉコリント七・二一）からしても明らかである。しかし奴隷は教会において自由人と平等とされていただろうが、所有者に仕えている彼らが自由な信仰行動をとることは困難であったろうから、その割合を過大に評価することはできない。

さて、パウロの時代以後、二世紀からのキリスト教徒はどのような職業につき、またそれら職業をどのような観念で捉えたであろうか。

信者の増加はそれほど急ではなかったと思われる。少しずつ増えていったとは思われるが、考古学や古代美術面での証拠が三世紀まではほとんどない。他方文献史料では二世紀から徐々にキリスト教の教父たちの活動が目立ってくる。それに伴って教徒の労働への言及も現れてくる。ローマ人著作家の証言も、タキトゥスの、ネロ帝のときのローマ市大火後に行われたキリスト教徒への迫害の記事（六四年。『年代記』一五、四四）を初めとしてスエトニウス、そして小プリニウス、と一世紀末から二世紀にかけて、少しずつ増えてくる[19]。最も詳細長文の情報を提供してくれるのは小プリニウスである。彼が小アジア北西端ポントスの属州総督のとき、現地で要請されたキリスト教徒の裁判に関してトラヤヌス帝に指示を仰いだ書簡の一節は、二世紀初頭のその地のキリスト教徒について、「すべての年齢、すべての身分、男女両性の多くの人びとが現に訴えられつつあり、これからも訴えられることでありましょう。じっさい、都市ばかりではなく、村々にも、いやそれのみかさらに草深い田舎にも、この迷信の疫病は広がっているのであります」、と記している（『書簡』一〇巻九六、九。弓削達訳）。ここには多少の誇張もありそうだが、パウロの時代から教会のあったエフェソスなどのギリシャ都市が近いポントスには、かなりのキリスト教徒がいたことが窺われる。彼らは堅実な、労働する地方都市市民であったろう。しかし職業は不明である。

二世紀のもう一人、キリスト教に言及した非キリスト教徒知識人、おそらくはアレクサンドリアの人で哲学者ケルソスが初めてキリスト教徒の社会層について、侮蔑的ながら具体的な証言を提供する。因みにケルソスという人物は『真実のロゴス』という書物でキリスト教徒を激しく糾弾したという。その書物は実在せず、三世紀のキリスト教教父の大家オリゲネスが『ケルソス駁論』という書物でこれを逐一引用しながら反論しているので、その存在が知られるのである。そのケルソスが、「毛織物職人や靴職人、洗い張り屋、その他のおよそ教養のない粗野な者たちが」子供や無知な女たちに伝道している、と揶揄したとされる（三巻五五。出村みや子訳）。オリゲネスはこれに対し、伝道するのは節度も教養もある教師たちだと反論するのだが、毛織物職人などの仕事をするキリスト教徒がいない、とは言っていないようである。

キリスト教の史料には思いのほか言及が乏しい。二世紀末カルタゴの最初のラテン教父テルトゥリアヌスがようやく具体的な例を挙げてくれる。もっとも、その半分は本稿最後に触れる、キリスト教が忌避した職業に関することではあるのだが。それでも彼は主著の『護教論』で、キリスト教がローマ帝国に広く浸透していることを強調して、次のように記す。まず「大きな都市や、団地、城塞、町や村、広場、戦陣、部族、十人組、王宮、議会、市場などあなた方のおられる所はみな、キリスト教徒でいっぱいである」（三七、四。鈴木一郎訳）と言い、「あなた方の広場や市場や浴場や小料理店や、商店や、はたご屋や、……その他取り引きの場所にも行かないわけではない。……われわれは船で旅もするし、あなた方とともに軍隊にも行くし、畠も耕せば、商売もする。更にあなた方と技術の交換もしている。私達の労働もあなた方に利用してもらっている」（四二、二以下。同）と付け加える。キリスト教徒は今や普通にローマ帝国都市市民として存在し、様々な職業について働いていたとしてよいであろう。

このほかは断片的ではあるが次のような例をアマンの概説が挙げている。[20] 二世紀半ばローマでユスティノス（この人物自身哲学者として生活していた）と共に殉教したエウエルピストスは皇帝の宮廷の奴隷であった（「ユスティノスと仲間の殉教」）。一七七年リヨンで殉教した教徒の一人アレクサンドロスは医師。アフリカの護教家テルトゥリアヌスとミヌキウス・フェリクスは元来法律家。二一七年からローマ司教となったカリストゥスはかつてローマの銀行家カルポフォルスの奴隷として業務に携わっていた。因みにカリストゥスはその後横領の罪で捕縛され鉱山労働の刑を受けたが、コンモドゥス帝の妃マルキアのおかげで恩赦となり、その後司教となったという逸話はよく知られている（Hippolytus, *Philosophumena* 9,11f.）。

このように初期キリスト教徒たちはローマ社会の中で普通に働いており、身分や階級、男女の間と同様、どの職種も差別はされていなかったように（少なくとも二世紀までは）思われるのだが、二世紀末以降のキリスト教文書に、教徒なら忌避すべき職業が挙げられるようになってくるのである。先に本稿で、ギリシャ、ローマの上層や知識人には手先と肉体を要する労働を侮蔑的に見る証言の多いことを指摘した。上層市民は（彼らが担う）公務や所領経営には価値を見出していた。軍務もこれに加えられるかもしれないが、上層市民にとって兵士一般の戦闘などは考慮の外で、指揮官としての軍務しか念頭にはなかったのではあるまいか。要するに彼らの証言は、働いて稼がなくては生きられない、貧しい連中の労働を侮蔑するものであったようなのである。そのような彼らの労働観を瞥見するために、ローマ知識人の代表であるキケローとセネカの蔑んだ職業、を見ておこう。

キケローは医術、建築、高貴なことの教育など、公共の利益をもたらす技術をもって働く者は名誉を得る、規模の小さい商業は卑しいが、大規模で諸方から物資をもたらして誠実に人々にわかつなら非難されるべきではない、と言い、結局田園の地所に居住して耕作することが最も自由人にふさわしい、と語る（『義務について』一巻四二、一五一。泉井久之助訳）。この言葉に先立って彼は、「手わざや営利の生業について、……まず第一にひとに憎まれ、よしとせられないのは、たとえば収税人、高利貸」、技術ではなく労力を買われる雇い人も卑しい、また「即座に売りさばくためのものを大口の商人から買い入れるひとたち」、「手職のひと」の職場には何も高貴なものがありえない。「もっとも」尊敬に値しないのが人の快楽に仕える商売であって、「魚うり肉や料理人、腸づめづくりにさかな取り」（テレンティウスを引用）……これに香油屋、舞踊手、……骰子のあそび」（同書第一巻四二（二五〇））と、卑しい職を列挙している。その他、彼は気に入らぬ人物ウェンティディウス某を「騾馬追いふぜい」と軽蔑的に評する（「縁者・友人宛書簡集」一〇、一八〈岩波『キケロー選集』一六巻では三九五（二七八頁）〉大西他訳）。当人が実際に騾馬を扱う仕事していたとの訳者註もあるが、この表現はローマ人の間ではよく蔑みに用いられるものでもあったようだ[21]。

キケローの百年後のストア哲学者セネカも職業の格差付けを語っている。ある書簡の中で彼は前二世紀ギリシャのストア派ポセイドニウスの説として、技術と称して四つの職業を提示する。下から初めて第一は平易で低級な技術、これは職人で日常の生活用品を作る仕事で、優美さも高貴もない。第二は遊びのための技術で、舞台道具の機械仕掛けなどを作る仕事。第三は子供の教育の技術で、初等教育にあたる。最高の自由な技術は「徳」に関わるもので、哲学の教師などが想定されているようだ。

このほかもっと具体的には高利貸しや船乗り、床屋、広場での食物売り、などが低く見られる職業であったことがローマの詩や劇から知られるし、ユダヤ教の文書にも同様の職業観が見いだせる[22]。

このようにローマ帝国社会では、貴族や知識人から軽侮される職業は多くあり、それらには、先に述べたようにある種の共通点があった。しかしながら、それらの職業につくことが法で禁じられていたわけではない。仮に上層の市民が窮乏して、その種の職で生活することになったなら軽蔑されるか、精々の所同情されるくらいであったろう。例外があったとすれば、魔術使いと見なされた占い師や祈祷師が、一貫してではないが、時に弾圧されそれらの行為が禁止されたことであろうか[23]。

さてキリスト教については全く異なる傾向が現れてくるのである。つまり、キリスト教の広がりが一定程度以上となり、教会の制度が整い、帝国内各都市の教会間の交流が進み、教理論争などが深まった状況を反映してであろうが、教会文書が多くなり、その中に教会規則の類も見出される。そこに明確な「就業禁止職業」が示されるのである。その時までは、上述のようにローマ帝国社会では侮蔑されていた大衆が担う労働にキリスト教徒は就いていたし、パウロや教父たちに職業の貴賤を問題とする意識もなかったと思われる。それが一転して就業禁止職業を提示するに至ったのである。知られうる最初の文書はヒッポリュトスの名で伝わる『使徒伝承 *Traditio Apostolorum*』である[24]。成立は三世紀初めとされる。この伝承の第一六節に、教会に入りたい者が次の職業に就いていたなら辞めなくてはならない、と記される。以下に掲げる。

売春宿の主人、彫刻家・画家（偶像を作るならば）、俳優または劇場で見世物を演じる者、子どもたちに教える者（辞めるほうがよいが他に仕事がないなら許される）、競技に出場する御者（勝負事に参加する者も）、剣闘士とその指導者、闘獣士、剣闘士の勝負事に関わる役人、偶像に仕える祭司、兵士（人を殺すならば）、武力を握っている者、緋の衣をまとった市の行政官、売春婦、好色者、男色の相手になる者、その他口にできぬ行為をなす者、魔法使い、魔術師、星占い師、夢判断師、香具師（民衆扇動家?）、貨幣の縁を削る者（貨幣に加工する不正）、護符の製造人。

一世紀から教会は様々な人々を受け入れて行く中で、忌避せざるを得ない人々の存在に問題を感ずるようになったのであろう。かかる禁忌の制定が求められたのは自然な流れではある。この『使徒伝承』の禁止項目はまだ十分なものではなかったと思われるが、キリスト教の信仰面からして理解できる項目である。柱は二つで、多神教信仰とそれに伴う偶像崇敬に関わる職業への拒否、そして性や賭け事、残虐さへの嗜好などの人間的快楽に関わる職業への拒否、である。彫刻家らは偶像と、俳優などの見世物に関わる職業は客の快楽の喚起と結びつけて嫌われたのであろう。「緋の衣をまとった市の行政官」とは、属州の都市のエリート市民が担う首長（通例二人）を指すかと思われ、都市の行事で祭儀を行うなどローマの神々や皇帝礼拝に関わるから忌避されたのであろう。しかし三世紀初めにキリスト教徒がこれら要職から改宗者を見出していたか、は疑問ではある。

他の史料と矛盾を感じさせるものもある。兵士であってはいけない、とある。実はパウロから、使徒教父クレメンス、イグナティオス、教父ユスティノスまで、教会の代表者は意外にローマの軍隊に違和感を示さない[25]。ローマ軍兵士キリスト教徒が二世紀以降存在したことはテルトゥリアヌスの証言（『護教論』四二、三）からしても事実だと思われる[26]。また「子どもたちへの教育」が忌避される理由もよく分からないところである。ストアのセネカが初等教育を低くみていたことは先に紹介した通りだが、それは哲学までは教えないという程度のことで、キリスト教の場合は想像するしかないが、都市の広場の寺子屋のような場所で、神話を題材に教えるようなことが嫌われたのであろうか。ここで想起されるのは、キリスト教が公認された四世紀に一時的に異教反動策をとったユリアヌスが、キリスト教徒が学校で文法・修辞学・哲学を教えることを実質上禁じたことである[27]。

ユリアヌスの場合、学校は中・高等教育の学校ではあったが、いささか興味深い。

『使徒伝承』の、司教など教会職制についての整った叙述に比して、これらの職業忌避の項目はやや粗雑ではあるが、『使徒憲章』『使徒戒規』もほぼこれにならったものである。[28] これまでの経緯からして忌避されて不思議はない「徴税人」と「高利貸し」が挙げられていない。そして、その実効性について疑問も生じてくる。そもそも現にこういう仕事をしている者がキリスト教に改宗するに際して廃業を条件とされるというのは無理な話のように思われる。教会が強力になって、献金によって財政基盤を確たるものとしていたなら、教会自体が雇用しうる人材もありえただろうが、むしろこの職業の排除は、他の規定や戒規に比べてそれほど厳密には守られなかったのだろう。それというのも、兵士キリスト教徒は三世紀以降も存在し続けたし、「子どもたちに教える者」も同様だったたであろう。ユリアヌスが彼らを排除したということは、その時代まで彼らキリスト教徒が学校で教えていたからこそのことだからである。

テルトゥリアヌスは『見世物について』という書物を著して、専ら劇場の芝居を攻撃している。扇情的な筋書きや科白が善良な市民を危険にさらすなどとするのである。[29] 三世紀半ばカルタゴの教父キプリアヌスも演劇には拒否的である（『書簡』二）。キリスト教会の見世物嫌いは公認後も変わらなかったようで、五世紀にまとめられた『テオドシウス法典』に一連の見世物禁止あるいは抑制の法規がある。その一五巻五に舞台でのショー、六にはMaiumaという当時まだ非キリスト教徒の間に流行していたらしい異教的な催しへの規制が定められており、以下同じ舞台に男女が登場することへの規制、戦車競走、猛獣ショー、剣闘士競技の華美な催しへの規制、などが並んでいる。これらの法令から逆に、かかる職業に関わるキリスト教徒が絶えなかったと推測されるのである。

しかしながら、四世紀に公認され、帝国の宗教となっていったキリスト教の職業観はある程度変化していった。教会の聖職は重視され、給与制となり、免税特権も一部与えられた。帝国や地方政府の役人、そして軍人への忌避など論外となっただろう。(30) すでに三世紀から、キリスト教は農村地域やそれまで浸透していなかったガリア・ブリタニア方面にも広がっており、四世紀にその動きは加速されたろうから、それまでより多様な職業の信者が増加したことになる。従ってこれをもって本稿の役割は限界を迎えることになる。

第５節　おわりに

労働と職業というごく普通の日常的なことを初期キリスト教ではどのようにみていたか、ということを眺めてきた。

イエスとパウロの言葉からそのようなことに関わる箇所を取り出してみた。誠実に働くことへの評価と一般社会が見下していた職業の人々を受け入れたイエスの姿勢をパウロは受け継ぐが、自らの実践を踏まえて、より厳しい労働を督励したようにみえる。しかしその後の教会は、許容できない職業を選別し始めた。

これを、地中海世界の歴史の中において見るためにヘシオドス、プラトンなどギリシャの、キケロー、セネカらローマの思想家の労働観・職業観を断片的ながら参照して新約の見方と比べてみた。熱心な労働自体は勧めるものの、職業についてギリシャ・ローマ知識人は身分的な差別意識から、大衆の職業を侮蔑的に語る傾向が明らかだった。

初期キリスト教徒のローマ帝国における存在をこれまで、都市の生活や奴隷制、皇帝観などの切り口で考察してきた。その過程で見出された特色は、キリスト教徒は多くの面で一般のローマ帝国と価値観を共有し、同じ社会生活を営んでいたというものだった[31]。しかしまた多くの面で彼らは、ローマ人には異質な特色をも示すのである。民衆や当局による迫害がそのような特色ある行動をとらせることがあり、信仰から発する倫理がそれを求めたこともあった。特定の職業の忌避は、この後者の例であろうと思われる。

かなり大雑把な考察ではあるが、これをもって結びとしたい。

注

（1）松本宣郎『ガリラヤからローマへ』講談社学術文庫　二〇一七、『キリスト教徒が生きたローマ帝国』日本キリスト教団出版局　二〇〇六。

（2）R. M. Grant, *Early Christianity and Society*, Collins, London 1978.

（3）*Ibid.*, pp. 67-95.

（4）*Ibid.*, pp. 66f. ヨセフス『アピオン駁論』二、一七四・二三四・二九一。

（5）タキトゥス『同時代史』五、四。

（6）スエトニウス『ローマ皇帝伝――クラウディウス』二五。ローマ帝国下、ユダヤ教徒が置かれていた状況について、以下を参照。W. H. C. Frend, *Martyrdom and Persecution in the Early Church*, Oxford 1965, pp. 31-78.

（7）「使徒言行録」九章以下。

（8）Grant, *op.cit.*, pp. 68-71.

（9）*Ibid.*, p. 76.

（10）*Ibid.*, p. 77. *Didascalia Apostolorum*（『使徒憲章』。三世紀成立）及び *Constitutiones Apostolorum*（『使徒戒規』四世紀成立）。

（11）桜井万里子『ソクラテスの隣人たち』山川出版社　一九九七。

（12）Grant, *op.cit.*, p. 74.

（13）〈生活の世界歴史四〉河出書房新社　一九七五。

（14）『サトゥラエ　諷刺詩』。

（15）上記注1所掲拙稿に加え『キリスト教の歴史1』〈宗教の世界史八〉山川出版社　二〇〇九、一―二章。

（16）W. A. Meeks, *The First Urban Christians, the Social World of the Apostle Paul*, Yale U. P., New Haven1983. ウェイン・A・ミークス　加山久夫監訳『古代都市のキリスト教――パウロ伝道圏の社会学的研究』ヨルダン社　一九八八。

（17）参照、田川建三『新約聖書　訳と註』二下「使徒行伝」作品社　二〇一一、三四〇。

（18）e.g. J. Scheele, *Zur Rolle der Unfreien in den römischen Christenverfolgungen*, Diss.Tübingen 1970, 島創平『初期キリスト教とローマ社会』新教出版社　二〇〇一、一二九―一五八。

（19）R・L・ウィルケン　三小田敏雄・松本宣郎他訳『ローマ人が見たキリスト教』ヨルダン社　一九八七（原著一九八四）参照。

（20）A・アマン　波木居斉二訳『初代キリスト教徒の日常生活』ヨルダン社　一九七八（原著一九七一）、七四以下。

（21）Grant, *op.cit.*, p. 82.

(22) *Ibid.*, p. 81. 参照 R. MacMullen, *Roman Social Relations, 50B. C. to A.D.284*, Yale U. P. 1974.
(23) 参照、松本『ガリラヤからローマへ』第五章「魔術師としてのイエス」。
(24)『聖ヒッポリュトスの使徒伝承』土屋吉正訳　燦葉出版社　一九六三。
(25) アマン『日常生活』、八四。参照、木寺廉太『古代キリスト教と平和主義――教父たちの戦争・軍隊・平和観』立教大学出版会　二〇〇四。
(26) 木寺上掲書、第五章参照。
(27) 南川高志『ユリアヌス』〈世界史リブレット八〉山川出版社　二〇一五、七〇。
(28) Grant, *op.cit.*, p. 85.
(29) *Ibid.*, p. 85.
(30) 参照、Ｆ・ティンネフェルト　弓削達訳『初期ビザンツ社会』岩波書店　一九八四（原著一九八三）。
(31) R. MacMullen, What Difference Did Christian Make? *Historia* 35, 1986, pp. 322-343.

第6章　哲学者とキリスト教徒

第1節　はじめに

キリスト教がローマ帝国の支配した地域に出現し、それが社会の主要な宗教となり、巨大な組織を確立するに至るまで、ほとんどそのローマ帝国領域内にあったことはあえて指摘する必要もないほどのことである。と同時に、それは古代史学上きわめて重要でもある。なぜなら、ギリシャのポリスの時代から現れた固有の意味での地中海世界が連続性をもってローマ帝国に引き継がれ、発展の頂点に達した後一世紀にキリスト教が成立し、ローマ帝国に衰えと変質の時が訪れ、地中海の固有な特質も解体していく三世紀から五世紀にキリスト教は成長し確立していく、このような関わりを示すローマ帝国とキリスト教との歴史の解明は、ローマ帝国と古代地中海世界との全体の歴史の後半の主要局面を明らかにすることになるからである。

これが私の基本的視点であり、ライフワークの課題でもあるのだが、今回は「哲学者」をキーワードとして、ローマ帝国人として生きていた哲学者とキリスト教の関わりを、キリスト教の公認以前、一世紀から四世紀初めまでについて、史料から具体的な例を探ってみたいと思う。パウロに始まる、ギリシャ哲学あるいは古代地中海世界に生まれた、多神教を前提とした知的、根源的な探求の学、とキリスト教思想、教義そのものとの関わりはここでの当面の課題ではない。それ自体は重要な問題であり、研究の進捗も著しい(1)。ここで対象とするのは、この時代「哲学者」と称された人物達たちがキリスト教、というよりキリスト教徒、について言及したことや、彼らに対してとった姿勢、である。それらをなるべく時系列に沿って採り上げ、それらがキリスト教のこの間の時代における遅々たる進出の歴史と関係があるのか、を見てみたいし、またローマ帝国における哲学自体も多様であり、歴史的な学派の推移があったことをも視野に入れ、そのことと個々の立場の哲学者の対キリスト教姿勢との関わりの多様性と推移をも考えてみたい。

さてその「哲学者」が当該時代のキリスト教関係史料に現れる事例は少なくない。私が重視したいのは、「キリスト教徒ではない哲学者」のキリスト教徒観、あるいは彼らの姿勢、である。しかし彼らの言及はきわめて断片的ではある。一方、「キリスト教徒となった哲学者」について言うと、彼ら自身の著作を含めて、史料はかなり豊かに存在する。これらの言及を記した史料は、非キリスト教史料とキリスト教史料とに分かれるが、いずれの場合であれ偏りをもつことは否定しようもない。しかし本稿は、その偏りの見極めが難しい、思想的・信仰的内容の把握を当面の対象とはせず、表面に出る姿勢と行動をすくい上げる、という方法でその困難さをある程度回避したいと思う。

さらに重要なのは、「哲学者」という概念が一貫した内実をもつ人間像として、どの史料からも安定して得られるかどうか、ということであり、それはなかなか困難だ、ということである。この点で、同じ時代のローマ帝国人とキリスト教との関わりを、「皇帝」とか「奴隷」とかいう範疇の人々とのそれについて論じる場合とは大いに異なる、と言わざるを得ないのである。皇帝も奴隷も、他のどんな種類の人間類型とも明確に区別されうる類型として史料から概ねは特定できる。ところが哲学者の場合、ギリシャ語 philosophos という用語だけで検索するとしたら非常に少ない事例しか出てこないだろう。そもそも現代の私たちが「哲学者」と言うときの概念もイメージも比較的明確なはずである。しかし当面はっきりさせなければならないのは、私が採り上げようとする、ローマ帝国においてキリスト教と関わった「哲学者」の定義である。それは現代的な「哲学者」のイメージよりももっと間口が広く、曖昧な人間類型である。もちろん、哲学、あるいは深い根本的世界観・人間観とその探求、を人に教えることをなりわいとしたり、(それだけでは普通生活が成り立たないから)パトロンに養われたりした哲学者は、ここでは狭義のそれである。[2] 私はこれに、皇帝や政治家であって哲学を好み、世評でも哲学者と評された者、[3] そして二世紀には哲学以上にエリート教養人に不可欠の資質とされた弁論の教師であった修辞家、[4] 知的な、また宗教的、神秘的な領域で人々を教え、頼られ、時にはその権威によって民衆を扇動した、ソフィスト sophistes、予言者 prophetes、占星術師 astrologos などと呼ばれた者たちをも加えたいのである。[5]

第2節　新約聖書の哲学者

イエスは古代地中海世界の一角で生涯を送ったが、ギリシャ的・ローマ的都市の世界との交わりをもたなかった、と基本的には見なされる。イエスの言葉から哲学思想を読み取ることはもちろん可能であり、彼は、今挙げた哲学者のファジーな定義に入る、と見なすこともできる。おもしろいことに、後に採り上げる二世紀のキニーク哲学者と見られるペレグリーノスを描いたルキアノスの文章に、キリスト教徒は「かの十字架にかけられた賢者（sophistes）を礼拝」している、と記されている。(6) イエスをそのように認識した人々もいたのである。しかし本稿では、イエスを哲学者の範疇には加えないで、話を進める。

二世紀以後の教父たちと異なりパウロは、ユダヤ教とキリスト教とはギリシャ人の「知恵」とは相対立するという観念をしばしば表明する。「人間の言い伝えにすぎない哲学（phirosophia）、つまりむなしいだまし事によって人のとりこにされないように気をつけなさい」（コロサイ二・八）とは、パウロより以後の文書であるがパウロの思想に近いことは、彼の真筆とされる、「Ｉコリント」一・一八―二〇の「この世の知恵」に対する侮蔑感などからも証明されよう。「使徒言行録」からはパウロと幾人かの哲学者との接触も知らされている。彼はまさに哲学の伝統をもつアテネでエピクロス派やストア派の哲学者たち（philosophoi）と討論も行った。(7) アテネの貴族的市民たちの集まるアレオパゴス会議で演説し、反発を買った。(8) このパウロの基本理念はギリシャ哲学の、人の知恵や理念に価値をおく地上的な論理の世界の拒絶であり、初期キリスト教教義が保持、あるいは死守すべき立場として受け継がれたのは間違いない。しかしパウロとその継承者たちが最も敵視したのはギリシャ哲学よりも、オリエント世界起源のグノーシス神秘主義の方だったかもしれず、新約文書のエピソードは、パウロの真の哲学観のそのままの表現ではなかったかもしれない。

その点はおくとして、アテネ市民の眼にパウロは、まさしく奇妙な論をたてる「哲学者」の一種と映ったにちがいない。原初期キリスト教伝道者は、地中海世界の都市で市民に語ったのだし、ある都市でヘルメスにたとえられたパウロだから[9]、ことに都市のアゴラで公に、目立つように福音を論じたのであろう。私が本稿で想定する哲学者は、このようなタイプを含むのである。またペトロは病気を癒す行為をしばしば実行することも伴わせたかもしれないし、ヨハネは聴衆を陶然とさせ、あるいは恐怖させる幻をたくみに語ったかもしれない。その彼らもローマ帝国都市では割合よく見られた、いわば社会活動家であり、「哲学者」と呼ばれることもあったのである。

第3節　ストア哲学者とキリスト教

前節ではイエスをも含め、キリスト教内部に見出される哲学者的人物の存在を見たのだが、本節からは多神教徒であるギリシャ、ローマ市民の中の哲学者で、初期キリスト教と関わりをもった人々を見ていきたい。ただし、先述した通り、この立場の哲学者からキリスト教に改宗していく人々も実は少なくない。それもまた関わりの一つのあり方であるにはちがいなく、キリスト教の広がりを信仰者の内面において確証できる例として貴重である。彼らにも本稿は言及するが、ここで設定したテーマの中心は、改宗までには至らない、まだキリスト教との間に距離を保った哲学者たちにある。

前一世紀には地中海世界の主流にあり、権力者たち、やがては皇帝の多くも信奉したストア哲学についていては、その権威者であってストア哲学者だった人々のキリスト教観がいくつか知られている。セネカ（前四／後一―六五）自身はキリスト教に言及していない。しかし全くの無関係でもない。彼が元首ネロの教育係であり、その最初の五年間の善政とされる統治に影響を与えたとはよく言われるところである。そのネロ時代の六四年に、ローマ市大火の放火犯としてキリスト教徒が逮捕処刑された事件は史実であろう。その事件をただ一人記述したタキトゥスは、人類を敵視するおぞましい迷信の徒であるキリスト教徒は仮に放火犯でなくとも犯罪に値する、と言う。[10]タキトゥスは事件当時は青年期、執筆したのは事件から五〇年後であろうから、六四年にネロが、記述と同じ明確なキリスト教徒観を抱いていたかどうかは判断が難しい。ましてやセネカにとって六四年は死の前年で、ネロからは疎んぜられ、引退に近い状態であったと推測されるから、彼とこの迫害事件の関与の可能性はうすいし、彼がキリスト教を知っていたかどうかも知りようはない。

ところが、彼とキリスト教をつなぐ人物が一人いる。五二年にアカイア属州総督を務めていたガリオ Lucius Junius Gallio が、哲学者・元老院議員セネカの弟にあたる人物であることが知られているのである。[11]パウロがコリントに滞在していたとき、ユダヤ人に拘束され、総督ガリオの法廷に引き立てられたが、総督はその訴えを受理しなかった。[12]もっともガリオがセネカにこの件について話す機会があったのかどうかは定かでない。

セネカとキリスト教の関わりはこのように、その生存の時代には微かであったのだが、後代のキリスト教文書の伝統にセネカへの好意的評価が現れる。キリスト教が大迫害を経て、公認されるその時代の証人としても貴重な作品をのこした修辞家出身のラテン教父ラクタンティウスがその主著、萌芽的な意味で初期的神学の書と言える『神聖教理』*Institutiones Divinae* で、「セネカは（今の時代にいたら）キリスト教徒になっていただろう」と記している。[13] もう一つの文書は、分量こそ多いが内容は通俗に過ぎる、四世紀以後の成立とされる偽書『パウロとセネカ往復書簡』というものである。[14] ここでセネカはキリスト教を受容した上で、パウロの説教の修辞学上のつたなさを指摘し、助言する、という役割を果たしている。これ自体は噴飯物で、当時のキリスト教徒の知的レベルをも考えさせる文書であるが、キリスト教の異教哲学への姿勢を知らせる材料ではある。

セネカには『寛容論』の著作があり、ローマ帝国知識人の間ではもちろん高い評価を受け続けた哲学者である。キリスト教教父がその評価を共有しようとしているのである。また偽書でセネカが修辞を教える、と想定された点も本稿の立場からすると整合的である。

先にパウロ以後のキリスト教に、ギリシャ・ローマの哲学への警戒心が存続したことを推測した。さて、ローマ帝国社会一般に認識されていた哲学というもの、それは現代人がイメージする哲学よりずっと広く、他の概念との境界が曖昧だったにしても、そういう哲学は案外市民たちの間にしみこんで認識されていたと思われる。その市民の一員であったキリスト教徒は、パウロ的教理を守った一方で、一般社会の哲学・思潮のうちでも主流とされたものに対してはやや屈折した親近感、ときにライバル意識をもつ一面もあったのであり、流れとしてはこの傾向の方がより強くなっていくのである。よく知られているのが、二世紀サルディスの司教で教父のメリトンの皇帝（おそらくマルクス・アウレリウス）に宛てた弁明書中の、「わたしたちの哲学 philosophia は、最初、非ギリシャ人（バルバロイ＝ユダヤ人）の間で興りましたが、陛下の皇祖であるアウグストゥスの偉大な御代に陛下の諸民族の間で開花し……」などという言葉である。[15] 社会から十分認識されず侮蔑されてすらいたキリスト教教父たちの牽強付会の表現ではあったにせよ、教父が社会的に尊重されていた哲学を、単なる偶像崇拝とせず、キリスト教をその中に位置づけ、社会的認知を図ろうとしたことが認められるだろう。

二世紀のユスティノスを初めとして、その弟子タティアノス、そして三世紀のオリゲネス、とストア、続いては新プラトン主義哲学者からキリスト教に改宗し、教理の究明、聖書研究、そしてキリスト教弁明に活躍する教父たちが現れる。それもキリスト教信仰の知的分野が、外の世界に伝えられるに至り、対立よりも共感、融合が訴えられ、それを理解するギリシャ人、ローマ人知識人が現れたということである。ただ、キリスト教を受け入れた哲学者のその後は、かえって哲学批判を強めるタティアノスやエイレナイオスのような教父と、二つをさらに近づけ、他方を一方で解釈するなどの手法をとっていくオリゲネスの立場とに分かれることも付記しておくべきであろう。[16]

ストア哲学の次の巨人はエピクテトスである。小アジアの生まれで奴隷となり、ローマで哲学を講じるが、ドミティアヌス帝の一連の哲学者弾圧によりエペイロスに島流しとなるなど数奇な生涯をたどった。その断片的著作には、キリスト教のことをほのめかした箇所がある。たとえば『語録』四、七には、専制君主の下で生きるよりも死を望む行為を称えながら、「ガリラヤ人」のように狂気に囚われて同じことをするのならほめられない、などとある。[17]

このエピクテトスについて、最後のストア哲学者と言われる皇帝マルクス・アウレリウスは彼の謦咳に直接ふれることはなかったが、著作をよく読んでいたことは彼の『自省録』からも明かである（一、七）。エピクテトスの著作をマルクス・アウレリウス自身は蔵しておらず、友人でローマ市総督を務めたユニウス・ルスティクスから借りて読んでいた。そのユニウス・ルスティクスであるが、彼は上級の元老院議員で高官のキャリアであったから、専門の哲学者ではないが、マルクス帝に敬愛されるストア的人格者であったようである。彼が一五五年頃、アントニヌス・ピウス時代と想定されるが、ローマで何名かの仲間と共に告発を受け、殉教したあの哲学者出身の教父ユスティノスに判決を下した総督ルスティクスと同定されることは確実である[18]。彼は冷静に審理を進め、ユスティノスに翻意を促したが拒まれ、処刑を命じた。ルスティクスがその後マルクス帝に、迷信に囚われたまま理の通らぬ死を志願した「元」哲学者ユスティノスとキリスト教徒について伝えたかどうか、可能性はあるものの確証はない。

マルクス・アウレリウスとキリスト教の関わりについては研究がかなりあり、私もかつて論じたことがある[19]。結論を言えば、彼がキリスト教徒を知っていたことは間違いない。しかしその認識は、都市のごく一部にしかいないいかがわしい迷信の信者、という程度の浅いものでしかなかったと言えよう。キリスト教徒との言明はないが、『自省録』三、一六で、人間として英知によって義務を果たすのは当然だが、その程度のことは「神々を否定する者」や「祖国を見捨てる人間」でもできる、と語る部分に、エピクテトスと似た表現を見いだすことができる。また同書一一、三にただ一カ所、「立派に死ぬ準備ができていても、「キリスト教徒のごとく」単なる反抗心からでは何にもならぬ」、と吐き捨てるように言う部分がある。しかし「キリスト教徒のごとく」のギリシャ語二語が後世の加筆であることが確証されていて、マルクス帝がキリスト教徒を認識していた根拠としては用いられないが、仮に彼がそのように書いたとしても不思議ではないように思われる。

というのも、マルクス帝と先代のアントニヌス・ピウスの時代にユスティノスの外、スミルナのポリュカルポスの、後世に名高い記録として残る殉教事件が起こり、小アジアではその他かなりの都市でキリスト教徒迫害が生じるに至っており、ローマ帝国におけるキリスト教徒の存在がより認知されやすくなってきていたからである。その殉教事件の中でも、ルグドゥヌムで生じたそれは殉教者が四八名もいたとされる最大規模のものであり、時期もマルクス帝治下の一七七年と推測される。民衆による激しいキリスト教徒への暴行を禁じることもせず、ガリア属州総督は棄教した教徒の措置をマルクス帝に問い合わせた。帝は、棄教者は解放するよう命じ、トラヤヌス帝以来の寛容策を踏襲したが、総督の過酷な迫害姿勢は不問に付したのである[20]。

もう一人マルクス帝の周辺に、キリスト教に悪感情を抱いていた修辞家がいたことを推測する向きもある。マルクス・コルネリウス・フロントー（一〇〇―一六六）がそれで、彼は修辞のみならず、皇帝の行政上の助言者でもあった。彼の著作から直接キリスト教徒への言及が知られるのではなく、同時代アフリカ出身の教父、ミヌキウス・フェリクスの作『オクタウィウス』中の、キリスト教徒の破廉恥行為をあげつらった詳細な記述[21]が、作中では異教徒カエキリウスなる人物の言葉で語られているが、その情報自体はフロントーの著作からの引用だ、とする説がある[22]。幼児の肉を食し、犬の首輪とランプ台とを紐で結び、犬を動かせてランプを倒して暗闇にし、乱脈な性の狂宴を行う、という話で、このことが事実なら、マルクス帝にもゆがんだキリスト教情報として伝わっていた可能性もあったことになる。

ストア哲学者とキリスト教との関係については、「ストアなら当然受け入れがたいと思われるキリスト教徒のふるまい」があった、と私たちは多分に前提しがちである。従ってこれらの材料からの憶測については慎重であるべきである。マルクス帝が「ストア哲学者」だから、熱狂的キリスト教徒にことさら嫌悪感を抱いた、あるいは哲学者ならば残虐な迫害には踏み込まなかったはずだ、と安易に評価されるきらいがあった。しかし、両者の関係は、あったとしてもまだすれ違いに近いものでしかなかったろう。キリスト教徒迫害はローマでも属州でも、直接には総督の管轄であった。マルクス帝がその政策にストア哲学の発想を生かそうとしたかどうか、はまた別の問題であった。

その点で興味深いのは、先にもふれたこの時代の教父で小アジア、サルディスの司教メリトンの姿勢である。彼はいくつかの都市で民衆による迫害が激化した様子を伝えた上で、皇帝マルクス・アウレリウスに宛てた請願書の中で、「陛下はキリスト教徒に関しては先代の皇帝たちよりはるかに慈悲深くて哲学的な見解をお持ちなので」、民衆の暴力をやめさせてくれるだろうと期待している[23]。この請願が皇帝に届いたとの証拠はない。だから、ここから分かるのはキリスト教徒の抱く哲学への親近感である。そして、皇帝はまだキリスト教徒のいる都市の場からは、遠い高みにいる存在なのである。

第4節　ストア以外の哲学者とキリスト教

マルクス・アウレリウスが「神々を否定する者」「祖国を見捨てる人間」と嫌悪していた連中は、

第一義的にキリスト教徒だったわけではなく、エピクロス派やキニーク派、あるいはユダヤ教徒など様々な哲学、宗教のグループだったと思われる。E・R・ドッズによるなら、二世紀末以後の外患などで「不安の時代」の訪れが明らかになり、多くは神秘性を内包する諸宗教の活動が盛んになっていった。(24) 他方P・ブラウンに言わせれば、地中海世界は常に多様な神々と予言、不思議が紹介される世界で、二世紀後半の変化はせいぜいその意味づけが変わった程度のことだ、ということになる。(25) すくなくともドッズの通説が近年批判を受けているのは間違いない。この点の追究は別の課題とし、この様々な哲学者・宗教の首唱者とキリスト教の関係を見よう。

まず哲学者キリスト教徒のユスティノスである。最近柴田有氏による研究書が上梓され、彼の哲学そのものの検証が行われているが、(26) 本稿はあくまでその外見を追うにとどめる。ユスティノスはパレスティナで生まれてエフェソスなどでストア、ペリパトス、ピュタゴラス派、プラトンを学び、後ローマで哲学を教えた。それによりかなりの名声を得たらしい。彼はその時期は不明だが、キリスト教に改宗し、しかも哲学を捨てなかった。その立場の先駆者であろう。教会の役職についた形跡はなく、ローマ教会との関係もよく分からないが、彼を慕うグループが形成されていたかもしれない。数名の仲間信者とともに先述の総督ルスティクスの許に告発され殉教した。

キリスト教徒迫害は本来市民からの正式の告発があって初めて裁判が行われ、キリスト教徒であるという自白をもって死刑判決が下された。ルグドゥヌムにあったような憎悪と熱狂の中での迫害はごく例外的であった。ユスティノスの事例でも、クレスケンスという告発人がいた。このクレスケンスが職業哲学者であったが、ローマでユスティノスの人気に嫉妬して告発した、とユスティノス自身もエウセビオスも述べている。[27] エウセビオスはクレスケンスをキニーク派だとしている。それ以上のことは分からない。キニークならストアとは異なるキリスト教観を抱いたのか、もよく分からない。クレスケンスは、キニーク哲学を理由としたのではなく、やはり個人的敵意からユスティノスを告発したとするのが適当であろう。

キニークが世俗的価値を低く見るなら、キリスト教に好意は持たなくとも彼らの主眼が迫害であったとは必ずしも言えないであろう。キニークの一人と想定されることもある、ペレグリーノスのキリスト教への姿勢は確かに敵対的ではなかった。二世紀後半のギリシャ語文学の中に見いだされるキリスト教徒への珍しい言及の例を示すのが、ルキアノスの著作『ペレグリーノスの昇天』である。[28] ペレグリーノスは東地中海世界の生まれで、放蕩無頼の青年期を過ごした後哲学を志したが、パレスティナでキリスト教徒の群れを知るに至ってその中に入り込み、そのまま教会の指導者にのし上がり、聖書の解釈を行い、説教も上手にやり、教徒からはキリストの次に慕われる存在となった。ペレグリーノスは実在の人物で、ルキアノスは多少の誇張も交えてはいるだろうが、二世紀後半の、シリア、パレスティナから小アジアにかけて存在していたキリスト教徒のほぼ真実の姿を、ローマ帝国人のまなざしで描いているとしてよいであろう。

ペレグリーノスはしばらくしてキリスト教徒から別れ、アテネで予告した上での焼身自殺をとげる。彼はキニーク派哲学者としても異常な存在であろうから、キリスト教との関わりも特殊で偶然的なものでしかなかったろう。もっとも彼はその後のキリスト教教父にもよく記憶されており、アテナゴラスは、ペレグリーノスの自殺後、故郷のパリウム（小アジア）に彼の像が建てられた、と好意的に記し、テルトゥリアヌスは彼をキリスト教徒と見なしてもよいとすら言う[29]。他方でタティアノスはキニーク派哲学者には強い敵意を抱いていた[30]。評価が分かれるのは教父の間だけではなく、ギリシャ・ローマ知識人の間でも同様であった。ルキアノスはペレグリーノスを軽い侮蔑感をもって、一種のトリックスターとして描くが、アウルス・ゲッリウスは彼の講筵に接したことに感謝している[31]。これはむしろ教父たちの方がギリシャ・ローマ知識人の傾向に棹さした、という順序であろう。キリスト教から多神教世界への妥協、という面で検討材料の一つとなるかもしれない。

二世紀から三世紀のローマ帝国の各都市には以前よりも頻繁に人々を熱狂に巻き込むような激しい、多く神々崇拝と結びつく運動が持ち上がるようになった。キリスト教徒がこれらに関わることもあった。すでに一世紀、パウロが伝道活動を行ったエフェソスで、地元のアルテミス女神崇拝に関係する市民の扇動で一大騒擾が起こったことが知られる[32]。再三ふれる一七七年のルグドゥヌムの迫害の背景には同市での皇帝礼拝大祭の高揚した空気があったようだし、ほぼ同時期のスミルナにおけるポリュカルポスたちの処刑も、同市の祭典の見世物として行われたと思われる[33]。皇帝は帝国諸民族の固有の神々信仰にはおおむね寛容であった[34]。帝国全域にギリシャ・ラテンの言語・文化と皇帝支配翼賛の空気が行き届いた（あえて浸透とまで言えないことには留意すべきであるが）この時代に、各地の民族的地域的特性が、神々信仰の高揚あるいは復興運動という形で頻出するのである。

マルクス・アウレリウス自身その動きを促してもいる。ゲルマン人やパルティア人による侵攻の脅威にさらされる中、彼はイタリアにあるあらゆる神々の祭司、予言者に特定の日を設け、帝国の救いのために浄めの儀式を行うよう命じたことがある。木の上に座ってこの世の終わりが近いと叫び続けた予言者も現れた。マルクスの妃ファウスタの不貞がやまないのを何とかするために相談を受けた予言者が、帝に血なまぐさい解決方法を教えた、という話もある。(35) ここでもローマ帝国の社会において、哲学者、予言者あるいは占星術師たちが理性と神秘の曖昧な境界線上で活動していたことが読み取れよう。キリスト教徒がその社会に生きていたとするなら、彼らは単に、特別おどろおどろしいと見なされて迫害された、というのはあまり説得的な理由にならないことになる。

さて、やはりマルクス帝の時代のことに属すると思われる出来事がもう一つある。小アジアの小都市アボノテイコスの予言者らしき人物アレクサンドロスは、ある時地中から蛇の頭をした彫像を発見し、これをご神体とする新興宗教をポントス地方で立ち上げた。この話もまたルキアノスがユーモラスに伝えている。(36) アレクサンドロスの運動を偽物と見破ったのがエピクロス派とキリスト教徒だったらしい。アレクサンドロスは彼らを排除すべく「無神者、基督者、あるいはエピクーロスの徒が祭儀を窺視せんとして来る時は、彼をして立ち去らしむべし」（高津春繁訳）と布告し、自分の追随者にデモを行わせ、「基督者とエピクーロスの徒を追い払え」と叫ばせたのだという。この運動は長続きしなかったようだが、このアレクサンドロスも実在の人物で、別の資料に出る、皇帝がゲルマン人との戦争に送った遠征軍の戦闘に際して吉凶を占った予言者と同一人物だとされることがある。この出来事もまた、哲学者マルクス・アウレリウスの時代の哲学・宗教・予言・占星術・魔法が混然として社会的な影響力を持っていた実例である。キリスト教はその中の一つ、と少なくとも外部からは見なされていたのである。

哲学者として史上初めて、おそらくやはり二世紀後半キリスト教に正面から戦いを挑んだのがケルソスである。そのキリスト教批判は彼の著『真実のロゴス』として公表された。ところがケルソスの哲学者としての実際の姿がどうも掴みづらいのである。それは彼の実在性は一世紀後にやはりキリスト教論駁書を著すポルフュリオスはもちろん、ペレグリーノスと比べてもはなはだ心許ないからである。彼の存在、というより彼の書物が書かれたことを知らせる唯一の情報は、その書物をほぼ全編忠実に引用した上で反論を加え、一書『ケルソス駁論』とした三世紀のオリゲネスだけだからである。極端な話、ケルソスがオリゲネスの創造した仮想論敵だったという可能性すらある、ということとなのだ。しかしH. Chadwickを最大の貢献者として、ケルソスの実在性は学界での前提となった[37]。

もっとも、ケルソスについてはギリシャ語を用いた人、というだけで出身地は不明、その哲学上の系譜も著述だけからは結論できず、ストアともキニークとも言えない、ただプラトン主義者の範疇には入る、とされる程度である。オリゲネス自身の言葉(「序」五)からして、彼はケルソスをどんな学派にも属さない、一匹狼的存在と考えていたのかもしれない。ともあれケルソスはきわめて舌鋒するどい論争的哲学者であり、その表現は皮肉たっぷりである。彼は旧新約聖書をよく読み、キリスト教の信仰内容と社会に向けての姿勢を熟知した上で、キリスト教はその根底に危険性を含んでおり、放置すれば帝国社会と対立する勢力となる、と見ている。彼の書物は広く読まれるというほどではなかったのだろうが、オリゲネスは、キリスト教の側からすれば危険な書物と見て、逐一反論することを実行した。おかげでケルソスの著書の全体像が我々にも分かることになった。

ケルソスは偽予言者アレクサンドロスのようにキリスト教徒を無神論者とは考えていない。逆にキリスト教徒が神とキリストを崇めることを指摘して、それは唯一の神という教徒の主張に矛盾する、などと言う。本質的なことは、キリストが十字架上で死ぬが、後復活するという考えが全く理解できない、という反論である。神が人となる、ということと共にこの点はギリシャ的、プラトン的神観念とキリスト教との決定的違いが認識されているということであろう。そうかと思えばイエスが処女から生まれたという話は低俗なスキャンダルと解釈し、イエスの奇跡はただの低級な魔法と決めつけて蔑み、福音書の記事間の矛盾をあげつらって嘲笑するなど、アジテータとしての攻撃性もそなえている。彼がキリスト教の内側までよく知っていたのは確かだが、正統と異端、グノーシスの存在までは把握していない。ただ彼がユダヤ教徒から情報を得ていたことは確実であろう。

ケルソスはキリスト教を社会、帝国との関わりで捉え、危惧の念をもっている。彼はキリスト教徒が占めていた階層が社会の下層の都市の職人、労働者や女性など、地位・富・教養の乏しい者、と見なしており、ペレグリーノスを描いたルキアノスと共通するが、それよりもキリスト教徒に抱く社会的懸念が大きくなっているのである。神々を偶像として拒み侮辱するキリスト教徒に対し、ケルソスはそれが皇帝とローマ帝国への反抗につながる、と考える。その根拠として、都市の役職就任や市民挙げての祭典をキリスト教徒が忌避することを挙げる。このままでは処刑されるしかない、とまでは言わないが、「この社会から出て行くほかはない」と諭す。最終的には教徒に悔い改めて社会に復帰するよう促すのだが、それについても棄教を迫る、というのではなく、教徒に今少しの妥協と寛容の気持ちがあればよいのだ、というものである。彼の観念は哲学者に固有の知的穏やかさによる、ととる必要はない。小プリニウスがトラヤヌス帝に具申したのが、キリスト教徒が従順に神々の像に祭儀を捧げたなら赦し、釈放してはどうか、ということであり、殉教伝の中でルスティクスのような裁判官が繰り返し被告キリスト教徒に示した選択の道も同様であった。

ケルソスは本質を衝いたキリスト教批判を展開した。しかし社会に広く警鐘を鳴らし、世論を喚起するほどのものではなかったようだ。一世紀後のオリゲネスがキリスト教側からその深刻さに気づくまで、ケルソスの著書がどのように保存され、読まれていったのか、は依然謎である。

次に医師ガレノス（一二九―九九）をここで考察のうちに加えたい。彼は臨床医としても活躍していたのだろうが、多量に上るその著作で世界の根本原理（四元素説）を論じ、また人間の体と心の全的把握を目ざし、その理論に基づく施療を論じた。このガレノスを本稿の哲学者に加えることは許されるだろう。しかし彼がキリスト教徒に言及するのはその大著における本格的論議でではなく、ごく断片的で一部はアラビア語でしか伝わらない断章においてである。[38] その内容にはしかし注目すべきところがある。まずガレノスは「自分の学派に執着する医者や哲学者よりも、モーセやキリストの信奉者の方が新しいことを教えやすい」、と教徒が単純素朴な、理性や教養と縁遠い連中だ、と従来のギリシャ・ローマ知識人の見解を、しかし悪意なしに繰り返す。[39] しかも別の断片では、キリスト教徒の倫理的な生活を見いだし、高い評価を下す。「彼らが死を恐れぬことは知れわたっている。彼らが同棲をしないことも同様である。……彼ら一人一人は強い自制心をもち、飲食物の節制につとめる。彼らの正義心たるや、真の哲学者のそれにも匹敵するほどである」、と。これ以上の情報はなく、キリスト教徒に対する見方としてガレノスは孤立している。自らの認識による実証のみしか信頼しなかったであろう医師哲学者ガレノスは、ペルガモンなどキリスト教徒の多い小アジアの都市で彼らを直接知る機会を持ったものと思われる。

ガレノスは皇帝にも知遇を得、治療や談話をする機会もあったようだ。それがマルクス・アウレリウスからセプティミウス・セウェルスの時代にあたるが、彼の先駆的キリスト教認識が皇帝やローマ帝国有力者の共有するところとなった兆候はない。しかし二世紀後半、キリスト教徒の数自体がまだ絶対的に少なかった（せいぜい帝国全域で二〇万人[40]）にしても、ケルソスとガレノス、二人の哲学者は、異なる方向で、キリスト教認識における帝国側の見方をかなり深めている。ガレノスはキリスト教に内在した反社会性を見ておらず、教徒を許容する方向を示唆している。しかしケルソスは、キリスト教徒が妥協しないかぎりは衝突せざるを得ないとする立場であった。彼らは哲学者であったがゆえに、先駆的認識に達したのだろうか。ケルソスにはその可能性がある。そして三世紀には彼の危惧の念の方向をより明白に示す哲学者が輩出することになる。

第5節　三世紀の哲学者たち

三世紀はローマ帝国そのものにとって、そしてキリスト教についても、加えて哲学の世界でも、それぞれに大きな変動の世紀であった。帝国レベルでは二世紀末の混乱を収拾して皇帝となったセプティミウス・セウェルス（位一九三―二一一）がアフリカのセム系民族の出身の、しかもたたき上げの軍人として統治体制を独裁色の濃いものへと進めていった。セウェルス家の系統は四〇年で途絶え、以後はほとんどが軍人出身か軍事力を唯一の支えとした、辺境を含む多様な地域出身の、短命な在位の皇帝たちによる時代が五〇年続く。都市生活、交易、貨幣経済、農業が受けたダメージは大きく、この世紀が危機と称されるゆえんである。二八三年に、前任者と同様、辺境のイリュリクム出身の軍人として登極したディオクレティアヌスによって帝国の安定は回復し、極端に皇帝権力が強力で、皇帝の神聖化を伴う専制体制が確立した。

これがこの世紀のだいたいの帝国史概観とされるものだが、実際には都市の生活も経済活動も、一部を除きさほど変わりなく機能し続け、皇帝の下の官僚の実務も、皇帝位のめまぐるしい変動にかかわらず安定して動いていたことが強調されるようになった。都市上層民による公共奉仕や碑文建立のならわしが急速に衰え、交易圏の縮小と自然経済への後退が見られることは事実だが、それが「危機」を実証するかどうかは疑問であり、これら事象については観点の異なる解釈が提唱されているのである。[41]

キリスト教にとっての三世紀は何であったか。教徒の数的拡大はあきらかである。帝国東方を中心に多分何百という都市に教会があり、アンティオキア、アレクサンドリア、ローマなどの大都市では複数の教会があったと思われる。アフリカ、小アジア、エジプトでは田園地方へのキリスト教の進出が顕著になった。ラテン教父の活動が目立つようになった。アレクサンドリアに二世紀末、パンタイノスによって学校（教校）が設立され、偉大なギリシャ教父たち、クレメンス、オリゲネスらが活躍する時代となった。二世紀に多かった、都市の民衆が主導する迫害の頻度は減り、それに代わるようにセプティミウス・セウェルス、デキウス、ウァレリアヌスらの皇帝の命令による、神々への祭儀強制、教会財産の没収等を伴う迫害の広範な遂行が目立ってくる。殉教者は増え、みずからそれを望む熱狂的教徒が現れてくる。しかしいずれの迫害も短期間で、形式的な棄教で許容されるなど、迫害遂行の密度の緩やかさは変わらなかった。

教会の内的な強化も進んだ。東方の教会から、霊的、政治的に強力なリーダーシップを発揮する一教会一人司教の制度が広がり、迫害時には教会を代表して信者を守り、平和時には帝国各地の教会と連絡をとり、会議をも開催するようになった。聖書解釈、教理研究、説教の面での教会の内的成長と共に、外部の多神教世界への弁明である護教論の執筆もキリスト教文書史料の急速な増加の一角を占め、盛んとなった。

このようなキリスト教の三世紀における進展は、従来「三世紀の危機」に遭遇したローマ帝国都市の社会と構造的に結びつけて理由付けがなされてきた。しかし研究史の現状からは、帝国が不安な時代に突入したからキリスト教に救いを求める人々の動きが加速した、などと安易な説明で済ませるには不十分になってきている。殉教者と司教への評価の上昇、肉体と性欲への嫌悪感と抑制志向の強まり、富んだ信者と貧しい信者との関係の解釈、などの新しい局面は、キリスト教の問題として孤立させて論じるべきではなく、ローマ帝国地中海世界の思潮の変化との類似性も視野に入れて、「危機」以外の原因をも想定することが求められている。

この概観の最後に、三世紀の哲学にはどのような展開が見られたか、である。各都市でソフィストと呼ばれ、あるいは哲学者、予言者とも呼ばれる知的活動者たちはいっそう目立つようになった。学校、学派の形成もあり、エリートたちの彼らへの庇護の風習も、「危機」にかかわらず健在であった。アボノテイコスのアレクサンドロスは新興宗教を始めたのだが、ローマ帝国の平和と繁栄の二〇〇年を過ぎて、これまで表だって来なかった属州各地各民族の土着の祭礼の復興が盛んになってきたと言われる。他方でエジプト起源のイシス、セラピス信仰、そしてペルシャ起源のマニ教が帝国中央への広がりを示すようになった。エラガバルス帝（位二二三―二三〇）がシリアのエメサで信仰されていた太陽神をローマに導入したように、皇帝たちが好みの神々礼拝を帝国全体で盛んにしようとしたのもこの時代の特色と言える。[42] 哲学の主要な潮流としてはストアが後退し、アンモニオス・サッカスとプロティノスの登場により新プラトン主義形成に至ったことが非常に大きな意味をもった。この派の哲学者たちの中から、ケルソスの線をさらに進めたキリスト教批判者が現れるのである。

三世紀の概観がいささか長きに失したが、本題にもどり、まずこの時代ゆえに輩出したキリスト教哲学者たちにふれよう。たとえばユリウス・アフリカヌス（一六〇頃――二四〇頃）はイェルサレム生まれでキリスト教徒となり、やがてエマウス市の都市参事会員として活躍する。都市の使節となってエラガバルス帝の許に伺候し、都市の名称変更を請願したことがあった。またアレクサンデル・セウェルス帝時代には学識を買われてローマ市のパンテオン図書館の建設を命じられた。彼はまた聖書文献学の研究者としてもすぐれており、旧約外典「スザンナ物語」が後世の偽筆であることを論証したという。

要するにこの時代、それまでのキリスト教徒にはなかった、都市社会のエリートで途方もない伝統的教養の持ち主の改宗者が出現した、ということである。パンタイノスの跡を継いでアレクサンドリア教校学頭となったクレメンス（一五〇頃――二一五頃）が『ストロマテイス』『パイダゴゴス』

の大著で示した、キリスト教教理というより、ギリシャ古典についての学識の深さは尋常ではない。付言するならこのクレメンスは哲学を学んでおり、オリゲネスの先駆者と言える。クレメンスはセプティミウス・セウェルスの時代、迫害にあってアレクサンドリアを逐われ、カパドキア、イェルサレムで司教を務めた。しかし彼の教説は後、カトリック教会からは異端的傾向を疑われることになる。このことも、またギリシャ哲学の沈潜から改宗したという点でも、彼はオリゲネスと同じである。彼が著した小冊子『どのような金持ちが救われるか』は、イエスの「神と富とに兼ね仕えることはできない」という言葉を、富者は教会に多額の富を捧げる恵みを得ている、と解釈する。[43]彼の教会に次第に世俗的に富裕な教徒が増えつつあった状況を反映していると言えよう。

オリゲネスは、多分上層とは言えない、しかし両親がキリスト教徒の家庭の生まれである。父レオニダスから学問の手ほどきを受け、アレクサンドリア教校でパンタイノス、クレメンスの薫陶を受けた。[44]ギリシャ哲学はペリパトス派のアンモニオス（先述のアンモニオス・サッカスとは別人）から学んだ。オリゲネスは教父としても哲学者としても名をなしていくが、アレクサンドリアで一時的に迫害が生じてそこをはなれ、カイサリアで研究する。その後も何度か迫害にあい、おそらく二五〇年のデキウス帝の神々への祭儀強制による迫害時の拷問で体を痛め、数年後に没した。その著作は膨大である。ギリシャ哲学とキリスト教神学を融合させた功績は大きい。また教会的な説教、聖書の文献学的註解作業が後世の神学に与えた影響はさらに大きい。ローマ帝国全体でも哲学者として知られ、アレクサンデル・セウェルス帝の母ユリア・ママエアに招かれて講義したという伝承もある。[45]カトリック教会では正統教義に入れられていない。キリストの復活の解釈が不十分であったことがその理由と思われるが、それが彼とギリシャ哲学の親近性とかかわりがあることはありうるであろう。プラトン主義者アンモニオス・サッカスがオリゲネスを教えた、という説もあり[46]、ポルフュリオスがオリゲネスを聴講して失望して去った、という説もある[47]。オリゲネスが哲学者として名声を有したためにこのような伝承が形成されたということであろう。キリスト教徒としてオリゲネスは迫害に直面しても熱狂的に死を望まず、また逃げることもなく、従容として引き立てられたようである。スミルナのポリュカルポス、カルタゴのキプリアヌスら正統の司教・殉教者と同じ立場を貫いたのである。

三世紀に哲学の主流となる新プラトン主義とオリゲネスとの関係は今ふれたように曖昧である。一方アンモニオス・サッカスは、やはり中層以下の出身だが、両親がキリスト教徒であったことは確実である。彼の孫弟子にあたるポルフュリオスは、アンモニオスが哲学を学ぶようになってからキリスト教を捨てたとした、とエウセビオスが伝える。しかしエウセビオス自身はそれを否定して、アンモニオスは「霊的な哲学であるキリスト教を生涯守り通した」と記している[48]。ポルフュリオスの方が正しいように思われる。オリゲネスのような事例もあれば、キリスト教を信じた後に離れていく者がいても不思議ではない。著作のないアンモニオスの内心の葛藤を知るすべはない[49]。

アンモニオスの教えを受け、実質的な新プラトン主義の祖とされるのがプロティノス（二〇五―二六九／七〇）である。彼自身がキリスト教と関わった形跡は知られない。大著『エンネアデス』から言及を見いだすこともできない。しかし、政治と社会とは興味深い関わり方をしたことが分かる[50]。アレクサンドリアで一一年間アンモニオスに学んだ後、ゴルディアヌス三世帝が企図したササン朝ペルシャへの遠征に加わろうとした。東方の神秘思想にあこがれたためではないか、と言われる。この遠征は失敗に終わり（二四三年）、プロティノスは以後ローマに住んで、哲学者として令名をはせた。晩年カンパニアに居を移し、かつてピュタゴラス派が営んだ共同体跡地にプラトン的理想ポリスの建設を夢見てガリエヌス帝の支援も受けたというが、計画は途絶した。

このプロティノスが到達したのは、プラトンのイデア論を徹底させつつも、独創による唯一神論、万物の根源にあるものがその流出によって万物を生成させる、という哲学であった。あるいはこの哲学はキリスト教の神を受容し得たかもしれないし、キリスト教の側も歩み寄りが可能だったかもしれない。しかしむしろ彼の弟子の新プラトン主義哲学者から、キリスト教敵視のイデオローグが出てくる。そのために両者は近いが故に敵対心が激化した、などと言われることになる。そのイデオローグの代表は二人いる。

プロティノスの哲学大系を継承し、それを完成させたのが直接の弟子ポルフュリオス（二三四―三〇五頃）であった。生まれはテュロスで、セム系の人だと思われる。アテネでロンギノスに修辞学と哲学を学んだ後、(51)ローマでプロティノスの忠実な弟子となった。その学問的著述の量は驚嘆に値する。師プロティノスの『エンネアデス』の校訂、出版を行い、その注釈書を書いたのみならず、アリストテレス、プラトンの注釈書、そしてホメロスの文献学的研究の画期をもなし、歴史書も記し、プロティノス、ピュタゴラスの伝記も著した。むろん彼本来の哲学著作も書いたが、現存していない。神々の祭礼についてもまた考察を加え、外見的ではない敬虔な信仰態度を求め、その一環として菜食主義についても論じた。三世紀の哲学界が、ローマ帝国の衰退論を鵜呑みにして同様の衰退をしめしたなどの想定を許さないほどにポルフュリオスはスケールの大きい哲学者と評されるに足りよう。

そのポルフュリオスの著述の一冊に『キリスト教徒駁論』があった。後のアウグスティヌスの引用などからその内容の一部が復元されるが、四世紀のキリスト教公認後コンスタンティヌス一族皇帝の時代にこの書物はあまりに鋭利で過激な内容ゆえに焚書処分とされたものと思われ、現存していない。ケルソスの書を直接受け継ぐものではないが、多神教哲学からの最終的にして徹底的な反撃の書であったことは間違いない。あるいはこのキリスト教批判への脅威と反感があってポルフュリオスの哲学上の主著すらも禁断の書とされたのかもしれない。この『駁論』を、後の教父たちは必死で反撃し、打倒しようとしたことは多くの引用があることからも推察されるのである。

ポルフュリオスがアンモニオス・サッカスの講筵にあったかどうかはともかくとして、オリゲネスと共に哲学を学んだことは確かであろう。エウセビオスによればポルフュリオスはオリゲネスが「実際的な事柄や神についての見解では、ギリシャ人のように思考した」と語ったという(52)。オリゲネスをよく知る者の言葉ではある。ポルフュリオスが旧約も新約もよく読みこなしたことは明白である。彼がキリスト教弾劾の筆をとった理由は、その新プラトン主義に立つ神観念のゆえか、ローマ帝国人としてキリスト教徒の存在を危険と見たからか、それはよく分からないが、彼はケルソスよりもずっと正確で詳細な文献学的、論理的根拠を述べつつキリスト教に論戦を挑んだ。たとえば「ダニエル書」を調べ上げて、それが救世主キリストの到来を予言した書だとしたキリスト教の主張を、所謂アナクロニズムで根拠がないと一蹴する。「ヨナ書」の物語をキリストの復活の予型とみるとらえ方も同様であり、「ホセア書」の淫乱な妻の話のいかがわしさに嫌悪を示す。諸福音書を読み比べてみると矛盾する記述が多い、とする一方で、ケルソスのような、奇跡を認めた上で低級な魔法だ、とする姿勢ではなく、福音書の物語そのものが、イエスというごく普通の賢人を神の子であった、と仕立て上げたいがためにねつ造された創作なのだ、と決めつける。

アウグスティヌスらは、このほかにもいくつかのポルフュリオスによるキリスト教批判を採り上げて反論している。この論争には現在の目から見てポルフュリオスに分のあるものもある。教父たちが採り上げなかった論点の中には実際、当時のキリスト教教理のレベルでは反論できないものがあったかもしれない(53)。

生前のポルフュリオスは三世紀末、ガリエヌス帝以降のキリスト教徒迫害が休止していた三〇有余年をその眼で見ていたはずである。この期間はキリスト教が実質的に公認状態にあった。都市では礼拝が公然と行われ、ディオクレティアヌスが首都をおいていたニコメディアでは皇帝宮殿の前に大きな教会堂が建設されていた(54)。ポルフュリオスがいたローマでは、ウァティカヌス、ラテラノの丘や、のちサン・クレメンテ教会の建つ場所など、一〇カ所を越える教会堂が生まれていたと思われる。その時代に彼は『駁論』を執筆したのだろう。彼の著作が多神教徒、キリスト教徒に与えた影響はよく分からない。彼と皇帝、高官の政策の関わりについても同様である。

しかし、ポルフュリオスの教えを受けたと思われる新プラトン主義者で行政官になった人物がいる。これを最後の登場人物とさせよう。ソシアヌス・ヒエロクレスがそれである(55)。この人物は以前私が採り上げたキリスト教徒大迫害の時代で最も強硬な迫害帝であったマクシミヌス・ダイアの統治下で迫害現場のエジプト総督として注目すべき迫害策をとっている。[56] 彼の学問修行時代については不明であるが、ディオクレティアヌスの四分統治時代、同帝管轄のフェニキア州の総督として登場する。すでに何らかの形でキリスト教への敵意を表明していたらしい。キリスト教徒大迫害は、三〇三年二月にディオクレティアヌスら四帝の名前による勅令をもって命じられた礼拝の禁止、教会堂の破壊の執行によって始まった。それは四分統治制が確立してからでも一〇年を経た上での、一般にも突然、という印象を与える出来事だった。それだけに迫害勃発の原因が様々に論じられるのだが、皇帝の宮廷にいたイデオローグの働きかけを想定する研究者もいるのである。[57] セネカに言及したラクタンティウスがまさにヒエロクレスを「迫害の発案者」と名指していることが史料上の根拠である。[58] 同じラクタンティウスの『神聖教理』の記述から、ヒエロクレスが(ニコメディアに近い)ビテュニア総督の地位にあって迫害開始に関与した、ととることも不可能ではない。私自身は大迫害の背景には様々な要因があり、たとえば副帝ガレリウスの主導とか、宮廷内陰謀、あるいは神託伺いにキリスト教徒が関わったり妨害した、などのことそれぞれに特定はできない、と考えてきた。このヒエロクレスの存在もその一つ、という風に思いたい。

いずれにせよヒエロクレスは迫害への関与を続けていく。ポルフュリオスにならってか、彼自身『真実の書』*Philalethes* というキリスト教批判文書を著した。ケルソス、ポルフュリオスの書と同様失われ、ただエウセビオスの『ヒエロクレス駁論』によって知りうるのみである。

さてディオクレティアヌス退位後、三一一年公式に休止された迫害を再開し、しかも総合的組織的にキリスト教抑圧策を遂行したのが、小アジアからエジプトまでの東方区域を三〇五年以来管轄していたマクシミヌス・ダイアであった。中でもキリスト教徒の多かったエジプトでの迫害が抵抗にも遭って苛烈に遂行された。そのときにエジプト総督に任じられていたのがヒエロクレスだった。この段階にいたってマクシミヌスは、キリスト教会を模倣するかのように多神教の神官団を組織させ、都市の有力者を新設の大神官職に任じた。子供の教育に反キリスト教宣伝を盛り込み、「ピラト行伝」という文書を作らせて暗誦させるなど、迫害だけでなく宗教復興策を構造的に進めた。この政策立案にヒエロクレスの進言が想定されても不自然ではないだろう。

マクシミヌスの迫害も多神教振興策も二年とは続かなかった。皇帝の軍事的没落によってそれらは幕を閉じた。ヒエロクレスのその後の消息はいっさい不明である。しかし一世紀以来のキリスト教とローマ帝国の歴史の中でキリスト教と関わりをもった哲学者たちが、単なる第三者として、しかも不正確なキリスト教認識しかもたなかった段階から、より深く関わり、認識して論争による攻撃を行うようになり、ついにキリスト教徒迫害政策現場に深く関わる哲学者が現れたのである。

第６節　おわりに

定義自体を曖昧にしたままに、哲学者、ソフィストなど様々に呼ばれた一連の人々とキリスト教の関わりを、時系列で眺めてきた。最後に若干の展望を述べて閉じることとしたい。

大迫害時にはこれ以上の文献史料は少ない。たとえば碑文から、マクシミヌス帝が、キリスト教徒迫害の請願を行ったニコメディア市民に与えた回答文からは、大地の実り、都市の繁栄を神々の恩寵に帰し、感謝する、率直な神観念が読み取れて興味深い(59)。さらにマクシミヌス下で新しい神官職についた人物や迫害請願碑文そのものから、あるいはキリスト教に改宗した市民の墓碑などから、哲学者もしくは哲学的観想を吐露した人物を見いだすことが可能かもしれない。

本稿では哲学者たちの外的行動から、彼らとキリスト教との関わりを見た。有意な数的推移を特定できるほど材料はなかったにせよ、哲学とキリスト教の関係は、非常に疎遠な状態から、ある程度の認識の深化、前者からキリスト教への改宗にいたるほどの理解、そして理解したが故の反発、という流れを跡づけることはできた。現実にはもっと多様なヴァリエーションがあったのであろう。改宗したものの教会から離脱した哲学者や、殉教者の裁判に関わって感銘を受けた哲学者がもっといたかもしれない(60)。マルクス・アウレリウスだけでなく、幾人かの哲学好きの皇帝、たとえば自室に哲学者とキリストの像を置いていたアレクサンデル・セウェルスなども想起される(61)。

キリスト教公認までを対象としたが、公認後も多神教哲学者はのこる。キリスト教に改宗するのが修辞学者アルノビウスであり、キリスト教拒否の姿勢を貫き、新プラトン主義教育を続けてユリアヌスを育てたエフェソスのマクシムスである。四世紀の多神教哲学者はまだ文化と教養の第一線をゆずらなかったのである。キリスト教徒皇帝と交わりながらキリスト教を一顧だにしない者も少なくなかった。イアムブリコスはポルフュリオスと共に新プラトン主義を学び、ユリアヌスを教えたし、アンティオキアの修辞学者リバニオスも皇帝を教え、キリスト教にはより敵意をもっていた。マクロビウスは文人で、多神教を守ろうと元老院議場の勝利の女神像撤去に抵抗したシュンマクスと交わりがあった。そして最後の新プラトン主義者と言われるプロクロスは四八五年まで生きたが、

その著作でキリスト教にふれることは一度もなかったのである。(62)

注

(1) H・チャドウィック『初期キリスト教とギリシャ思想』中村坦・井谷嘉男訳、日本基督教団出版局一九八三。
(2) たとえばエピクテトス。
(3) たとえばマルクス・アウレリウス。
(4) たとえばディオン・クリュソストモス、アエリオス・アリスティデスら。
(5) たとえば偽預言者アレクサンドロス、ペレグリーノスら。
(6) ルキアノス「ペレグリーノスの昇天」一三（高津春繁訳）。
(7) 「使徒言行録」一七・一八。
(8) 同上一七・一九―三二。
(9) 同上一四・一二。
(10) 『年代記』一五・四四。
(11) A・N・シャーウィン・ホワイト、保坂高殿訳『新約聖書とローマ法・ローマ社会』日本基督教団出版局　一九八七、一一一―一一四。
(12) 「使徒言行録」一八・一二―一六。
(13) *Institutiones Divinae* 6.24.14.
(14) 青野太潮訳。荒井献編『新約聖書外典』講談社学芸文庫　一九九七所収。
(15) エウセビオス『教会史』四巻二六、七（秦剛平訳）。
(16) エイレナイオスの哲学批判については、W. H. C. Frend, *The Rise of Christianity*, London 1984, 244-251.

（17）その他『語録』二、九、二九にはユダヤ人が洗礼を受けて哲学に向かっても理性に従わないから不可能だ、とあり、これをキリスト教徒への言及ととる者もいる。Cf. S. Benko, Pagan Criticism of Christianity during the First Two Centuries A.D., in: *Aufstieg und Niedergang der Römischen Welt*, II 23-2, 1979, 1077f.
（18）s.v. Junius (II.28) Rusticus, *Der Neue Pauly*, Bd.6, Stuttgart 1999, 68.
（19）松本宣郎「マルクス・アウレリウスとキリスト教徒」（『キリスト教徒が生きたローマ帝国』第四章　日本キリスト教団出版局　二〇〇六。
（20）同「ルグドゥヌムの迫害再考」（『西洋史研究』新輯九、一九八〇）。
（21）『オクタウィウス』九、六—七。
（22）S. Benko, *op.cit.* Cf. 'Cornelius Fronto', *The Oxford Classical Dictionary*, 3rd. ed., 394.
（23）エウセビオス『教会史』四巻二六、六、七。
（24）E・R・ドッズ、井谷嘉男訳『不安の時代における異教とキリスト教』日本基督教団出版局　一九八一。
（25）P・ブラウン、足立広明訳『古代末期の形成』慶應大学出版会　二〇〇六。
（26）柴田有『教父ユスティノス——キリスト教哲学の源流——』勁草書房　二〇〇六。
（27）ユスティノス『第二弁明』三、エウセビオス『教会史』四巻一六。
（28）邦訳（上注6）はルキアノス『遊女の対話』岩波文庫　一九六一。ペレグリーノスについては松本宣郎『ガリラヤからローマへ』山川出版社　一九九四、一六七—一七三。
（29）テルトゥリアヌスの言及については松本上掲書、一七二。
（30）タティアノスの哲学批判については、s.v., Tatian, in *The Oxford Dictionary of the Christian Church*, rep. 1978, 1341; *The Oxford Classical Dictionary*, 1477.
（31）松本上掲書、一六九。
（32）「使徒言行録」一九・二三—四〇。
（33）「聖なるポリュカルポスの殉教」一二など。『殉教者行伝』〈キリスト教教父著作集二二〉教文館　一九九〇。

（34）松本宣郎「ローマ社会と宗教寛容」（『キリスト教徒が生きたローマ帝国』第五章）。
（35）「哲学者マルクス・アウレリウスの生涯」一三、一九。『ローマ皇帝群像』一、京都大学出版会　二〇〇四所収。
（36）「偽予言者アレクサンドロス」二五、三八。上注28参照。
（37）H. Chadwick, *Origen; Contra Celsum*, translated with an Introduction and Notes, Cambridge 1965. R・L・ウィルケン「ケルソス――保守的知識人――」（『ローマ人が見たキリスト教』（松本宣郎訳）ヨルダン社、一五六―二〇〇）参照。
（38）S. Benko, *op.cit.*, 1098-1100.
（39）「種々の衝動について」三三。次の断片はアラビア語で Benko の英訳から重訳。
（40）R. Stark, *The Rise of Christianity*, Princeton U. P. 1996, 7.
（41）*The Cambridge Ancient History*, Vol.XII, 2005 所収の各論考をみよ。P・ブラウン『古代末期の形成』をも参照。
（42）G. Fowden, in *Cambridge Ancient History*, Vol.XII, 538-572.
（43）秋山学訳「救われる富者は誰か」（『中世思想原典集成一　初期ギリシャ教父』、平凡社　一九九五年）。
（44）エウセビオス『教会史』六巻二一。下注49参照。
（45）同上書六巻二一、三以下。
（46）同上書六巻一九、五。
（47）同上書六巻一九、一―五。
（48）同上書六巻一九、五―一〇。
（49）s.v., Ammonius Saccas, *Reallexikon f.Antike u.Christentum*, Suppl.3, 1985, 323-332.
（50）以下、プロティノスとポルフュリオスに関しては、『世界の名著続二――プロティノス・ポルピュリオス・プロクロス――』中央公論社、一九七六の田中美知太郎・水地宗明による解説参照。また同書にはポルフュリオスによるプロティノスの伝記も水地訳によって収録されている。

(51) s.v., Cassius Longinus, *The Oxford Classical Dictionary*, 300.
(52) エウセビオス『教会史』六巻一九、七。
(53) 以上、ポルフュリオスのキリスト教批判に関しては、R・L・ウィルケン「ポルフュリオス――最も学殖豊かな批判者――」(『ローマ人が見たキリスト教』(道躰滋穂子訳)参照。
(54) 松本宣郎『キリスト教徒大迫害の研究』南窓社 一九九一、七四以下。
(55) s.v., Hierocles, Sossianus, *Brill's New Pauly, Encyclopedia of the Ancient World*, Vol.6, Leiden 2005, 306.
(56) 松本「マクシミヌス・ダイアのキリスト教政策」(『キリスト教徒大迫害の研究』所収一八三以下)。
(57) たとえば W. H. C. Frend, *Martyrdom and Persecution in the Early Church*, Blackwell 1965, 497-500. その他の大迫害勃発原因論については、豊田浩志「『ディオクレティアヌスのキリスト教大迫害』勃発原因をめぐって」(一)~(三)『上智史学』三七・三八・四一、一九九二―六。
(58) Lactantius, *de mortibus persecutorum*, 16,4. Id., *Institutiones Divinae*, V 11.15.
(59) エウセビオス『教会史』九巻六、一〇―一四。
(60) たとえば、「聖なる長老ピオニウスとその仲間の殉教」(土岐健治訳)一七に出てくるスミルナの弁論家ルフィヌスとピオニウスのやりとりを想起。
(61) *Historia Augusta*, Severus Alexander, 29,2.
(62) アレクサンドリアの異教哲学者ヒュパティアが四一五年、キリスト教徒集団によって殺された事例が知られるが、彼女がキリスト教についてとった行動は不明である。s.v. Hypatia, *Oxford Classical Dictionary*, 3rd ed., 1996, 736.

第7章　イタリアの初期キリスト教

第1節　ローマの最初のキリスト教徒

キリスト教は一世紀半ば、東方属州ユダヤに出現し、比較的すみやかにイタリアに伝わった。三世紀にローマの教会が有力教会の一つとなっていったのは確実だが、ここにいたる過程は、詳細がほとんど分からない。ましてローマ以外のイタリアへの伝播についてはいっそう不明である。

コンスタンティヌスの時代から、ローマ市にはいくつもの教会が建設され、ローマ司教は圧倒的多数の東方の教会に対抗して有力教会を代表していた。しかし、ローマ教会が、ペトロ、パウロが殉教した帝国首都の教会として、すでに二世紀、帝国内諸教会間の交流が密になった頃から、ほかの教会によって敬意を払われていた、とするのは四世紀のエウセビオスや、ローマ司教たち自身による誇張された史料からの判断にすぎないようだ。

他方、事実としてローマのキリスト教は、帝国西方では数少ない拠点の一つとして起源は古く、正統的信仰を守る指導者が四世紀に至るまで輩出し続けていたことは間違いない。そのローマ市のキリスト教について、これまでの研究蓄積は、教父学、歴史学、考古学各分野において独立的に行われ、それぞれかなりのものとなっている(1)。

ところで、キリスト教の母胎となったユダヤ教を奉じるユダヤ人は、ローマを中心にイタリアには紀元前から住んでおり、本国ユダヤの王ヘロデがアウグストゥスと交誼を結ぶようなこともあって、平時はローマ市で普通に生活していた。現在のトラーステヴェレなどが彼らの居住中心地となっていたと言われる。古いユダヤ教シナゴグの存在も確かめられている［Cappelletti 2006］。

しかしユダヤ人はティベリウスやクラウディウスの時代に何度かイタリアからの追放を命じられている。独自の宗教を守り閉鎖的な集団を維持するユダヤ人に対し、イタリアの都市住民は一般に敵意をもち、ときに迫害が生じて、ユダヤ人がこれに抵抗することがあったのであろう。しかし六〇年からのユダヤ反乱が終結したのちにはイタリアのユダヤ人への弾圧が生じることはなく、反乱鎮圧後ウェスパシアヌスは一定の税を払うことでユダヤ人の存在を認めた。

イタリアの最初のキリスト教徒は、このユダヤ人の群からあらわれたと思われる。

スエトニウス『ローマ皇帝伝』「クラウディウス伝」二五節に記されたユダヤ人追放命令（四九／五〇年か）のことは、新約「使徒言行録」一八・二にも言及があり、新約の史実的信頼性を示す一例だと見なされている。同書では、テント職人のアキラとプリスカ夫婦がその追放の対象となり（キリスト教徒はまだユダヤ人と同類と見なされていた）、コリントに移住したとされている。この夫婦はパウロと親しい信仰仲間であり、同業者でもあったのだが、ローマに居住していたときからキリスト教徒であったようにみえる。

ユダヤからイタリアを訪れた者の中に、パウロがローマに来るより先に首都に宣教した者がいたことは間違いない。バルナバがその人ではなかったか、という伝承があるが定かではない。しかし少なくともアキラ夫婦はそのときにユダヤ教から改宗した、ローマ市最初のキリスト教徒のうちの二人ではなかったかと推測できるのである。

彼らローマのキリスト教徒は、ユダヤ教徒のユダヤ人とは別の、しかしまだ明確に独立したとはいえないようなグループを形成しローマに原初的な教会を、多分四〇年代にはつくっていた。ユダヤ教徒という自覚をまだ持っていた一団がいたことは、パウロが記している（ローマ二・一七）。個人の家で集会する程度の小さいグループであったにしても、皇帝や有力者の解放奴隷も含まれていたかもしれない[2]。パウロは、そこへ赴く以前から、書簡を通じてか、往復していただれかを通じてか、このローマ教会とかなり密接な関係にあったとしてよいであろう。

以下はパウロがローマの教会に宛てた手紙の一節（一六・三―一六）である。

三キリスト・イエスに結ばれてわたしの協力者となっている、プリスカとアキラによろしく。
四命がけでわたしの命を守ってくれたこの人たちに、わたしだけでなく、異邦人のすべての教会が感謝しています。五また、彼らの家に集まる教会の人々にもよろしく伝えてください。わたしの愛するエパイネトによろしく。彼はアジア州でキリストに献げられた初穂です。六あなたがたのために非常に苦労したマリアによろしく。
七わたしの同胞で、一緒に捕らわれの身となったことのある、アンドロニコとユニアスによ

ろしく。この二人は使徒たちの中でめだっており、わたしより前にキリストを信じる者になり
ました。八主に結ばれている愛するアンプリアトによろしく。九わたしたちの協力者としてキ
リストに仕えているウルバノ、および、わたしの愛するスタキスによろしく。一〇真のキリス
ト信者アペレによろしく。アリストブロ家の人々によろしく。一一わたしの同胞ヘロディオン
によろしく。ナルキソ家の中で主を信じている人々によろしく。一二主のために苦労して働い
ているトリファイナとトリフォサによろしく。主のために非常に苦労した愛するペルシスに
よろしく。一三主に結ばれている選ばれた者ルフォス、およびその母によろしく。彼女はわた
しにとっても母なのです。一四アシンクリト、フレゴン、ヘルメス、パトロバ、ヘルマス、お
よび彼らと一緒にいる兄弟たちによろしく。一五フィロロゴとユリアに、ネレウスとその姉妹、
またオリンパ、そして彼らと一緒にいる聖なる者たち一同によろしく。一六あなたがたも、聖
なる口づけによって互いに挨拶を交わしなさい。キリストのすべての教会があなたがたによろ
しくと言っています。

先に言及したプリスカとアキラがここではまだローマにいるようである。だとするとこの手紙はクラウディウスの追放命令より前に書かれたと想定しうる。ここでローマ教会のメンバーとして、名を挙げられた者は男一五人、女八人、そのほか若干の人々の存在があることが記されている。少なくとも三〇人ほどのキリスト教徒たちがいたことになる。

その後パウロはユダヤで、ユダヤ教指導者の強硬派によってローマのユダヤ総督に訴えられ、皇

帝による裁判を請求して受け入れられ、ローマに海路護送され、嵐に遭って船が難破するなどのの
ち、イタリアのプテオリに上陸した。以下、「使徒言行録」二八章の記述はこうである。

一五兄弟たちがわたしたちのことを聞き伝えて、アピイフォルムとトレス・タベルネまで迎
えに来てくれた。パウロは彼らを見て、神に感謝し、勇気づけられた。一六わたしたちがロー
マに入ったとき、パウロは番兵を一人つけられたが、自分だけで住むことを許された。一七三
日の後、パウロはおもだったユダヤ人たちを招いた。彼らが集まって来たとき、こう言った。
「兄弟たち、わたしは、民に対しても先祖の慣習に対しても、背くようなことは何一つしてい
ないのに、エルサレムで囚人としてローマ人の手に引き渡されてしまいました。一八ローマ人
はわたしを取り調べたのですが、死刑に相当する理由が何もなかったので、釈放しようと思っ
たのです。一九しかし、ユダヤ人たちが反対したので、わたしは皇帝に上訴せざるをえません
でした。これは、決して同胞を告発するためではありません。二〇だからこそ、お会いして話
し合いたいと、あなたがたにお願いしたのです。イスラエルが希望していることのために、わ
たしはこのように鎖でつながれているのです。」二一すると、ユダヤ人たちが言った。「私ども
は、あなたのことについてユダヤから何の書面も受け取ってはおりませんし、また、ここに来
た兄弟のだれ一人として、あなたについて何か悪いことを報告したことも、話したこともあり
ませんでした。二二あなたの考えておられることを、直接お聞きしたい。この分派については、
至るところで反対があることを耳にしているのです。」二三そこで、ユダヤ人たちは日を決めて、

大勢でパウロの宿舎にやって来た。パウロは、朝から晩まで説明を続けた。神の国について力
強く証し、モーセの律法や預言者の書を引用して、イエスについて説得しようとしたのであ
る。二四ある者はパウロの言うことを受け入れたが、他の者は信じようとはしなかった。……
三〇パウロは、自費で借りた家に丸二年間住んで、訪問する者はだれかれとなく歓迎し、三一全
く自由に何の妨げもなく、神の国を宣べ伝え、主イエス・キリストについて教え続けた。

「使徒」の記述を信ずるなら、二年間パウロがローマ教会の指導者として、福音の内容の教育や信者の獲得のために大きな働きをしたであろうことは疑いえないだろう。先にみたとおりそれ以前からローマの教会には、かなりの人数の教徒がおり、ユダヤ教徒とのふれあいも多いが、キリスト教徒であるとの自覚的な意識をもつグループになっていたようだ。パウロの首都在住により、教会はより大きく強固になったことはまちがいないだろう[Crossan and Reed 2004]。ユダヤ教徒との関係も敵対的ではなかったことも興味深い。

もう一人の使徒ペトロがローマに来たかどうかについては新約は沈黙している。新約の「ペトロの手紙」も成立は二世紀と考えられるし、ローマ来住の証拠にもならない。しかし、使徒教父のクレメンス（「コリント人へ」一、五）とイグナティオス（「ローマのキリスト者へ」四、二）はすでにパウロと並んでペトロもローマ教会に深く関わったことを明言し、そこで殉教したことを信じているようである。ペトロのローマ来住についての外典・偽典の伝承は明白である（「ペテロ行伝」）。二世紀半ばのエイレナイオスは、ローマで学び、ガリアのルグドゥヌムで司教となった、西方のキリス

ト教世界の人であるが、ペトロを明確にローマ教会の初代司教としている（『異端反駁』三巻一―一、三、二）。ローマ教会の司教制度については後述するとおり、ペトロが強力な初代司教としてその役割を果たしたかどうかは不明だが、彼のローマ来住と、そこでの死は歴史的事実として受け入れてよいであろう。

おそらく一世紀半ばのローマのキリスト教徒は、次第にユダヤ教徒から異端視される、独自のグループをつくる傾向にあったのだろうが、キリスト教徒自身がユダヤ教の慣わしを捨て去るのは二世紀に入ってしばらくたってのことであった。ローマのキリスト教徒のもう一つの特色は、文書も礼典もギリシャ語でなされたということである。イタリアにいたユダヤ人の多くが、ヘレニズム圏からの移住者であり、そのようなユダヤ人からの改宗者がキリスト教徒の中心となったからである。宣教したパウロもギリシャ語で語り、記した。ラテン語を話すローマ人からの改宗はわずかであったし、そのような者らも、教会ではギリシャ語を用いることに慣らされていったのだろう。

この間ローマのユダヤ人以外の住民からキリスト教に改宗する者も少しずつ増えていた。おそらく中下層の労働者、解放奴隷たち、その妻たちだったろう。生来のローマ住民よりも地中海各地から流入してきた人びとが多かっただろうと思われる。

第2節　ローマ市の迫害と教会

六四年、ローマ市の大火をきっかけに、皇帝ネロによってキリスト教徒が放火犯の濡れ衣を着せられ、処刑された、とタキトゥスが伝えている（『年代記』一五、四四）。最近B・D・ショーは、このできごとの史実性に疑念を呈している［Shaw 2015:73-100］。しかしこれは非キリスト教史料によるキリスト教徒への言及として最古の一つであり、テキスト上のいくつかの語句解釈の問題[3]と若干の文学的潤色はあるにしても、迫害自体の史実性は疑いえないだろう。ただ、これはローマ市に特定され、処刑の理由は「放火犯人」ということであった。

キリスト教徒は破廉恥な迷信にとりつかれ、「人類を敵視する」罪人と見なされていたから、たとえ濡れ衣であっても人々は処刑されて当然と考えた、とタキトゥスは記す。タキトゥスは二世紀の冒頭、これを記した。しかし、六四年当時のローマの一般住民と皇帝とが、このタキトゥスの記述に近い印象を、キリスト教徒たちに対して抱いていたことは十分に推測できる。

この頃のローマ市のキリスト教徒の実数は、推測することすら容易ではない。タキトゥスも処刑された教徒の数を記していない。少なくはなかったような筆致ではあるが、中にはキリスト教徒でなくとも巻き込まれた者がいた可能性もあり、ますます推測は困難である。

多少の手がかりは、ローマ市の総人口が、識者の一致するところ一〇〇万から一二〇万人であったろうということ、そしてユダヤ教徒は、少なくともその一割、一〇万～一二万はいたであろうこと、である。だとすると、ユダヤ教徒の一%、一〇〇〇～一二〇〇人がキリスト教徒であった、との推測ができるが、六四年の時点では、これでもまだ多すぎるように思われ、この半分、ローマ市のキリスト教徒総数は五〇〇～六〇〇人、としておこう。

ネロの迫害で処刑されたのが、このすべてであったはずはあるまい。逮捕・処刑は迅速に行われ、裁判も粗略であったと思われ、被疑者はそれほど多くはなかっただろう。それに、キリスト教徒はこれ以後もローマ市において間違いなく存続し、むしろ徐々に増えていったと考えられるからである。

パウロとペトロが、ネロの迫害時に殉教した、という証拠もまた、ない。先に引用したショーはこのことも全面的に否定する。R・L・フォックスは、パウロが首都当局の裁判により処刑されて、それがその後のローマ帝国当局のキリスト教徒裁判の判例となった、と推測するが、根拠があるわけではなく、最初の事例が必要だから立てられた仮説なのである［Fox 1986:430-432］。しかし後述のようにこれら二大使徒が伝承上ローマ市と強く結びつけられていることは無視できない。

ローマの教会について、新約文書以後の文献は少ない。使徒教父クレメンスはローマ教会の司教として伝えられる人物と同定されるかもしれないが(4)、その生涯の詳細が分かっているわけではない。「ヘルマスの牧者」が二世紀のローマ教会の多少の内容を知らせる程度である。ローマ以外のイタリアのキリスト教徒についてはいっそう資料が乏しい。

さて、六四年以後のローマのキリスト教徒だが、彼らの礼拝する場所は、多分複数あった。多数現存するカタコンベの遺跡の始まりの時期は不明とするほかはないが、いくつかは一世紀末には礼拝所となっていたにちがいない。主要なカタコンベ、サン・カリスト、サン・セバスティアーノ、サンタ・ドミティラ、サンタ・プリシラ、はいずれも、ローマ市の、いわゆるセルウィウスの城壁（前六世紀建設）の外であり、その多くはさらに中心部を広く取り囲むアウレリアヌスの城壁（後二八〇年頃建設）の外にある。墓地であるから、都市中心部から遠ざかった場所にあるのも自然であり、死にいささか多神教徒と異なる観念をもったキリスト教徒が礼拝する場所としてもこれらは適当であった。しかし、ローマ市内の個人邸宅なども「家の教会」として用いられた可能性はある。コロッセオに近いサン・クレメンテ教会地下にはミトラ教徒、ユダヤ教徒の礼拝所跡が見いだされるが、キリスト教徒が礼拝を始めた時期は古いとはいえ、二世紀末のサン・カリストのカタコンベにならないと、考古学的には確認されないようだ。しかしある種の祠（ほこら）的なものが建てられて、それらが個人邸宅とは別途に礼拝所になっていったかもしれない［Lampe 2003; Stevenson 1978］。

ここで重要なのは、キリスト教徒たちは、いかに周囲から蔑まれ、嫌悪感をもたれ、ついには当局に告発されて死刑を受ける確率も高い存在になった、それも一世紀末には確実にそうだったにも関わらず、当局によって礼拝自体を禁止され、礼拝所を破壊されたりすることは決してなかった、ということである。したがって、彼らは比較的自由に初期的な礼拝所や教会をつくっていけた、と想像できるのである。

しかしローマ市のキリスト教徒は複数の集合所に分かれていたにしてもローマ教会という一つの教会と認識されていたようである。一般に四世紀まで、初期キリスト教の「教会」は基本的に「都市」の名称をもって呼ばれ、一都市一教会としてあらわれる。司教が存在する場合も同様である。アレクサンドリア教会のディオニュシオス、カルタゴ教会のキプリアヌス（いずれも三世紀）などおのおのの都市に一人の司教としてあらわれる。おそらくどの都市にも、礼拝所は複数あったと思われるが、その都市のキリスト教徒間の連絡はきわめて密だったのである。彼らはその都市の教会は一つ、と観念していたに違いない。あるいは定期的にその都市の全キリスト教徒が集まる礼拝も行われていたのかもしれない。

迫害は二世紀半ばまで、個人的で単発的であったから、教会の日常的運営にはあまり支障はなかったであろう。キリスト教徒はその後もイタリアにおいてさしたる増加は示さなかったが、ローマの教会はほぼ平穏のうちに徐々に成長していったと思われる。一世紀末のドミティアヌスのときに迫害が強まったという説は根強い。ドミティアヌス帝の親族で、コンスルまで務めたフラウィウス・クレメンスが、ほかの若干の者とともに、「無神論とユダヤ人の習わしにふけった」とがで処刑されたという記述（Dio Cassius, LXVII,14. エウセビオス『教会史』三巻一七―二〇参照）は、キリスト教徒迫害を示唆するとされる。これに加えて、クレメンスの書簡、新約「ペトロの手紙Ｉ」二―一三、「ヨハネの黙示録」などの、教会と教徒が苦境にあることを示す表現が、この皇帝による迫害の激化を証拠立てる、というのである。一時、弓削達などの研究史整理で、フラウィウス・クレメンスのような帝国最上層にキリスト教徒を見出すのはまだ空想的であり、その他の教会側史料も漠然としたもので、明確な迫害の実施などはなかった、と結論づけられた［弓削　一九八四：一二一―一四二、Jones 1992:114-117］。しかし最近、フォックスやＭ・エドワーズなどが、詳論はしないが、ドミティアヌスの迫害を肯定している［Fox 1986:430-432; Edwards 2005:573-588; 保坂　二〇〇三：二八五―三〇三］。筆者にはやはり、皇帝に迫害の姿勢はなく、迫害自体はあったとしても限定的だったと思われる。

このように、把握するのに漠然とした情報しかないのが一世紀のローマ教会である。ただ、具体的な実在の人物が一世紀末から少しずつ増えてくる。クレメンスがその第一番目と言ってよい。その信仰理解は、書簡から見る限り、深くはないにせよ正統的である。おそらくは八〇～九〇年代のローマ教会の中心人物であったのであろう。その後の教父たちによっても評価されている。その名前は、奇しくも「ドミティアヌス迫害」の犠牲者フラウィウス・クレメンスと同じである。ローマの奴隷が所有者の名前を持つことはよくあることで、教父クレメンスがその一人だった確率は高い。ギリシャ語を話す、知的な奴隷として、コンスルのクレメンスではないにしろ、その遠縁にあたっていたかもしれないローマ人クレメンス家に仕え、解放された人物だったのかもしれない。彼はユダヤ教から改宗したのか、あるいは異邦人改宗者なのか、結論はでないようである。

第3節　二世紀のローマ教会

つぎにローマ市に関わる人物はイグナティオスである。彼は二世紀冒頭ローマで殉教したと伝承されている。先述のように、護送されていく途中、ローマを初め三つの教会に書簡を送っている（護送中の罪人にそのような自由が許されていたことは奇妙にも見えるが、パウロの例にも共通して、ローマ当局の罪人の扱いとして不思議ではない）。そこに記された非常に顕著な殉教志向の信仰は、後々の迫害下の教徒たちの励ましとなった。[5]彼は、ローマで野獣に投じられて殉教することを夢見ていた。そのとおりになった、と伝えられている。殉教の場所はコロッセオであったかもしれない。その文書は正統的信仰とされるが、復活という観念は希薄で、教義への理解は深みには欠けるようである。それよりも、イグナティオスについて、興味を引く問題が二つほどある。

まず、彼のローマへの護送の年代である。彼の逮捕の状況はまったく分からないが、彼はローマ市で裁判を受け、信仰を告白し続けて死刑を受けるのを自明のこととしている。このような設定は、後世加筆された結果かもしれないが、イグナティオスの文脈そのものの構造がそうなので、彼の真筆として考えよう。つまり、彼が護送される時点で、キリスト教徒は処刑対象とされていたことになる。これは初期キリスト教徒迫害史の上では大事な点である。パウロの護送の理由とは、もう異なっているのである。パウロは、ユダヤ教中枢部から、ローマのユダヤ属州総督に、社会を騒乱に陥れた罪で告発されたのであって、キリスト教徒として告発されてはいない。

ここで、キリスト教徒処刑を明白に皇帝が承認した最初の事例を引く必要がある。小プリニウスが、多分一一〇年代初めに属州ビテュニア・ポントスでとった措置である。彼はキリスト教徒であるとする市民の告発を受け、裁判においても信仰を捨てない教徒でローマ市民権をもたない者を直ちに処刑し、市民権をもつ者をローマ市の皇帝の許に護送させた。これをトラヤヌス帝は是認している。イグナティオスがこの事例より早く逮捕、護送されたのなら、小プリニウスが迅速にとった措置の先例となる。しかし大方の年代決定では、イグナティオスの事例はプリニウスよりも後におかれるようである。

もう一つの問題はローマ教会に直接かかわることである。イグナティオスが、ローマの教会にかなりの尊敬の念をもっていたということを示す彼の記述がある。

いと高き父とその独子イエス・キリストとの偉大さにおいて憐れみを受けた教会へ。すなわち有るもののすべてを意志したもう方の意志により、私達の神イエス・キリストへの信仰と愛に従って愛され照らされた教会、ローマ人の国の地において指導的であり、神にふさわしく、名誉にふさわしく、祝福にふさわしく、賞賛にふさわしく、幸福にふさわしく、聖潔にふさわしく、愛にすぐれ、キリストの法を守り、父に従って名づけられたもの、この教会に私は挨拶を送ります。(「ローマのキリスト者へ」〈挨拶〉八木誠一訳)

彼が手紙を送っているアシアのほかの教会に対するのとは異なる位置づけがローマ教会に対してはなされているようである。ただし、ペトロ、パウロのローマ教会との関わりが言及されているわけではない。イグナティオスの立場については、ローマ教会の地位の上昇という問題のなかでのちに述べよう。

彼は、自分の殉教の決意を妨げないでくれ、とローマの教会の単独の司教ではなく指導者たちに頼んでいる。エドワーズはここから、ローマ教会の指導者たちはドミティアヌスの迫害の対象となっていなかった、と推測している［Edwards 2005:584］。もう一歩踏み込めば、ローマ教会の指導者たちは、場合によれば、自発的に殉教を求める教徒を抑え、ローマ市当局(皇帝とは限らない。首都総督ということもありうる)に釈放を嘆願する用意があった、ということが想定される。うがちすぎのようではあるが、ローマ教会の指導者たちが、まさに妥協的で、迫害への対決の姿勢が軟弱だ、という批判が二世紀後半に出てくることを考えると、示唆的である。

二世紀半ばを過ぎるまで、ローマ教会についての直接の情報が途絶える。イグナティオスや、小プリニウスが護送させたビテュニア・ポントス州のキリスト教徒のような人々が時折ローマに連行され、裁判が行われ、殉教者が出ることがあったのだろう。ローマ教会の中からも殉教者が現れる可能性はあった。確実に知られる殉教者の最初は一五〇年代のユスティノスのグループであり、めだつ殉教者が出れば、記録に残るはずであるから、それ以前の殉教者は極めて少なかったと思われる。

ローマの一般人のキリスト教徒に対する雰囲気がよくなったはずはなかった。少なくとも皇帝と首都総督とは、キリスト教については、その信仰内容が何であるかは知らず、あるいは知る意志もなく、ただ、キリスト教は不穏当な迷信であって、一般市民の側からの告発があればこれを受理し、死刑とする用意がある、という意味で明確な認識をもっていた。このことは、キリスト教を邪神崇拝、魔法、謀反などの重罪犯罪と規定する法律が存在したことを意味しない。キリスト教徒が必ず捕らわれ、告発され、法廷では必ず死刑判決がでたわけでもない。詳述はできないが、ローマ権力の社会対策には、この程度の裁量の幅があった、と言うにとどめる［Bowersock 1995］。

第4節　ローマ教会の確立

ローマの教会が一つの教会としてローマ帝国各地の教会との交流において機能するのはいつ頃からであろうか。教会史の伝承（エウセビオス、エイレナイオス、リベル・ポンティフィカリス）では、初代の司教をペトロとし、以後リノス、クレメンス、アネクリトス、と代々継承された司教たちの名が確立している。しかし、パウロの名がない、などの問題もあるうえ、彼らの多くはローマ司教としての史的実在性に大きく欠ける。イグナティオスの書簡「ローマのキリスト者へ」も、ローマ司教に宛てられていないのである。アシアの教会へのそれでは司教の名が明記されているのに、である。

要は、ローマ教会の「一人司教」指導体制はなかなか確立しなかったのではないか、ということである。そのことを暗示する史料は少なからずある。ネロの迫害に際して、キリスト教徒個人名は知られない。ましてや司教の姿はない。

二世紀末から三世紀末に、ローマで活躍するヒッポリュトス（彼自身司教ではない）の言及に、ローマ司教カリストゥス（在任二一七―二二二）への忌憚ない、というより弾劾に近い批判の言葉があらわれる（ヒッポリュトス『全異端反駁』一二巻二〇〇―二二二）。エドワーズらによると、ヒッポリュトスの紹介するローマ司教は、集会の議長程度の役割しか果たしていないかのようだ、という［Edwards 2005:583; Brent 1995; Jossa 1996:705-746］。

二世紀の成立とされる、使徒教父文書の一つ「ヘルマスの牧者」は、当該時代のローマの教会を垣間見させてくれる貴重な文書だと言われる。しかし、司教の明確な姿はやはりない。予言者と幻視者の確信的な人物像に比して、いささか頼りなさそうな聖職者らしき者しか出てこない。

ローマ教会の司教については、以下のように考えてそう間違いではないだろう。

司教という名称をもつ指導者が、一世紀にあらわれていたことは否定できまい。要は、東方の教会に比べて、彼らの独裁的地位、という発想が教会自体になかったのだろう。また強力な指導をおこないうる人材もあらわれなかったのだろう。教会が、迫害の危険性に常にさらされていたから、というのはあたらない。むしろそれならば、三世紀カルタゴのキプリアヌスのように、すぐれて政治的判断力を持った強力な司教がもとめられ、そういう人物が出現した可能性の方が高い。ローマ教会は逆に、早くより人材に恵まれ、信仰と知識と弁舌の力量をもつ教父的人物が多く集まったので、突出した司教が現れにくかったのではないだろうか［Vinzent 2006:397ff.］。

二世紀のローマ教会は、千から二千の教徒を擁していたであろう。ユダヤ教徒以外の首都住民の改宗者も少しずつ増していただろう。反感をもつ住民も逆に増えていたことになる。しかし礼拝自体は支障なくおこなわれていたようである。先述の「ヘルマスの牧者」を一四〇年ごろの成立とみなして、そこからうかがえるローマ教会の姿をここでみておこう。

ヘルマスという人物は、ローテーという富裕な婦人の奴隷の出であり、現在は解放奴隷として教会の一員であるらしい。郊外に別荘をもつほどの裕福さである。信仰を持つにいたった経緯は不明であるが、まだ初心者のような自覚をもっている。それは罪を犯すことを逃れられず、世俗のことに思い煩っているからである。ヘルマスは自分の見たという幻を書き記している。これはローマ教会に幻を重視する傾向があり、それを見る能力を持つ者がいて、それなりに教会の中に役職のような地位をもっていたことを想定させる。神の霊感による正しい幻は、実際の教会に指示を与え、またその罪を糾弾もすると信じられている。教会の指導者を批判することすらある。教会観としてこれは健全と言えよう。

ローマ教会には富者から奴隷まで、さまざまな人がいるようだが、社会層の詳細は分からない。殉教者（殺された教徒、というのではなく、迫害にあっても信仰を捨てなかった人、あるいは時いたれば殉教する決心を公にしている人、もその範疇に入るように思われる）が高い評価を受けているが、富者がその富によって教会を支える、という世俗的発想の方がヘルマスの基本線のようだ。もう一つ見逃せないのは、罪を犯す個々の信者に対して寛大な空気が感じられることである。ヘルマス自身がそのような意識をもつが、それはあながち彼の教会に対するたんなる願望というのでもないようだ。この、ローマ教会の、迫害に際して拷問に負け、あるいはそれ以前に進んで屈服して神々や皇帝に礼拝しても軽度の懲罰で赦すという、屈服した信者へのゆるやかな姿勢はいわば伝統となったのであろうか。三世紀の司教カリストゥスが厳格派の教父ヒッポリュトスから非難をあびることになったのは、先に述べたとおりである。

二世紀半ばの司教アニケトスが、イースタの日付の決定方法をめぐる各地教会間の統一を企図して小アジア、スミルナ司教ポリュカルポスをローマに招いて協議したことがエウセビオスによって伝えられている（『教会史』四巻一四、一。五巻二四、一六）。この時点でローマ教会は、一人司教体制となったようにみえる。また、ローマ帝国内の教会間の活発な交流の中にローマ教会が入っており、発言力をも行使していることが分かる。そして、この頃からローマ教会に関わる人物が急に多彩になってくるのである。史実性も明確である。そしてそのことを中心に、他の教会にない特色をローマ教会が示し始めるのである。ただし、これらはいずれも文献史料の上でのことであって、ローマ市の教会の分布や、カタコンベなどの絵画・モザイク、碑文などの考古資料の年代設定は相変わらず困難なままである。

ちなみに、ローマ市以外のイタリアのキリスト教徒の存在の検証は非常に難しい。七九年に埋没したポンペイには一例だけ、「クリスティアノス」と読める碑文がある［Berry 1995; Dobbins and Foss eds. 2007:194-195, 204 nn.68-70］。オスティアには、「キリスト教のバシリカ」に刻まれている、XとPの組み合わせ十字架は、四世紀よりも遡れないが、墓碑のサカナの絵やランプに教徒の存在をうかがわせるものが三世紀から見出される。三一三年、キリスト教公認後ローマに皇帝から召集された会議にはオスティア司教マクシムスが参加しており、この地のキリスト教会は三世紀には確立していたことになる［Meiggs 1973:391f.］。

その他いくつかの都市に、二世紀にキリスト教徒がいたことは十分考えられるが、それ以上のことはいえないのが現状である。

さて、二世紀前半にはユスティノスが活動を始めた。彼はギリシャ哲学の教師でもあり、経緯はよく分からないが、キリスト教に改宗した。教会の職にはつかないで哲学教師を続けたようである。彼の著作で残るのは、教会人として著した二つの『護教論』と一対話編だけであるが、正統信仰に立ち、決して熱狂的ではない。ローマ帝国には服従を説く。彼自身は、哲学教師として、ライヴァルだったらしいクレスケンスの告発を受け、秩序だった裁判の上、信仰を捨てず、他の数名と共に処刑された。一五五年頃と考えられている。

彼らの殉教事件と平行して、司教アニケトスは先の会議を実施している。迫害が生じている中ではあるが、むしろ迫害のない状況にあることの方が普通だった、ということである。この頃、キリスト教会では新約諸文書の整理、あるいは執筆すらもおこなわれており、礼典の整備、信仰告白の確立への努力、多神教徒との触れ合いなしでは生きられないキリスト教徒への日常生活上の教訓の文書化、などが進められた。教会では説教・祈り・癒し・悪霊祓い・予言・幻などが信者に、聖霊への信仰を求めつつ与えられた。世俗的に暮らし、教会内部でも社会における富や身分の差が持ち込まれざるを得なかったろうし、人間的葛藤も防げなかったであろうが、キリスト教徒たちはローマ帝国の市民として普通に暮らし、彼ら自身のあいだでは、たしかにローマ帝国社会の生活に比して、女性や奴隷、貧者への扱いがより寛容な、そのような教会生活を送ることも可能であったのである。

ユスティノスを慕って、東方からローマにきて、新約の研究を行ったのがタティアノスである。彼の福音書の総合化には、正統からの逸脱もみられるが、異端とはされなかった。しかし彼以上に厳しい教理の対立を持ち込むことになる学者たちがローマにあらわれるのも、一驚に価する。マルキオン、ノウァティアヌス、グノーシスのウァレンティニアヌスらがそれであり、正統派に入れられるヒッポリュトスもローマで活動したし、エイレナイオスもまた、先述のとおり、ローマで研究を行った時期がある。ローマのキリスト教会はじつに多彩多様な信者をかかえる坩堝でもあった。

第5節　ローマ教会の優位性

さて先述の使徒教父アンティオキアのイグナティオスが、ローマ教会の尊敬されるべき地位を明言している。その理由は、二大使徒ペトロとパウロ殉教の地だから、という（エウセビオス『教会史』二巻二五、五）。

しかしローマ教会が全キリスト教において首位を占めるという観念は四世紀にキリスト教が公認されて、大都市教会間の対抗関係が生じるなかで出された主張であろうと思われる。ただ、オスティア道にペトロとパウロの墓地あるいは記念碑（トロパエウム）があって、教徒の初期的巡礼地になっていた、やがてペトロのそれはヴァティカヌスの丘に移され、そこが彼の墓とされた、パウロのそれはそのまま残り、守られつづけたことについて、ガイウスという三世紀初め頃の司祭の証言もあり（エウセビオス『教会史』二巻二五、七）、この二人がローマの教会において大事に記憶されていたことは事実であろう。H・チャドウィックがこのことを肯定的に考証している。言うまでもなく、この二人の墓所的記念物の場所に、コンスタンティヌスが四世紀、現在も残るペトロ、パウロの教会（サン・ピエトロ、サン・パオロ・フオリ・レ・ムーラ）の基礎となる教会を建てることになる［Holloway 2004; Curran 2000］。しかしそれだけでもってローマ教会が首位教会との主張を実現させたというわけでは必ずしもなかったと思われる。

ローマ教会は東方のキリスト教起源の地の諸教会とも対等に連絡をとり、発言権を強めていった。ユスティノスのような有力教父がタティアノスや初代教会史家へゲシッポスを招き寄せ、ローマ教会の教義を豊かなものとした。司教アニケトスは復活日の期日に関し東方の教会と見解を異にして論争を挑み、アレクサンドリア教会を同意させたが、小アジアの教会は反対を続けたのでローマで会議を開催し、スミルナのポリュカルポスも加わった。三代あとのウィクトル（一九〇年頃）はアフリカの出身で、ローマ教会でのラテン語使用を進めた。その頃ウァレンティノスやモナルキア主義者、モンタノス派などの異端もローマにはいってきていたが、ウィクトルはこれらに断固たる排撃の姿勢をとった。なお未解決の復活日の期日問題については、東方に強硬に同意を求め、反対教会に破門を宣言した（エウセビオス『教会史』五巻二四、九）。

ローマ教会は着実に発展し、司教カリストゥス（位二一七―二二二）は、皇帝の解放奴隷の奴隷として金融業を委ねられ、不正を働いて罰され、鉱山労働を科されたのち、コンモドゥス帝の愛人マルキアの執りなしで釈放された、という経歴をもつ人物だった。司教となってからの信徒指導は注目すべきである。彼は迫害に遭って偶像への礼拝強制などに屈服した教徒には若干の悔い改めの期間を科しただけで復帰させ、配偶者と死別した教徒の再婚を認め、女性教徒が自分より身分の低い男性教徒と、正規の結婚を挙げないで同棲することも許容した。この最後の措置は、ローマ法の規定で女性の身分が転落することを防ぐためであったと思われ、彼のすべてにわたる寛容な姿勢は、ローマにおけるキリスト教徒が社会と折り合いをつけながら、安定して成長している様子をうかがわせるものである。エウセビオスによれば、三世紀半ばのローマ教会は一人の司教の下、長老（司祭）四六人、執事七人、副執事七人、侍者四二人、祓魔師・読師・守衛計五二人の役職を有し、日々給食を施す寡婦・貧民は一五〇〇人以上であったという（『教会史』六巻四三、一一）。

おそらくこの時期のものと思われるが、ローマのパラティヌス丘の遺跡でキリスト教徒を揶揄する落書きが発見されている。ロバの頭をした人物が十字架にかかる絵に、「アレクサメノスはやつの神を拝んでいる」となぐり書きされている。キリスト教徒を眺めるローマ民衆のまなざしはまだ冷淡ではあったが、キリスト教徒が地歩を固めていたことは間違いないところである。二五〇年にデキウス帝が全帝国民にローマの神々への祭儀参加を強制し、これが皇帝命令による最初のキリスト教徒迫害を結果したとされる。しかしローマにおいては、司教ファビアヌスが殉教したと伝えられるが、特に厳しく実施されたようには見えない。以後四世紀初頭の大迫害の時まで、ローマのキリスト教徒は増加の度を強めていったと思われる。その他のイタリア地域のキリスト教徒については、先述したオスティアをのぞいてはシチリアのシュラクサなどにキリスト教徒の墓地の遺跡が知られる。しかしその他の地域については三世紀までほとんどわかっていない。一貫してローマ市に集中していたことは確かだがローマ市から迫害時に流出した教徒によって、田園地域や他の都市に徐々に広がっていったことは想像できるであろう。

注

（1）弓削達『ローマ』（世界の都市の物語五）文藝春秋社、一九九二は、ローマ市のユダヤ人と初期キリスト教徒について、かなり大胆な記述を残している。四世紀以降のローマ教会に関しては、H. Brandenburg, *Le primi chiese di Roma, IV-VII secolo*, Jaca Book, Milano 2004.

（2）つぎに引用のローマ一六・一一およびフィリピ四・二二で言及されるナルキソ家の信者。ナルキッススとは、クラウディウス帝の側近の解放奴隷の一人と同定されうる。

（3）「キリスト教徒」と解されるタキトゥスのラテン語は、写本のうえでChristianiとChrestianiの二種あること、教徒は「告白した」と記されるのみで、告白内容は「放火」か「キリスト教信仰」か不明、などで論争がある。弓削達「タキトゥス『年代記』一五・四四・二―五について」『歴史と文化』東京大学教

養学部人文科学科紀要一五、一九七五、参照。

（４）*Liber pontificalis*, 4によると六八〜七七年（R. Davis ed., *The Book of Pontiffs*, Liverpool University Press, 1989, f3）。エウセビオス『教会史』三巻一五によると八五年から。

（５）日本の切支丹にとってもイグナティオス（イグナチオ）は理想の殉教者として知られていたという（佐藤吉昭『キリスト教における殉教研究』創文社、二〇〇四）。

参考文献

Barnard, L. W., The Church in Rome in the First Two Centuries, in: *Studies in Church History and Patristics*, Thessaloniki 1978, 131-180.

Berry, Poul, *The Christian Inscription at Pompeii*, New York 1995.

Bowersock, Glen W., *Martyrdom and Rome*, Cambridge U. P. 1995.

Brent, A., *Hippolytus and the Church of Rome at the End of the Second Century*, Leiden 1995.

Cappelletti, S., *The Jewish Community of Rome, from the Second Century B. C. to the Third Century C. E.*, Leiden 2006.

Chadwick, H., St.Peter and St.Paul in Rome: the Problem of the memoria apostolorum ad catacumbas, *Journal of Theological Studies*, N. S.8, 1957, 31-52.

Id., *The Church in Ancient Society from Galilee to Gregory the Great*, Oxford U. P. 2001.

Crossan, J. D. and J. L. Reed, *In Seach for Paul*, New York 2004.

Curran, J., *Pagan City and Christian Capital. Rome in the Fourth Century*, Oxford 2000.

Dobbins, J. J. and P. Routlege W. Foss（eds.）, *The World of Pompei*, London 2007.

Edwards, M., Christianity, A.D.70-192, in: *The Cambridge Ancient History*, second edition, vol.XII, Cambridge U. P. 2005, 573-588.

Fox, R. L., *Pagans and Christians*, New York 1986.
Frend, W. H. C., *The Rise of Christianity*, Philadelphia 1984.
Holloway, R. R., *Constantine and Rome*, New Haven and London 2004.
Jossa, G., Ippolito e la chiesa di Roma, in: *Storia della società italiana, diretta da G. Cherubini et al. L'Italia antica*, vol. II, *La crisi del principato e la società imperiale*, Milano 1996, 705-746.
Lampe, P., *From Paul to Valentinus. Christians at Rome in the first two centuries*, translated by M. Steinhauser, edited by M. D. Johnson, Minneapolis 2003（second German edition pbld. 1989）.
Meiggs, R., *Roman Ostia*, Oxford 1973.
Shaw, B. D., The Myth of Neronian Persecution, *Journal of Roman Studies*, 105, 2015.
Stevenson, J., *The Catacombs. Rediscovered Monuments of Early Christianity*, London 1978.
Vinzent, M., Rome（in; 16, Overview; The Geographical Spread of Christianity）in: *The Cambridge History of Christianity*, 2006.
Young, F. M., Monotheism and Christology, in *ibid.*
保坂高殿『ローマ帝政初期のユダヤ・キリスト教迫害』教文館　二〇〇三。
弓削達『ローマ皇帝礼拝とキリスト教徒迫害』日本基督教団出版局　一九八四。

第8章　煽動家としての司教たち――アタナシオスの場合

第1節　初期キリスト教における不正の問題

一世紀に未曾有の繁栄をほこったローマ帝国は、二世紀後半には「衰退」し、支配の構造が、内部に生じてきた矛盾と外からの圧力によって変化していかざるをえなくなり、それに伴って帝国の文化・生活・経済の単位であった都市は活力を奪われていく。やがて帝国は、強力で神的権威をふりかざす皇帝の専制支配体制に組み替えられ、都市は完全に皇帝支配の末端に位置づけられる。これが古代末期あるいは古代の終焉の図式である。

このような転換の時代のもっともめざましい事柄は、キリスト教が占めていた位置の劇的と言ってよい変化であり、この古代世界の住民の意識そのものが古代的・都市的なものからキリスト教的なものへと変わってしまったことだ、とある学者は言う(1)。このことをこの時代を象徴するような人物像に着目して表現するならば、次のように言えるだろう。

都市の繁栄がローマ帝国の絶頂期を支えていた後二世紀まで、それらの都市を動かしていたのは富裕な都市の名望家たちで、その都市の参事会員をつとめ、公職を無給で担い、みずからの富で都市と市民への奉仕を怠らないエリートたちであった。ところが、四百年を経た六世紀、旧ローマ帝国領域の都市の多くは生彩を失い、エリートたちは没落するか、都市を立ち去るかしていた。専制君主政下に階層化した社会におけるリーダーは、皇帝と高級官僚たちであったが、古代が終焉していくその時代の人間たちの尊崇を集めたのは、むしろキリスト教会のリーダー、司教たちであり、そしてまた信仰とキリスト教的倫理とを極限まで実践した禁欲修道士たちであった。そのような社会においては、都市の広場よりも教会が人々の生活と生きがいの場になっており、新しいエリートたる修道士は都市の外の砂漠や荒野に生活する人々であった(2)。

この、古代末期転換期に無視しえない役割をもったキリスト教の歴史を、本稿は「不正」という視角からながめてみたい。ローマ帝国の時代におけるそのような現象の研究は最近になって進んでいるが、その代表であるR・マクマレンは、同じローマ帝国の中に生きていたキリスト教徒も一般社会の不正の行いを全く共有していたと言う(3)。

マクマレンによると、キリスト教徒は性に関してはきわめてきびしい倫理を形成したと普通主張されるが、少なくともそれはキリスト教独自の倫理だったのではなく、ローマ上層民の間にすでに性をいやしいものとする見方、性的な放恣を非難する空気が当たり前になっていた。

人間同士の殺し合いである剣闘士競技に象徴される、公的なパフォーマンスに対しても、キリスト教徒はこれらをいかがわしい娯楽として忌避した。テルトゥリアヌスは演劇は虚偽の上に成り立つ芸であり、偶像礼拝につながる、また闘技場での興奮は人心荒廃のしるしだとして、都市でのあらゆるパフォーマンスをしりぞける(4)。ところが、この種の娯楽を、すでに二世紀のローマ貴族で高官の小プリニウスや地方エリートのディオ・クリュソストモスたちも嫌悪し、それら娯楽を楽しむ大衆に軽蔑のまなざしを向けていたことがよく分かるのである(5)。にもかかわらず、エリートと皇帝は娯楽を大衆のために提供しつづけた。そのならわしはキリスト教を公認したコンスタンティヌスになっても変わることはなく、彼は三二五年、イタリアの都市に剣闘士競技の開催を許可し、四世紀末のテオドシウス一世も自らショーを観覧した。アウグスティヌスもそれを観戦したのである(6)。

このほかマクマレンは、奴隷制やキリスト教皇帝が下した刑罰、富・財産観、汚職・不正、などの問題を取り上げて、そのいずれの面でもキリスト教徒は非キリスト教徒と異なる観念や行動を示しはしなかったことを強調している。

このように見てきて、キリスト教徒もまた世の汚れから免れてはいなかった、とすることはたやすい。ところが、マクマレンや似た主張の学者たちは、通俗的に美化されたキリスト教の歴史の清貧のイメージをこわすことに主眼をおいて論じている嫌いがある。だからこれに対しては、キリスト教徒は世俗の生活を送りながらも、観念の上では、そしてある場合は世俗性を実践しつつも、ともかく世の汚れを糾弾し、目ざすべき理想として、信仰を基盤とするキリスト教的味付けの倫理を打ち出したことを事実として重視すべきであるとの意見も少なくない(7)。

このような事実と研究状況があることを認識した上で本稿は、教会の司教の社会史的側面に着目し、彼らの社会的逸脱現象を取り上げてみたい。古代の宗教団体には希有な、その集団で唯一、君主的権威をもつ司教というものを制度に組み入れたキリスト教には、それゆえにリーダーたる司教と一般教徒との独特の関係が出来上がっていった。その関係の展開の中で、人気の上に立つエリート司教、司教の地位をめぐる争い、司教が指導する教義上の暴力をも伴う抗争、が現れてくる。そういった問題を初期キリスト教における司教の出現、古代末期の司教を体現する人物の考察、という順序でながめてゆこう。

第2節　司教と一般教徒

教会の職制はすでに新約の「使徒行伝」や書簡に、かなり整った形のものがしめされており、「監督」と訳されるエピスコポスという役職が教会内の最高の地位としてしばしば言及される。しかし、イェルサレムの原初の教会は長老の集団指導制であったようにみえ、単一リーダーによる教会統括の体制は二世紀にかけて徐々に各教会にゆきわたっていったものと思われる。ガリアではその制度はかなり遅くなるまで固まらなかったとも言われる(8)。しかし全体としては二世紀の教会で明確な司教的権威を称揚する空気が現れる。一世紀末ローマのクレメンスが、司教の選任は継承を通じて十二使徒に溯ることを強調しており(9)、二世紀初め、アンティオキアのイグナティオスも司教の権威の冒すべからざることを主張する(10)。また同世紀後半、ルグドゥヌムのエイレナイオスやアフリカのテルトゥリアヌスは、使徒以来のローマなど大教会の司教の系譜は大いに尊重されていたことを証言している(11)。そして三世紀後半、ローマ教会では、何かの紛争が決着したあと、会衆が「神はひとつ、キリストはひとつ、聖霊はひとつ、そしてカトリック教会に司教はただ一人！」と叫んだ、と記されている。(12) 四世紀の成立ではあるが、教会規範の書『ディダスカリア』は、司教の存在は父と王と神の権威を兼ねそなえている、とすら言っているのである。(13)

司教は教会に一人であり、任期は終身で、その任命には神の意志が聖霊の介在を通して働く、というのが通例の観念になっていた。司教のような人物がいて、教会に集まる信者たちの上に立ち、下級聖職者を統括してその賃金にすら責任をもち、他の教会とも協力し交流する、そのように強力な指導体制は、ギリシャ・ローマの神々の礼拝には例がなく、ユダヤ教のラビよりもいっそう神聖で強力で、わずかに一世紀のクムラン教団に類似の例を見出せる程度の、きわめて独特の制度と言ってよかった。このような制度を必然化させたのは、セクトとして形成されて以来、ユダヤ教徒の、続いては異教徒民衆の迫害を受け、またそうでなくとも属州総督などの当局者をふくめて、外部からはうさんくさい、反社会的集団と見られていたごく少数のキリスト教徒たちが、連帯し、教会を維持していくための知恵であったのかもしれない。(14)

司教が欠けて後任が選出されるについての事例は史料に数多く見出される。二世紀のヒッポリュトスは、司教が選ばれた時に他の教会の司教が彼の就任に際して立会い、祈りをささげたことを知らせるが、その文句には、「この、あなたが選んで司教の座につかせられた者に、上よりの聖霊をたまわりますように」ということばがふくまれていた。(15) 選出にまつわる伝奇的な話もあって、(16) きちんとした選出の規則がいつ出来上がり、すべてそれに則って行われたのかどうか判然としないが、すくなくとも司教選出には三つの必要条件が求められていたようである。それは、聖霊が下ること、会衆の一致した賛成、そして他教会の司教たちの立会い、である[17]。

聖霊介在の要素を現代人の感覚からただちに軽視することはできないが、古代教会においてもその有無を決める要因はいちがいには定めがたかったであろう。明瞭に把握できるのは会衆の役割である。キプリアヌスは「選出」という意味で、ローマ人が選挙をさして使うスフラギウムという語を用いている。投票が一人一票で整然と行われたのではなさそうだが、選出の場にできるかぎり多くの、その教会のメンバーが立ち会って選出された例は多い[18]。その中には女性と奴隷が、有権者として加えられていたことも、すべての場合ではないにせよ確かにあったろう。候補者は、前任の司教の下にいた司祭以下の聖職者たちが指名したのかもしれない。会衆は同意を歓声で示すなどして「投票」し、聖職者が当選者名を宣言して、招かれていた他の教会の司教たち、少なくとも三人以上が証人となり、新司教の叙品をおこなった[19]。

もちろん教会の会衆には、一般社会にある時は平民・大衆と呼ばれる層も、そして若干の上層民も含まれていたであろうが、このような司教選出の手続きに際しては、司教が教会内大衆の支持ないし人気を得なくてはならなかったことがうかがえる。そのように見てくると、我々は司教と一般教徒の関係が、ローマ帝国社会、なかんずく都市における皇帝と都市民、エリートと大衆の関係を髣髴とさせることに気づく。エリートたちは大衆に奉仕し、彼らの尊敬と人気を得るというのが、都市における富者と貧者の基本的関係であった。司教は、その地位についてからは礼拝の中心に立ち、それを指揮し、説教や祈りを声高らかに唱えて、人々を感動させ、その意味で彼らに奉仕した。このようなエリートと一般人の関教会を運営するために他の聖職者を率い、その給与を支払った。

係は、ローマ史の分野ではクリエンテラとかパトロネジと称され、分析されてきた。司教についてもその一例として研究されうるかもしれない[20]。司教が一般教徒の熱狂的な支持を受け、尊崇されるカリスマとなる可能性もあった。キプリアヌスはそのような人気を有し、それが彼の司教就任を早めたと推測される[21]。

ある意味で司教は地中海都市のエリートよりも強力な指導者となる可能性をもつエリートであった。都市のエリートは、聖霊の加護というような宗教的オーラはもたなかった。皇帝にはそれがあり、あるいはそれをもとうとつとめたが、彼は帝国でもただ一人の存在であり、司教との比較はそう適切ではない。ただ確かに司教の権威には君主をモデルとする要素はあった。しかし他方、司教は私財を費やして教会と会衆に奉仕するというのではなく、会衆には教会への献金を勧め、それらを自分への給与もふくめて自由に消費できた、という点では都市エリートの立場とはかなり異なっていた[22]。またそもそも都市エリートは大衆の合意で選ばれてなるというものでは決してなかった。皇帝になるには通例は元老院と軍隊の支持、それに首都市民の歓呼による賛意が必要とされていたが、後継皇帝は強力な先任皇帝の指名か、軍事的実力によって実質的に決まっていたから、これも司教とはかなり異なる次元にあった。

司教はこのように地中海都市のエリートの要素を多分にとりこみつつも、独特の傾きをもつ指導者として教会に定着していった。それはキリスト教徒がもった内部規律や倫理の特色においても見出せる特色であった。司教は会衆の心の中にまで入り込むことが期待された。また人の心をみぬき、教会内の信者の信仰・生活の指導、判断、外からやって来る伝道者、予言者、逃亡者の正贋の見分けなど、人物の識別能力を特に求められた。信者間の紛争の裁判官の役をもつとめなければならなかった。ひとつの群れを完全に掌握し、外に対しては集団を代表し、迫害の時には教会と信者を守らなくてはならなかった。もっとも、司教の地位は他の教徒や司祭から隔絶するというものではなく、決定に際しては聖職者たちの合議がなされるのが普通であったようだし、司教の椅子こそ豪華なものになっていったが[23]、説教壇は四世紀にいたっても、そびえ立つほどではなく、アウグスティヌスは会衆の先頭からわずか数メートルのところで説教していた[24]。

もっとも難しい問題は司教が聖霊を得て指導しているかどうか、つまり神から権威を託されているかどうかであり、そのことをどうやって司教自身も、会衆も確信できるか、は実に微妙な問題であった。突然舞い降りた鳩がとまったり、その他の自然現象が生じたり、会衆の間から自然に賛同の声が上がったり、というケースもまれではなかったろう。それだけで聖霊が下ったと判断されるには十分であった。しかし、聖霊に関することでは、教会に潜在的に危険な状況があったと言わなければならない。

本来教会において、最も聖霊の力を受けているのは司教であるとみなす傾向は、司教の地位が高まるにつれて進んだはずである。ところが、原初の教会からすでにその中に位置を占めていた預言者、「異言を語る者」、幻視者などは、いずれも聖霊が自らに下ったということをレゾン・デートルとする人々であった。彼らは往々にして聖霊の権威を標榜して教会に重きをなそうとしたであろう。自らの見た壮大な幻を書き著したヘルマスは、教会で高い座につくリーダーたちに批判の念をもっていた[25]。そのような、おそらくはエクスタティックな要素をもつ信者は司教にとっては、知的で聖書もよく読んでいる上層の教徒とともに、扱うのに厄介な存在だったであろう。

極端にファンダメンタルなグループは異端として排除することもできた。しかし、次第に重い問題となってきたのは、迫害がより頻繁になっていくのに呼応して多くなる殉教者や告白者の存在であった。ローマ帝国の下での迫害は、時折集中的・局地的に生じるが、キリスト教徒を根こそぎにするほどの密度で遂行されることはなく、期間も短かく、実際に迫害を経験するのは一部の教徒だけであった。教会のリーダーたちが迫害の対象となる確率は高かったろうが、むしろ異教徒の憎しみを買ったのは、熱狂的なキリスト教徒であった。彼らはあえて反抗的な態度を示し、欣然として殉教を望み、審問に際して信仰を告白しつづけ、自らを死に追いやるのだった。いわゆる自発的殉教者である。殉教にいたらずとも、拷問を受けても信仰を捨てずに耐え、迫害後教会にもどってきた人々は告白者と呼ばれた。教会はこのような信者を尊び、礼拝の時には上席に座らせた。いかに正統派の教会といえど、熱心な教徒を無視することはできなかった。

殉教者は処刑されてはじめて殉教者となるのであるが、たとえば三世紀のアフリカの教会では、殉教志願者とでもいうべき熱心な信仰者が教会の上席を占めていた[26]。彼らはいずれ迫害が起こったら、進んで名のり出、殉教することを誓ってでもいたのであろう。教会の中で、信仰経験が浅く、目立たない教徒も、殉教すれば教徒の位階を一挙にのぼりつめ、罪も消し去られ天国に入ることができる、と教えられた[27]。キリスト教徒の中にはこのような信仰の上昇の観念から強いインパクトを受ける者が少なくなかったのである。

教会のリーダーである司教としては、彼の指導権を超えるこのような「エリート教徒」に当惑させられることがあったにちがいない。死んでしまった殉教者なら、これをたたえ、記念する催しや墓碑の建立ですませておけばよかった。しかし告白者と、殉教予定者とは、現に教会にいて、司教と並んで座っていた。彼らも他の信者から尊敬を受けていた。原初教会に、「監督」と共にいた預言者や幻視者がそうであったように殉教者たちが聖霊の恵みを司教よりも多く受けていると見なされることも起こりえた。

三世紀半ばとされるが、フラウィアヌスという教徒は殉教する前にルキアノスという長老をカルタゴ教会の司教に推薦した(28)。これは司教職権への蚕食であった。三世紀初め、カルタゴの殉教者、ペルペトゥアとサトゥルスの事例も顕著な例である。サトゥルスの見た幻の中での話ということになっているが、すでに天使に迎えられ晴れやかなサトゥルスたち殉教予定者たちと対比されるみじめな姿の司教と長老が現れる。彼らはサトゥルスの足もとに膝まずいて自分たちの紛争の和解の調停を請い、サトゥルスと天使にたしなめられるのである(29)。

どの教会でもそうであったというわけではないだろうが、司教を頂点とする教会秩序が出来上がっていく一方で、その秩序をはみ出す、聖霊や熱狂的信仰のゆさぶりといったものが教会に波紋を投げかけ、それが時には教会の強さとなって信者の拡大をうながし、また時には混乱と分裂の原因となったであろう。司教の中には聖霊の賜物においても他の教徒すべてを凌駕していると自他ともに認められる場合もあったろうし、また少なくとも彼らは告白者や殉教者を自分のコントロールの下におこうと試みたであろう。しかし、迫害が生じた場合、殉教者がその目的を達する一方で隠れたり当局に屈服したりする司教があれば、彼の権威が一挙に失墜することは避けられなかった。教会の信者が一体となって司教を殉教させないように配慮し、迫害下も指導してもらえるように潜伏させるという策をとることもあった。二世紀後半スミルナで殉教した司教ポリュカルポスは、迫害が生じた時はまず田園の信者の家に身を隠した。[30] キプリアヌスも二五〇年のデキウスの迫害の時には生き延びた。しかし、ポリュカルポスの方は間もなく発見され、すすんで縄につき、キプリアヌスも数年後のウァレリアヌスの迫害の時には殉教した。その背景に、司教のいさぎよい進退を求める空気があったことがうかがわれるのである。四世紀初めの大迫害後に現れた異端ドナティズムの起源は、迫害中に屈服した司教が迫害終了後復帰することを認めるかどうか、屈服前にほどこした秘蹟を有効とするかどうかをめぐる論争にあったことはよく知られている。司教に求められる信仰と倫理とはきわめて厳しいものであったことは間違いないであろう。

三世紀に教会の組織が整い、個々の教会を越える連絡網が組織化されていく過程で司教の地位が高まり、その権威も、またその任をはたす要件への期待も大きくなっていったことは当然想定できる。殉教する司教が多くなり、他方平和な時期には教会でほしいままな権力を行使できる司教の中に醜聞をひきおこす者も少なからず現れてきた。またキプリアヌスのように自ら司教の身で影響力をもつ著述をなす者が多くなってくる。こうしてキリスト教は時代を追うにつれ司教の地位の評価を高めていった。中には一般教徒が会議体をもち、司教・司祭に対して大きな発言権を行使して教会運営に役割をはたした例もあった。[31] そこにおいても聖職者と一般教徒の相違は以前よりも明確にされ、司教の権威自体はやはり尊ばれたことは間違いなかった。

第３節　アタナシオスの闘い

三一二年に大迫害が終わり、キリスト教が公認されて、司教は公けに教会を代表する存在として社会的にも認知された。四世紀はキリスト教公会議の世紀であり、それはつまり司教の世紀であるとも言えるだろう。司教と一般教徒との関係は、公認されたキリスト教教会においては外の社会にも影響をもつ状況を示し出す。そのもっとも顕著な実例を表すのがアタナシオスではないかと思われるのである。

キリスト教の存在が重みをますことと、司教の中に傑出した人物が出現してくることとは連動している。中には皇帝の側近となる司教がおり、皇帝に対して教え、批判する司教も現れる。他方民衆の間に人気を得て、彼らを率いて教義論争を展開する司教もいた。本節では、司教と社会的レヴェルでの一般教徒との関わり、またそこから、司教のいささかゆがんだ、あるいは反倫理的な側面を見出しながらその社会的役割の一端を考察していきたい。まさにそのような観点から司教の役割をながめる研究で、近年とみに重視されているのがアタナシオスなのである。

初期カトリック教義の、あるいは三位一体論の確立者としてのみ認識されるきらいのあったこのアレクサンドリア司教は、実はしたたかな教会政治家であり、すぐれた説教家、宣教者であり、また同時に皇帝と取引し、修道士とも民衆とも親しんでこれらを操る、一種のアジテイターでもあったことが、それらの研究によって指摘されるにいたっているのである。(32)

四、五世紀のキリスト教会の出来事としてあまりにも多くの紛争と暴力が史料から知られている。そこには対立する教会セクトの立場が投影していて、史料の誇張と虚偽とが指摘されたりもする。[33]本稿は当面厳密な史料批判に立ち入ることはできない。ただ、史料の信憑性を認め、基本的にこれらを当該時代キリスト教の歴史の再構成の根拠として用いようとする学者にも、T・D・バーンズやW・リーベシュッツなどがおり、本稿もその立場をとって、アタナシオスの政治家あるいは行動人としての歴史をたどりたいと思う。

キリスト教徒による暴力や荒々しい行動には先例がある。すでに大迫害において、主として東方地域で、熱狂的なキリスト教徒による迫害への抵抗の行動が見られた。[34]それらは政治的擾乱や暴動の形はとらず、やみくもな殉教志向の行動や、囚人となった教徒が鉱山送りとなっても現地で礼拝を強行するなど、宗教的なレヴェルの爆発に特定されていた。そしてコンスタンティヌスによるキリスト教公認によって以後、このようなキリスト教徒の熱狂のエネルギーはどこにいくのかということも念頭におきながら見ていこう。

キリスト教は勝利した宗教として、皇帝の支援を得て各都市に大教会堂を建てていった。キリスト教への改宗は、必ずしも真摯で信仰だけを理由とするものではなく、便宜的あるいは功利的な理由からのものもあったが、急速に進んだ。[35]安泰になった教会には内部的な紛争が目立ちはじめた。民衆的教徒のエネルギーは、この教会内抗争にはけ口を見出した面がなくはなかった。対立はイエス・キリストの本質規定という神学的な問題から、迫害時代の聖職者のふるまいの当否をめぐる問題まで様々であったが、いまや頻繁に開かれるようになった司教会議で激しく論じあわれるようになった。司教などの教会上層が一般教徒を支持者にとりこみ、彼らを数や暴力手段として利用して敵に挑む、という徴候があらわになった。真二つに割れたキリスト教徒たちをながめて異教徒が嘲笑したという話も伝えられている[36]。

東方の亀裂は深刻で、メレティオスの分派がやはり迫害中の棄教問題に端を発して盛んになり、アリウスのキリスト論の主張もこれに追随する者による党派へと変わっていった。この両派が力を得たアレクサンドリアの教会にはもっとも激しい暴力対立が生じ、アンティオキアでもコンスタンティノポリスでも、民衆までをも含みこんだ騒動が生じた[37]。またイェルサレム教会では、マクシミヌスという人物が民衆に慕われており、彼が別の都市の教会の司教に任じられた時には民衆は騒動をおこして彼を引き止めようとしたと言われている[38]。私たちはギリシャとローマの都市において、富者上層の有力市民・政治家と大衆との間にまさにこのような関係が展開していたことを知っている。都市大衆の集団としての行動のエネルギーはこの時代になってもなお無視しがたく、キリスト教をあらたな受け皿として姿を現したと言えるかもしれない。

さて、アタナシオスが教会の指導的人物として公けの場所に登場したのは、三二五年のニケーア会議のことである。彼はこの時、アレクサンドリアの教会の司教アレクサンドロスの補佐役として、執事（ディアコノス）の身分で出席していた。アタナシオスは少年の頃からすでにアレクサンドロスに見込まれ、後継者と目されていた。アレクサンドリアには、大迫害の時に屈服した司教や教徒たちへのきびしい姿勢を求めるメレティオスのグループが分派的な力をもつにいたっていた。その中でアタナシオスは、棄教者に寛容なカトリックの立場にあり、しかし教義に関しては妥協を知らない雄弁な聖職者として活躍を始めていたのであろう。

ニケーア会議がもった歴史的な意義のひとつは、皇帝がキリスト教の問題に決定的に関与する前例が確立したことである。会議の召集だけでなく、皇帝は審議に出席することもでき、その方向をリードし、決議、つまりは信仰信条の文言まで左右することになったのである。コンスタンティヌスの改宗の問題は長い論争をもっているが、彼が政治的にキリスト教なり有力なキリスト教徒なりを利用したという指摘も近年は多くなされている(39)。

彼以後の皇帝たちはいずれもコンスタンティヌスにならい、教会をコントロール下におこうとした。このことに反発する動きも、たとえば分派対立で不利な裁定をされた方からおこされないわけではなかったが、キリスト教徒の側がむしろことあるごとに皇帝の支援をもとめ、決裁を仰ごうとしたのである。皇帝は確かに教会のパトロンの役割を引き受けたと言ってよいだろう。ともあれニケーア会議終了時、コンスタンティヌスは司教たちを招き、共に食事し、彼らに多くの祝儀を与えて解散させたのである(40)。

アタナシオスもまたこれより後、折りにふれて皇帝コンスタンティヌス、ついではコンスタンティウス二世と接触し、またもっとしばしば彼らからの呼び出しを受けている。皇帝の存在は教会の存立にとってきわめて重いものになったのであり、アタナシオスはその皇帝とのやりとりにおいても、新しい時代の司教の典型的な実例を示したのである。

さてニケーア以後はアリウスと、その教義を支持して政治的にはその派の中心となったニコメディアのエウセビオスによるアリウス派の攻勢が小アジアでもエジプトでも盛んになってくる。彼らは教義論争のレヴェルだけではなく、民衆教徒を引き込んで示威活動を行ったり、司教会議で多数派工作を行なうなどの現実政治的運動を展開した。カトリックのアンティオキア司教エウスタティオスはアリウス派から女性問題と、皇太后を誹謗したとがで追及され、カイサリアのエウセビオス主宰のアンティオキア会議においてイリュリクムに追放された。また、やはりアリウス派が主導した三二七年のニコメディア会議では、破門されていたアリウス派の復帰を決議し、コンスタンティヌスにその追認を願い出た(41)。

一方カトリックの側では、アレクサンドリアにおいて司教アレクサンドロスとアタナシオスとが主導権をにぎり、アリウスの帰還を阻んでいた(42)。アリウスはコンスタンティヌスに訴え、皇帝はアレクサンドロスにアリウスを迎えるよう勧告する書簡を送った。アレクサンドロスはそこでアタナシオスを首都に派遣し、皇帝の前で弁明させたのである(43)。三二八年四月アレクサンドロスが没し、アレクサンドリア教会には後任司教選出をめぐって一挙に内紛状態が生じた。エジプトでは五四名の司教たちが真二つに割れるほど、アリウス派と、これと組むメレティオス派の勢力は大きくなっていた。結局六、七名のアタナシオス派が教会にバリケードを築いて、聖職の上ではまだ執事であるにすぎなかったアタナシオスを司教に選んだ。アタナシオス自身は後に、民衆の賛同も得て自分は公式に選ばれたと記しているが、おそらくは半分密室における乱暴な決定宣言であったのだろう(44)。しかしこの直後アタナシオスはすぐにアレクサンドリア近郊の司教や修道士を訪ね、あるいは手紙を書いて自分の選出の正当性を宣伝し、支持層の獲得に奔走している。

コンスタンティヌスもアタナシオスの手紙で現地教会一致して彼が選ばれたことに祝意を表した

のだが、二人のエウセビオスの進言でアリウス派への同情に傾き、アタナシオスには同派への寛容な対応を命じた。メレティオス派もニコメディアのエウセビオスの仲介で皇帝に直訴し、その面前でアレクサンドリアにおけるアタナシオスと同派の行動について激しい非難を浴びせた(45)。最初の告発は、アタナシオスがエジプト人の服に税をかけ、やかましく取り立てたという内容だったらしい(46)。司教の権限がそこまで及んでいたのかどうか、記事に疑念もある。しかしコンスタンティヌスはこの訴えを受理してアタナシオスの召喚を命じた。アタナシオスは一時潜伏したが結局三三一年後半ニコメディア近くのプサマティアで皇帝に謁見した。

この時メレティオス、アリウス両派はニコメディアのエウセビオスを通じて具体的な罪状をあげてアタナシオスを告発した。その内容は、彼の司教就任は手続きの上でも、また三〇才以下という年齢からも不当、不備であり、その資格はない。彼は子分のマカリオスに命じて、メレティオス派のマレオティス司教イスキュラスのもっていた聖餐用杯と司教椅子を壊させた。エジプト、ヒュプセレ司教アルセニオスを暗殺した。またある史料では、アルセニオスの腕を切り取って魔術に用いた(47)。内務大臣のフィルメネスに金の箱を贈って買収した(48)、などというものであった。もちろんアタナシオスはこれらについて逐一反論し、皇帝も納得した。かくして三三二年のイースター、アタナシオスはアレクサンドリア教会に手紙で、勝ったと告げ、近衛総督兼執政官のアブラビウスの護衛つきで同市に勝利の凱旋をとげた。殺されたと訴えられたアルセニオスも祝福の手紙をよせた(49)。コンスタンティヌスもわざわざアタナシオスの無罪を宣言し、アリウス・メレティオス両派には叱責の書簡を発した。

しかしアタナシオスに対するコンスタンティヌスの信頼はそれほど強いものではなかった。エウセビオスや、メンフィス司教でアタナシオスの対抗馬としてアレクサンドリア司教候補にもされたヨハネス・アルカフが次々に皇帝に訴え、説得するとコンスタンティヌスはその都度動かされ、再度アタナシオスをよびつけたりした。これは皇帝の移り気のせいというよりも、彼が帝国の一致安寧を旨とするがためにキリスト教会の内紛をもっとも嫌い、あるいは恐れたためであったろう。彼は会議の場や司教あて書簡などことあるごとに教会の平和と一致を強調しているが、それはあながち口先のことではなかったであろう。(50)

ともあれアタナシオスの声望がアレクサンドリアで高まるにつれてアリウス派らの皇帝攻勢は急になり、三三五年彼にテュロス会議を召集させることに成功した。皇帝は紛争を予期してシリア総督に軍隊をもたせて監視させた。また先に聖杯破壊で名の出たアタナシオス派のマカリオスを捕えてテュロスに護送させ、アタナシオスには出席を強要した。アタナシオスはなかなかアレクサンドリアをはなれず、逆に現地の兵士の力を借りてメレティオス派司教を拘束し、若干のけが人を生じさせたりした。(51)

最終的にはアタナシオスもテュロスに出かけざるをえなかった。反対派はまたも杯事件をもちだしてアタナシオス派の暴力を糾弾した。会議はエジプトに調査団を送ることを決めた。アタナシオスはそのメンバー構成に偏向があると抗議し、エジプトの同派はローマ総督や軍人に対して調査の不当を訴えた。(52)しかし、三〇人ほどの、アリウス派を含む調査団はエジプトのマレオティスに赴き、調査を開始した。アタナシオスは否定したが、彼らの暴力行為を肯定する証言も多くあった。

その頃（三三五年九月）、コンスタンティヌスはイェルサレムで母ヘレナが発見したとされるキリスト埋葬の場所に聖墳墓教会を建てたので奉献式を行うと宣言して司教たちを召集した。もっともこの式にコンスタンティヌス自身は欠席し、書記官のマリアヌスが主宰した。司教と貧民に贈り物が配られた(53)。

調査団がもどって、テュロス会議は再開した。アタナシオスはもう出席せず、会議はアタナシオスの司教職罷免を決定し、後任を選出した。身辺の危険をおぼえたアタナシオスはテュロス港から脱出、コンスタンティノポリスに直行し、また皇帝への直訴を試みた。アタナシオスは皇帝が首都に帰って来た時、彼の面前にみすぼらしいなりをして現れ同情を買うことに一時的には成功した。テュロス会議はニコメディアのエウセビオスら六人を首都に派遣した。両者は皇帝の前で対決することになった。

相変わらず、神学論議よりも互いの暴力への非難が応酬され、アタナシオスは再びアレクサンドリアで首都への穀物輸送を妨害したことを衝かれた。逆上したアタナシオスはついに皇帝を非難する発言をなしてコンスタンティヌスを激怒させ、三三五年一一月七日、追放を命じられた。生涯五度にわたる追放の第一回目である(54)。アタナシオスはトリアーの教会に身を寄せた。アレクサンドリアではアタナシオス派聖職者と民衆がアタナシオスの帰還を求め、暴動的な行動も見られた。修道士アントニオスも皇帝に手紙を書き、アタナシオスの赦しを請うた。コンスタンティヌスはこれら一連の動きを叱責し、アタナシオスを騒動の元凶ときめつけた(55)。

アリウス派もなかなか皇帝の好意は得られなかった。教会内紛が収まらなかったからであろう。

アリウスはあいかわらずアレクサンドリア帰還を許されなかった。そこでアリウスはまたも皇帝に直訴し、ついに彼の信仰は正統的だ、とのお墨付きを皇帝から引き出すことに成功した。ところが帰還を目前にしたアリウスは急死してしまった。一般に神の罰と受け取られたのもやむをえなかったであろう。そして翌三三七年コンスタンティヌスも死んだ。その息子たちが東西に割拠することになるが最有力のコンスタンティウス二世はすぐにアタナシオスのアレクサンドリア帰還を許可したのである(56)。

コンスタンティウス二世の側近となっていながらこの措置を許したニコメディアのエウセビオスは反撃に出、アタナシオスに代わるアレクサンドリア司教にグレゴリオスなる人物を選出した。皇帝はその時ペルシャとの間が緊張していたためもあろうがこれを黙認し、三三九年三月エジプト総督フィラグリウスが五千の兵を率いてグレゴリオスをアレクサンドリア教会に着任させた。ついその前にアタナシオス復帰を歓呼して迎えていた民衆はこの強攻策に怒り、暴動をおこしたが鎮圧され、アタナシオスはやむなく逃亡した。これが第二回追放である。

アタナシオスは支持者とのコンタクトを保ち、ローマ司教も含む各地司教に回状を発した(57)。ここではまだアタナシオスは皇帝への非難をあからさまにはしていない。ローマ司教ユリウスの好意により彼はローマに行き、西の皇帝コンスタンスに取り入った。三四三年この皇帝の後押しによるサルディカ会議がアタナシオスの正統性を宣言し、コンスタンティウス二世も一時譲歩して三四六年アタナシオスはまた故郷に凱旋できた。もはやキリスト教界のスーパースターに等しくなっていた彼の姿を一目見んものと、帰路のシリア、パレスティナでは人々が競い集まるありさまだった(58)。対抗司教グレゴリオスはすでに死んでおり、以後一〇年間アタナシオスはアレクサンドリア教会の一大権力者となった。

この時代、禁欲生活に向かう教徒が増え、貧者への施しも盛んに行われ、人々は礼拝堂にあふれた。[59]エティオピアへの伝道も着手された。砂漠の聖アントニオスが百余才で死んだ時、彼は羊の皮のマントを形見におくり、アタナシオスに教徒の指導をゆだねた。[60]

アリウス派はアタナシオス以上のリーダーを擁してはいなかったが、コンスタンティウス二世の姿勢を変えさせることはできた。三五六年皇帝はアタナシオスを三度目の追放処分とした。今回アタナシオスは砂漠の修道士たちのところに身を寄せた。さすがに三五八年から、潜伏地で彼がつづった『アリウス派の歴史』などの書にはコンスタンティウス二世をアンティクリスト呼ばわりし、教会への介入を戒める表現が目立って多くなる。[61]また有名な『砂漠の聖アントニオス伝』もこの潜伏時代に書かれた。

三六一年にコンスタンティウス二世が死に、アタナシオスはユリアヌスから一度帰還を許されるが、この皇帝も論争の再燃をきらってまた彼を追放した（第四回）。次のヨウィアヌスはカトリックを奉じたので登極後すぐにアタナシオスを呼び戻し、その後ヴァレンスが一時的に追放を命じたがアレクサンドリア民衆の人気が考慮されてそれも短期間で終わった。かくして三六五年から、三七五年五月二日に死ぬまでの一〇年間、もはや敵対者も影をひそめ、アタナシオスは東方キリスト教の不動の、もっとも尊敬された指導者として君臨したのであった。

第４節　煽動家としてのアタナシオス

史料に即して見てきたアタナシオスの司教としての歩みは、古代末期を代表するひとつの人間像を明瞭に示している。それは正にこの時代に社会の主要な宗教となったキリスト教のリーダーとしてのそれである。キリスト教の動向は東方の都市においては社会の中心の出来事となり、司教は人間の心の問題の指導者であるのみならず、人々の財産も司法問題も、結婚も死も司る支配者であった。教会の礼拝堂でははなやかな礼拝を演出し、信者を率いて町を行進し、教徒の群れと、都市全体を宗教的雰囲気に昂揚させるパフォーマンスをもはじめた。教会が皇帝の保護を受け、教会対策が政策の重要部分とみなされ始めると、司教たちが皇帝と接触する機会は増え、いわば皇帝の威を借りて地方属州の軍隊を動かしたり、課税権をふるったり、役人や一般市民にさまざまな圧力をかけたりすることも見られるようになった。地中海都市のエリートがもちえなかった、神の権威を背後にする古代末期型のエリート、英雄の登場であった。

アタナシオスの行動が深い確固たる信仰に根ざし、信念を貫き通す徹底性をもっていたこと、それに彼の性格が弾圧や迫害をものともせぬ激しさをもっていたことは間違いない。彼は教義論争において決して譲らなかった。皇帝の前でも、敵の誘導尋問とわかっていてもあえて自説を主張し、追放に甘んじた。しかし、彼は信仰一途の純粋素朴なキリスト教徒であったわけではない。彼はアリウス派にもメレティオス派にも激しい罵声を浴びせかける論争者だった。手足のように働く手下をもち、反対派には手段を選ばず、暴力をふるわせてでも敵を押さえ込むことをはばからなかった。自己の党派づくりにも熱心で、多数の書簡はそのためにしたためたのである。アタナシオスの働きかけは司教、司祭や下級聖職者から修道士に及び、政府高官には当時の常識でもあった賄賂も用いて非難もされた(62)。

皇帝に対しても、基本的には世間のならわしのようにこれを尊敬し、たえず書簡を送って願い事をし、また弁明した。窮地に陥った時には皇帝の側にかけつけ嘆願もした。三五八年、コンスタンティウス二世による追放時の著作で皇帝批判を行っても、それを彼はすぐに回収しようとしたというのである(63)。

アタナシオスの行動は時に相当大胆になり、信仰の外の分野での逸脱も数多く非難された。絹のトゥニカの税の誅求や首都への穀物輸送の妨害などは、司教が振るえるようになった権力の大きさを示す実例にもなるが、彼の行動が教会のレヴェルをはるかに越え出たことが印象的である(64)。そのように彼をふるまわせた要因は彼の信仰心と激しい性格が第一のものではあったろうが、それだけではなかったろう。彼は皇帝権力が社会と教会にとってその時点でもっていた意味、教会内の人間の集団の性格、人間を動かす方法、流動的な状況の直感的把握、頑なに主張を押し切るべき時と妥協する時の見分け方、などを熟知した、したたかな教会政治家だった、と言うのがもっとも適切である。

それに加えてアタナシオスには党派を率い、なかんずく修道士と民衆教徒をひきつける強い魅力があったにちがいない。彼の雄弁と修辞は現存する彼の多数の文書から、十分推測できる。司教のアレクサンドロスがはじめて少年のアタナシオスを見た時、彼は他の少年たちの中心にいて「礼拝ごっこ」を見事に演じていたという(65)。彼は文書で人を味方に引き入れる力ももっていた。トリアーやローマの司教たちが追放中のアタナシオスを温かく迎えたのも、事前に彼からの書簡があったからであろう。彼はエジプトの原住民のコプト語をよく話したらしい。そのことだけで彼はコプト人修道士たちから人気と信頼を勝ち得ることができた。コプト語しか解さなかった、修道士のカリスマであるアントニオスから愛されたことも、全体的に禁欲的キリスト教が昂揚していた当時の東方世界にあっては、彼の人気にとって有利に働いたろう。

それでも彼の部下あるいは支持者がしばしば過激な行動に出たことと、彼がそれを容認していたことに疑いはない。それはメレティオス派やコンスタンティヌスらによって、ともかくも非難される内容のことではあったのである。しかし、アタナシオスへの敬愛の念は支持者の間で衰えることはなかったようである。その理由について考えてみることで、古代末期の新しいリーダー像についての本稿のスケッチを終えることにしよう。

アタナシオスとその一党の「暴力」は、結局は小競り合い的なものの域は出なかったのであろう。都市の人々が党派に分かれ、政治や経済上のことや法廷、それに闘技場・競技場で暴力沙汰を起こすことは、地中海都市の歴史を通じて、まったく当たり前のことであった。市民の政治参加の度合いがきわめて狭められたローマ帝国の時代でも、都市の民衆の行動は時に暴力的になるほど各地で活発であった(66)。それらは確かに暴力的であったがゆえに敵党派としては糾弾するのもまた当たり前であった。

そのことに加えて、キリスト教会において司教の果たす役割が、一般教徒・会衆を従わせ、また慕わしく思わせる、大きなものになっていたことは見逃しえない点である。確かにアタナシオスは司教になる以前からアレクサンドリア教会の寵児であったのであろう。しかし彼の絶大なリーダーシップは司教となるに及んで初めて発揮され、彼自身の能力と魅力とは本来このような地位につくにふさわしいものであることがやがて自他共々によって認識されるにいたった、というのが事実であろう。司教は教会生活、なかんずく礼拝を統括する。そもそも礼拝を、司教中心のパフォーマンス化したのはアリウスだったのかもしれないが、アタナシオスの礼拝もまた力強く、集ってくる信者を感動させるものであっただろう。日曜ごとに（コンスタンティヌスの頃から日曜日礼拝が定着したようである）味わっていたアタナシオスの礼拝を、敵の差し金による彼の追放刑のために奪われた民衆教徒は憤激したのである。アタナシオス派の激しい行動や、アリウス・メレティオス派との抗争を記したアタナシオス自身及びその他の史料に誇張はあるにせよ、四世紀におけるキリスト教の浸透はあくまで事実であり、教会、特に礼拝を通じてリーダー・司教と一般教徒との親しい関係は、それが社会のマジョリティとなっただけ一般社会のならわしを受入れ、上のような逸脱行動に傾いていった、とすることができるだろう。

礼拝をパフォーマンス化し、皇帝の妃をも引き込んで首都コンスタンティノポリスの大通りで派手なプロセッションを指揮し、その先頭に立っていたカリスマ的司教にヨハネス・クリュソストモスがいる(67)。古代都市の貴族エリートに代わって、教会が社会の単位となり、新しい都市エリートが今や司教となった状況はアタナシオス後も続いていったのである。

注

（1）P. Brown, *Antiquité tardive*, P. Veyne éd., *Histoire de la vie privé*, tome I, Paris 1985, 226-229. etc. 参照、松本宣郎「古代末期地中海世界とキリスト教」『地中海学研究』一三、一九九〇。

（2）この分野の研究は多いが、差し当たり W. H. C. Frend, *The Rise of Christianity: Primitive and Early Church, ca.30-600*, London 1984. その他 R. P. C. Hanson, *Studies in Christian Antiquity*, Edinburgh 1985 など参照。

（3）R. MacMullen, *Corruption and Decline of Rome*, Harvard U. P., 1987; *Christianizing the Roman Empire (A.D. 100-400)*, New Haven 1984; What Difference did Christianity make?, *Historia* 35-3, 1986, 322-342. 参照、松本宣郎「古代末期におけるローマ帝国とキリスト教——コンスタンティヌスからコンスタンティウス二世へ」佐藤伊久男・松本宣郎編『歴史における宗教と国家——ローマ世界からヨーロッパ世界へ』南窓社　一九九〇。

（4）Tertullianus, *de spectaculis* 92f.;99.

（5）Plinius, *Epistulae* 9.17.1;7.24.4f.; Dio Chrysostomos, *Oratio* 32.4.

（6）Augustinus, *Confessiones* 6.7f.

（7）Brown に加え、Frend, T. D. Barnes らがそのような見解をもつ。

（8）Cf. R. L. Fox, *Pagans and Christians*, New York 1986, 499.

（9）「コリントのキリスト者へ（I）」四二・四、五、小河陽訳、『使徒教父文書』〈聖書の世界〉別巻四・新約、講談社　一九七四。

（10）「イグナティオスの手紙」五・三—六・一、八木誠一訳、同上書。

（11）Tertullianus, *de praescr. Her.* 32. cf. Fox, 488.

（12）Cyprianus, *Epistulae* 49.2 参照、エウセビオス『教会史』六巻四三・一一。

（13）*Didascalia* 9.

（14）Fox, 504.
（15）Hippolytos, *Traditio Apostolorum* 2-3.
（16）参照、エウセビオス『教会史』六巻二九・六、同一一・一―二。
（17）Cyprianus, *Ep*. 24.2;43.1. cf. Fox, 509.
（18）Fox, 509-511. cf. Cyprianus, *Ep*. 44.3,2.
（19）エウセビオス『教会史』七巻一二。一六人の司教が出席した例もある。Cyprianus, *Ep*. 24.2.
（20）参照、松本宣郎「ローマ帝政期のパトロネジ――支配構造解明の視角としての有効性」長谷川博隆編『古典古代とパトロネジ』名古屋大学出版会　一九九二所収。
（21）*Vita Cypriani* 6.
（22）Hippolytos, *Trad.Apost*. 31; *Didascalia* 13,37; エウセビオス『教会史』五巻一八・二、二八・一; *Apostolic Constitution* 8.30. cf. R. M. Grant, *Early Christianity and Society*, London 1984, 139.
（23）Cyprianus, *Ep*. 4.4.
（24）Fox, 504.
（25）「ヘルマスの牧者」第三の幻、荒井献訳、『使徒教父文書』。
（26）「聖なるペルペトゥアとフェリキタスの殉教」参照、土岐正策訳『殉教者行伝』〈教父著作集〉二二、教文館　一九九〇。
（27）Fox, 404ff.
（28）「聖なるモンタヌスとルキウスの殉教」二三・四、土岐正策訳『殉教者行伝』。
（29）「ペルペトゥア」一三。
（30）「ポリュカルポスの殉教」五、田川建三訳『使徒教父文書』。
（31）Cf. W. H. C. Frend, *The Church of the Roman Empire 313-600*, S. Neil and H.-R. Weber eds., *The Layman in Christian History*, London 1963, 57-87.
（32）Frend, Atahanasius as an Egyptian Christian Leader in the Fourth Century, *New College Bulletin*, 8-1, Edinburgh

1974, 20-37; L. W. Barnard, Two Notes on Athanasius, *Studies in Church History and Patristics*, Thessaloniki 1978, 329-339; id., Atahnasius and the Roman State, *ibid.*, 312-327; T. D. Barnes, *Athanasius and Constantius. Theology and Politics in the Constantinian Empire*, Cambridge Mass. 1993.

（33）Cf. N. MacLynn, Christian Controversy and Violence in the Fourth Century, *Koda*i 3, 1992, 15-44.

（34）松本宣郎『キリスト教徒大迫害の研究』南窓社　一九九〇、八三以下。

（35）MacMullen, *Christianizing the Roman Empire*.

（36）Socrates, *Historia Ecclesiastica* I 5.

（37）*Ibid.*, I 37.

（38）Sozomenos, *Historia Ecclesiastica* II 20.

（39）Cf. R. L. Cleve, The Triumph of Christianity: Religion as an Instrument of Control, T. Yuge and M. Doi eds., *Forms of Control and Subordination in Antiquity*, Tokyo and Leiden 1988, 530-42; MacMullen, *op. cit.*; Barnes, *Constantine and Eusebiu*s, Cambridge Mass. 1981, 191ff.

（40）Eusebios, *Vita Constantini* 3.16,21.

（41）Socrates, *HE* II 14.1ff.; Sozomenos, *HE* II 16.1ff.

（42）Socrates, *HE* I 27.1.

（43）Barnes, *Constantine and Eusebius*, 229f.

（44）Athanasios, *Apologia contra Arianos* 6.4.

（45）*Ibid.*, 60.

（46）*Ibid.*, 60.2.

（47）Rufinus, *Historia Ecclesiastica* 10.18; Socrates, *HE* I 27.18; Sozomenos, *HE* II 23.1.

（48）官名は magister officiorum. cf. Athanasios, *Festal Letters* 4.5; Socrates, *HE* I 27.9; Sozomenos, *HE* II 22.8.

（49）Athanasios, *Apol.c.Ar*. 69.

（50）Eusebios, *Vita Cons*. 3.16.21; 4.42.

（51）Athanasios, *Apol.c.Ar*. 71,72; Theodoretos, *Historia Ecclesiastica* 28.4.
（52）Athanasios, *Apol.c.Ar*. 72;81.
（53）Eusebios, *Vita Cons*. 4.43.1.
（54）Athanasios, *Festal Letters* 8; *Apol.c.Ar.* 87.1f; 9.s.
（55）Sozomenos, *HE* II 31.
（56）三三八年一一月。Athanasios, *Apol.c.Ar*. 87.4-7.
（57）*Ibid*., 3.1-19.5; Socrates, *HE* II 17.6.
（58）Gregorios Nazianzos, *Oratio* 21.27-29.
（59）Athanasios, *Historia Arianorum* 25,27; *Apol.c.Ar*. 13-18.
（60）Id., *Vita Antonii* 91.
（61）Barnard, *Athanasius and the Roman State*. なお、本節全体に Barnes, *Athanasius and Constantius* が有益。
（62）Athanasios, *Festal Letters* 4.5; *Apol.c.Ar*. 60.8; Socrates, *HE* I 27.9; Sozomenos, *HE* II 22.8. cf. Barnes, *Constantine and Eusebius*, 231.
（63）Frend, Athanasius as an Egyptan Christian Leader in the Fourth Century, 35.
（64）Athanasios, *Apol.c.Ar*. 60.2; 87.1f.
（65）Socrates, *HE* I 15; Sozomenos, *HE* II 17.
（66）参照、松本宣郎「帝政期ローマの民衆とエリート」『西洋史研究』新輯一七、一九八八。
（67）Cf. W. Liebeschuetz, *Barbarian and Bishops. Army, Church, and State in the Age of Arcadius amd Chrysostom*, Oxford 1990, 166ff.

第９章　キリスト教徒迫害と奴隷――大迫害史料を中心に

第１節　問題の所在

キリスト教徒大迫害（三〇三―三一三）の社会的背景をできるかぎり明らかにしようとするには、迫害に関わった人間たちが属した社会層を具体的に確かめていくことがまず第一の作業となる。我々は既にこの時期の諸皇帝、就中迫害帝のキリスト教政策、彼らの宗教意識を考察し、国家体制・支配者側からの、政権争いとも結びついたイデオロギー政策の一環として大迫害を見る立場からの位置づけを試みてきた(1)。かかる上からのアプローチに際しても、皇帝の迫害政策が単に思想上・宗教上の、現実から遊離した産物として現れるのではなく、たとえきわめて理念的発想によるにせよ、そのこと自体がローマの伝統を踏まえた歴史的所産であるには違いないこと、また彼ら皇帝に与えられていた政治・社会・経済的条件はキリスト教政策にも強い影響を及ぼさずにはいなかったことをも銘記しておいたつもりである。

その過程でこれら皇帝のキリスト教政策をある程度まで規定した背後の諸条件、その中で動いていた各階層の人間たちを具体的な社会層・集団として把握できないか、できるならばキリスト教への関わり方をその社会層に従って類型分けできないかという問題意識が生じてきたのは当然であった。その一端は別稿でも論じ、[2] あるいはかなり大雑把にではあったが、大迫害史料に現れる諸身分・諸階層の人間たちをいわば素材のまま摘出することも行った。[3]

本章はそれを受けて、彼ら諸々の人間たちを部分的に確認していく作業の一つである。これはまた迫害史をローマ帝国全般の中に位置づける作業と言い換えることもできよう。そのためにはローマ史のみならず西洋古代史研究の現段階における共通の課題と言いうる共同体論及びそれと不可分のつながりをもつ奴隷制論からの視点を念頭におきつつ大迫害を把握していくことが有益でもあり、かつ必要なことでもあると思われる。帝政後期の共同体論的把握が極めて困難であることは夙に弓削達氏も指摘してきたところであるが、[4] 我々にも今、共同体論の視点からアプローチしていく余裕はなく、ここでは奴隷制に焦点を絞りながら、キリスト教徒迫害の問題を眺めてみようと思う。これは、史料の少なくない上にキリスト教史を古代史・ローマ史のレヴェルで捉えるためには不可欠の課題であるのに、今まであまり顧みられることのなかったテーマなのであり、我々の基本的視角からして必然的な作業なのである。

（1）拙稿「Maximinus Daia のキリスト教政策」（『西洋古典学研究』二二、一九七四）、「迫害帝ガレリウス――三一一年の寛容令をめぐって」（『西洋史学』一〇五、一九七七）。

（2）「Maximinus Daia」において東方の都市上層民を迫害推進者と捉えうると考えた。

（3）拙稿「キリスト教大迫害――四世紀初頭のキリスト教徒とローマ帝国」（弓削達・伊藤貞夫編『古典古

代の社会と国家』東京大学出版会　一九七七所収＝以下「大迫害」と略す）三三一以下。
（4）弓削達『地中海世界とローマ帝国』（岩波書店　一九七七）第五章特に三一七―三三四。なお同『古典古代の社会と国家』序説　二七、二八は、私の上注論文をその共同体論の中で位置づけようとしている。

第2節　大迫害と奴隷――教徒の属した社会層

大迫害に関わった諸社会層の解明についての我々の考察は、既に批判されたように、[1]未整理な、多様性をそのままにした、いくつかの問題の集積に留まりがちであった。従ってまず一つの方向としては初期迫害からキリスト教ローマ帝国への流れの中で各社会層とキリスト教の関わりを検討する作業が着手されなければならない。[2]

今一つの方向は、目下古代史研究を通じて研究のための基本的作業とすら言えるプロソポグラフィッシュな方法で大迫害史料をも分析・整理していくことである。ただし、一般の行政・軍事の長なり高官なり、祭司団の組織なりを、公職者表（ファスティ）や墓碑銘を手掛かりに追究した研究はローマ史各分野で既に陸続として現れているのに対して、我々はキリスト教イデオロギーと殉教文学的性格とに潤色された大迫害史料に頼るほかはない。従ってこの方法はこの時代のキリスト教史分析にそもそも有益であるかどうか、なお確信できかねる情況にあると言わなければならない。けれどもそのような危険性は承知しつつも、迫害史と一般ローマ史との架橋作業を行うためには、二大キリスト教史料のエウセビオスとラクタンティウスの著作を、その偏見を除きながら、しかしある程度の信憑性を認めてプロソポグラフィー構築の基礎として用いなければならないのである。[3]もちろんその際には上に述べた縦の線において追求されているプロソポグラフィーの成果に学び、かつ我々の立ち向かう大迫害という特定の時点の横断面の観察から得られる結果をそれと照らし合わせることを念頭におかなければならないだろう。

さて迫害史全般において、迫害された教徒は具体的にどのような社会層に属していたのかという問題は、[4]そもそも初期キリスト教はいかなる階層に浸透していったのかという古くからの問題が未だに解明されていないという事実からしても解決はなかなか困難である。[5]しかし他の迫害にくらべて史料に恵まれている大迫害の場合には、ある程度の推測は可能である。

まず、殉教した人物が聖職者であればその旨明記されるのが通例である。叙述がもっとも克明なエウセビオスの『パレスティナ殉教者伝』によるとこれら教会人殉教者の役職が知らされ、下級聖職者がかなりの部分を占めていたことが分かる。その多くは自発的に殉教を望んだファナティックな教徒であったが、もちろん彼らを一方の極として、殉教には至らなかったが迫害に遭遇した聖職者、そしておそらくはこれらに倍する屈服した聖職者という分布が存することはエウセビオスの叙述[6]やドナティズム紛争の出来を想起すれば明らかである。そこには単に個人的な信仰の強弱のみではなく、彼らの属した個々、乃至特定地方の教会の意識の反映、また彼ら自身の社会的出自等の規定要因が多様に現れた結果であると考えられる。とりわけ初期キリスト教会の聖職者の出身社会層を明らかにすることはキリスト教伝播の具体的様相を知る重要な手掛かりとなるだろうが、[7]今回はそこまで立ち入る余裕はない。[8]

これら聖職者を一応除外してみると、殉教の様子がくわしく叙述されている教徒のうちの多くの部分が、そして大量に処刑されたり強制労働を課されたりしている教徒の大多数が下層階級に属しているであろうことは間違いのないところである。帝国の高官なり富裕な市民なり軍人・都市役人なりが殉教すればキリスト教著作家はそのことを必ずと言ってよいほど付記するからである。そこで、『パレスティナ殉教者伝』に名前の出る四六名の殉教者を分類してみると、(9)司教が三名、(10)下級聖職者七名、(11)著名人もしくは富裕者が三名、奴隷が二名、軍人が一名、(12)となり、残る三〇名は明白に右の範疇に入らない者と、その身分が全く不明の者とを合わせた数となる。これをさしあたり一般民としておこう。(13)『パレスティナ殉教者伝』にはこの外五〇名ほどの処刑者のことが記されているが、情況が不明だったり、鉱山の老廃者の一括処刑であったりなどして(14)これ以上の分析が阻まれる。これまでの原則に従えば彼らも非聖職者、(15)おそらくは一般民としてよいだろう。一方同じエウセビオスの『教会史』の殉教者名を調べると、数字としては『パレスティナ殉教者伝』とは逆の結果が出てくる。司教一五名（うち二名は名前が知らされない(16)）、下級聖職者五名、著名人・富裕者五名、(17)奴隷三名で、一般民の範疇の人名は把握できない。(18)この、一般民と見なしうる無名の殉教者の何人かは個人として言及されているが、大量に処刑された人々がほとんどであるのは言うまでもない。(19)しかし、『パレスティナ殉教者伝』と『教会史』の文書としての性格の違いを忘れてはならない。「殉教者」に焦点をあて、綿密に特定地域の迫害を描く前者に対して、「教会の歴史」を一応はローマ帝国史との関係を視野に収めつつ記す『教会史』が重点的・選択的かつ大雑把になるのは当然である。また『教会史』にみられる聖職者殉教の多さについて言えば、聖職者は第二、第三の迫害勅令の直接の対象でもあったことが指摘されなければならないだろう。[20]

以上をまとめればその結論は数の上からすればごく平凡なものにしかならない。社会全体の数的分布に対応して、キリスト教徒もまた上層に属する者は少なく、下層ほど多かったであろう。[21]そして殉教者についても、東方に関する限りそのスペクトルはあてはまる。[22]ただし、聖職者は実社会においては一般教徒よりもはるかに少数だったろうが、殉教に占める彼らの比率は当然大きい筈である。実数の上で一般教徒殉教者を凌ぐことはなかっただろうが。

さて、上の一般民殉教者、それに殉教に至らないが信仰を棄てないで種々の刑に服した無名の教徒集団を直ちに下層民と規定するわけにいかないのはもちろんである。ここで用いる「一般民」も「下層民」もきわめて漠然とした概念でしかない。それは帝政期のローマ法の規定によるなら humiliores と称される人々であろうが、[23]史料には明記されておらず、必ずしも都市市民ばかりであるとも言い切れない。[24]これらを一層明瞭にさせていくには彼らに関する個々の言及箇所の分析と、類型による整理を行わなければならない。本稿はその第一歩として奴隷、もしくは解放奴隷という類型に属する人々を史料の中から拾い上げてみたいと思う。それは具体的な身分を指す好例であるばかりでなく、上述のごとく奴隷殉教者として名を挙げて言及されるのは大迫害史料中五名に過ぎないにせよ、[25]明確に把握できるのであって、その他の、個人名こそ挙げられなくとも奴隷に言及する箇所を併せるなら、検討材料とするに値すると考えられるからである。就中そもそも迫害と奴隷の関係はこれまでほとんど顧みられなかった問題であり、迫害史を一般ローマ帝国社会・経済史に結びつけてゆこうとする我々の課題からしても重要であることは先に述べた通りである。

以下最近の注目すべき研究に啓発されつつ、我々なりに追究していきたいのだが、その前に少し研究史を振り返っておこう。

奴隷の宗教については、奴隷制研究の点からはもちろん、(26)ローマ宗教史更には共同体・家の祭祀、皇帝礼拝とも奴隷が密接に関わっていたことを想起するなら、それはローマ史そのものにとっても重要な課題であり、その面の研究も進んでいる。(27)奴隷が主人なり国家なりの宗教祭儀の任務に一定の役割を果たしていたことがみとめられると共に、(28)彼らが自身や祖先の非ローマ的宗教を守り続け、その宗教のローマ世界における伝播に相当程度の寄与をなしたことも事実であろう。しかしながら、彼らの信じた宗教なり神なりが何らかの理由で公認されていないものであったり、一般人もしくは国家によって反感をもたれ、危険視され、禁止されるに至った宗教であった場合にはいかなる情況が生じたか。奴隷所有者がその宗教を受け容れない場合、もしくは所有者も同じ宗教を信じるに至った場合にはどうであったか。まさしくキリスト教徒奴隷という問題はこれらの興味深い諸問題の側面に恰好の光をあてるものということができよう。ただここでは初期キリスト教は上中層民と下層民のどちらにより深く浸透したのか、奴隷への浸透度は自由民へのそれに比してどうであったのか、という問題には推定すら与えられない。ここで取り上げるのはそれら不分明な背景の中で、現象として生じたキリスト教徒迫害と奴隷との関わり合いのみなのである。

教会や奴隷所有者教徒が奴隷をどのように認識し、これに接していたかについての研究は必ずしも乏しいとはいえない。(29)しかし、教会史叙述の中でそれはごく付随的な問題とされ、せいぜい教会にあっては自由人と奴隷の差別がなくなってしまうという程度の楽観的な表現に留められる。(30)他方奴隷制研究の側からは、チッコッティが奴隷階級へのキリスト教の浸透について冷やかな見解を提出したのは周知であるが、[31] その後この問題が特に意識的に取り上げられることはなかった。[32] むしろ教会史の立場から包括的なキリスト教徒奴隷の研究が早くよりアラールによって著された。[33] これは彼自身の迫害史通史に似て無批判な材料の網羅に過ぎず、専ら奴隷に対する教会、教徒主人の愛情ある取扱い、信仰仲間たる所有者と奴隷の友愛が強調されている。それ以後、たとえばジョンカーズはローマ法の奴隷関係法における取扱穏和化の傾向を促進したキリスト教の影響力を検討し、[34] 更に奴隷・解放奴隷はどの程度教会内の役職に就きえたかも考察した。[35] そしてギュルツォフの、厳密な史料検討を踏まえた最近の労作は、この主題のいわば到達点をなしていると言える。[36] そこにはユダヤ教に始まり、新約、就中パウロの奴隷観、シナゴーグ・教会内における奴隷の扱い、奴隷出身ローマ司教カリストゥスの詳細な考察が含まれており、きわめて意欲的かつ高度な研究となっている。しかしギュルツォフにおいてもなおキリスト教の奴隷観の進取性、主人奴隷間の友愛、を高く評価することが主眼とされているように思われるのである。[37]

このように有益な研究は生み出されているが、こと「迫害と奴隷の関わり」については殆ど無視されてきたか、もしくはあやまった結論が下されてきたと言わなければならない。たとえばフレンドの迫害史においては、迫害されあるいは拷問された奴隷が単に事実として叙述されるに留まり、[38] ギュルツォフも立ち入った検討を加えているとは言えない。[39] 先のアラールにもどると、奴隷がもっとも厳しい迫害に遭遇したとして、信頼性の低い殉教伝をもそのまま受容れつつ、我々からみれば奴隷への迫害の特殊例とすべきものを安易に一般化している。[40] これらに対し、奴隷への、とりわけ帝国による迫害、あるいは別の形での迫害に関わった奴隷を史料から検索し、これらに綿密な分析を加えたのがJ・シェーレの研究である。[41] フォークトとシュトレーカーの審査を経たこの学位論文はフォークトが主宰する一連の奴隷制研究叢書の一環を意識し、とりわけフォークトの *Sklaverei und Humanität* に示唆を受けて生まれたものだという。[42] いわばシェーレは我々とは逆のアプローチ、奴隷制研究の側から問題を提起したということができるだろう。

シェーレは上述のごとく奴隷が迫害において果たした役割についてはこれまで顧みられなかったことを指摘し、ギュルツォフの労作においても当該問題についての史料吟味が不充分であると批判する。[43] その上でシェーレは奴隷に言及する迫害史料の信憑性と価値を厳密にみきわめ、一つの結論を打ち出した。それは、ローマ帝国が行った政策としての迫害は奴隷のキリスト教信仰を一切問題としなかった、とするネガティヴなものである。キリスト教史における常識からはおそらく一見意外に思えるであろうこの結論も、ローマの奴隷制研究の側からするならば特に驚くべきものではないはずである。[44] しかしながらシェーレの究極的な結論が、キリスト教徒の家における主人と奴隷との関係の親密さ（異教徒奴隷に対しても！）、また逆に異教徒に仕える教徒奴隷の苦難を強調し、教会が奴隷を積極的に援助し、役職につけ、奴隷の生活の中心が教会そのものであったことを主張するに至るのは、ある程度の説得力をもつ論議であるにしても、我々はシェーレもまた伝統的な教会史史観に陥りつつあるのではないか、との印象をもつのである。[45]

我々はキリスト教徒が当時の社会・生活・倫理等の面で常に異教徒に先んじて進歩的であり、リーダーであった、との先入見に囚われる傾向にある。ローマ社会における奴隷観・奴隷の扱いの寛容化・軟化は、キリスト教会や教徒の家におけるそれらよりも遅れていた等ということはできないことを忘れてはならない。キリスト教における奴隷観も、迫害と奴隷との関わり方自体も、ローマ帝国社会における奴隷制そのものの変質という広い視野で捉えるべきことである。(46) このようにシェーレの結論部はやや安易にすぎる嫌いがある。しかし彼が、奴隷に言及する迫害史料を厳密に選び出し、文学的潤色に十二分に注意を払いながら吟味を加え、信頼しうる事実の核を掴み出してくれたことは研究史上きわめて有益であった。次節ではシェーレの主眼とする初期迫害に見られる奴隷の役割の分析をたどり、その後に彼の関説するところ少ない(47)、大迫害史料における奴隷をより広く見出していきたい。そして最後に大迫害時に特徴的に現れる特殊な奴隷――鉱山刑に服した教徒たちにふれて、シェーレ説の検討とあわせ、我々の大迫害理解に展望を与えたいと思う。

（1）新田一郎氏による前章注3所掲論文を含む『古典古代の社会と国家』の書評参照。『史学雑誌』八七―三、一九七八、九九。

（2）たとえば、W. Eck, Das Eindringen des Christentums in den Senatorenstand bis zu Konstantin d. Gr., *Chiron* I, 1971, 381-406. より広い考察として、Gagé, Jones, Arnheim 等も有益。参照、米田利浩「古代末期試論――《古代末期史》研究の動向と課題」（『史流』〈北海道教育大〉一七、一九七六）。豊田浩志「後期ローマ帝国とキリスト教」（二）（『史学研究』〈広島大〉一三〇、一九七六）。

（3）大迫害の史料問題についてはかつて簡単に論じた。「キリスト教大迫害（三〇三―三一三）研究――史料と年代決定に関する研究動向から」（『史学雑誌』八五―一二、一九七六＝以下「大迫害研究」と略す）三九―四八。なお検討すべき史料は異教史料、ドナティスト文書等多岐にわたる。豊田浩志氏による大迫害前史料の批判研究も有益。「いわゆる「ディオクレティアヌスのマニ教禁令」をめぐる一考察」（『西洋史学報』〈広島大〉復刊四、一九七六)、「《大迫害》直前のローマ帝国とキリスト教――殉教者伝叙述を中心として」(『キリスト教史学』三一、一九七七)。

(4) 逆に迫害する側の人間の社会的地位や身分については、もっと明瞭である。皇帝・総督・軍指揮官等の上位行政人についてはある程度検討し、その他の階層(たとえばマクシミヌスの迫害におけるテオテクノス Theoteknos などの上層市民)についてもふれたことがある。第１節の注１～３を参照。

(5) たとえば、半田元夫『原始キリスト教史論考』(清水弘文堂　一九七二)第七、八論文参照。

(6) Eusebius, *Hist.Eccl.* VIII 2.2f. など。

(7) A. H. M. Jones et al. edd., *The Prosopography of the Later Roman Empire*, Vol.1, Cambridge 1971 の表紙カバーの宣伝文によると、Prosopographie chrétienne の発行予告がある(その後アフリカとイタリアについて刊行された)。

(8) 奴隷出身の司教カリストゥス Callistus の例が本稿と関係するが、立ち入ることは出来なかった。cf. H. Gülzow, *Christentum und Sklaverei in den ersten drei Jahrhunderten*, Bonn 1969, 146-172.

(9) Eusebius, *de Martyribus Palaestinae* のシリア語・ギリシャ語両版どちらかに名前が記されている者すべてを加えた。

(10) ペレオス Peleos、ネイロス Neiros。*de Mart.Palaest.* 13,1-3. シルウァノス Silvanos。*Ibid.*, 13,4f. cf. Euseb., *Hist.Eccl.* VIII 13,5.

(11) *de Mart.Palaest* 1,1f.5d.5e-k;2,1-5;3,3f.; 11,2-4.

(12) *Ibid.*, 11,21-23. セレウコス Seleukos。

(13) これらが聖職者なら必ず明記されたはずだと考える。ただし奴隷であったならば必ずそう記されたかどうかまでは確実でない。しかし後述のように奴隷が迫害の対象となっていないとしたら、おそらくまれな例であったであろう奴隷の殉教者についてエウセビオスはそのこと明記したと考えてよいのではあるまいか。

(14) *de Mart.Palaest* 13,4-10.

（15）上注13参照。エウセビオスは聖職者への興味は強い（*Hist.Eccl.* VIII 11,2ff.）。また彼もラクタンティウスも世俗的な地位・身分に敏感である（*Hist.Eccl.* VIII 11,2; 12,3f.; 14, 15f. Lactantius, *de mortibus persecutorum* 40）。

（16）*Hist.Eccl.* VIII 9,7;13,1-7; IX6,1-3.

（17）*Ibid.*, VIII 5,1; 9,6; 11,2; 12,3f.; 14,15f.

（18）勅令を破り捨てた男（*Ibid.*, VIII 5,1）はシリア殉教暦からエウエティオス Euethios の名が与えられている（拙稿「大迫害」三二七注二〇）。

（19）*Hist.Eccl.* VIII 6,6; 8,1; 9,1-6.

（20）拙稿「大迫害」三二二、三二三。

（21）下層自由民と奴隷とではどうであったか。きわめて困難な問題であるが、安易に奴隷層へのキリスト教の浸透を強調することはできない。

（22）主としてエウセビオスによる結論である。大量の殉教は他の地域ではほとんど知られていない。しかしドナティズム紛争が生じたアフリカの教会史料からは、まとまった行動をとった教徒の姿が知られており、彼らの社会層についてはある程度の手がかりが与えられている。拙稿「大迫害」三三八、三三九。なお軍人の大量殉教例としてマウリキウス Mauricius を指導者とする二千名のキリスト教徒軍団兵の伝承があるが、検討は他日を期したい。H. Bellen, Primicerius Mauricius; Ein Beitrag zum Thebaerproblem, *Historia* 10, 1951, 238-247.

（23）K. Stade, *Der Politiker Diokletian und die letze grosse Christenverfolgung*, Wiesbaden 1926, 165; J. Moreau, *Lactance, de la mort des persécuteurs*, Paris 1954, 277f.

（24）エジプトでの殉教の多さ、アフリカの状況、等を想起。拙稿「大迫害」三四六、三四七注九五）参照。

（25）第4節注4〜6。

（26）F. Bömer, *Untersuchungen über die Religion der Sklaven in Griechenland und Rom*, Erster Teil; Die wichtigsten

Kulte und Religionen in Rom und im lateinischen Westen, Wiesbaden 1957.

（27）長谷川博隆「ローマ共和政期の養子縁組と奴隷制」（『研究論集』〈名大・文〉七一、一九七七）。

（28）J. Marquardt, *Römische Staatsverwaltung*, Bd.I, Leipzig 1878, 217; W. W. Buckland, *The Roman Law of Slavery*, Cambridge 1908, 73f.

（29）下注41所掲 Scheele の著作の文献表、S. 7-12, 145-157 を見よ。

（30）具体的には以下に引用する研究にふれるに止めるが、M・ヴェーバー「古代文化没落論」（堀米庸三訳『世界大思想全集』〈河出書房　一九五四〉所収）一二もあいまいではあるがキリスト教の奴隷観に積極的評価を与えているようにみえることを付記する。

（31）E. Ciccotti, *Le declin de l'esclavage antique*, trad. par G. Platon, Paris 1910, 384. カール・カウツキー『キリスト教の起源』（栗原訳　法大出版局　一九七五。原著一九〇八）四三三—四四〇も参照。

（32）たとえば W. Held, Die Vertiefung der allgemeinen Krise, im *Westen des römischen Reiches*, Berlin 1974, 76-79 を見よ。

（33）P. Allard, *Les esclave chrétiens depuis les premiers temps de l'Eglise jusque'à la fin de la domination romaine en Occident*, Paris 1914, 5.

（34）E. J. Jonkers, De l'influence du Christianisme sur la legislation relative à l'esclavage dans l'antiquité, *Mnemosyne* 3 Ser.1-4, 1933/4, 241-280. なお弓削達「テオドシウス法典における奴隷立法」（『ローマ帝国の国家と社会』〈岩波書店　一九六四〉所収）をも参照。

（35）Jonkers, Das Verhalten der alten Kirche hinsichtlich der Ernennung zum Priester von Sklaven, Freigelassenen und Curiales, *Mnemosyne* 3 Ser.11, 1941, 286-302.

（36）書名は上注8を見よ。

（37）Gülzow, *Christentum und Sklaverai*, 173-176.

（38）W. H. C. Frend, *Martyrdom and Persecution in the Early Church*, Oxford 1965.

（39）Gülzow, *a.a.O.*, 13.

(40) Allard, *op.cit.*, 222-246. 特に 226f.
(41) *Zur Rolle der Unfreien in den römischen Christenverfolgungen*, Diss.Tübingen 1970.
(42) *a.a.O.*, 13.
(43) *a.a.O.*, 14.
(44) 帝政初期、私人の奴隷が本来奉じていた様々の宗教祭祀を持ち続けることができたことは、Buckland, *op.cit.*, 73f.
(45) 特にその結論部。S. 123-131.
(46) わが国の研究では最近の弓削達「〈奴隷所有者的構成〉の衰退をめぐる理論的諸問題──最近の研究動向についての一管見から──」(『西洋史研究』新輯四、一九七五)および坂口明「二世紀および三世紀初頭のコロヌスの法的・社会的地位」(『史学雑誌』八六─四、一九七七)三九、四〇。同「servus quasi colonus について」(『古典古代の国家と社会』所収)が示唆的。
(47) Sceele, *a.a.O.*, 75-81, 117.

第3節　初期迫害における奴隷

まず、キリスト教徒奴隷が明確に史料に現れることはきわめて少ない。碑文にはキリスト教徒の墓碑銘が少なからずあるが、無論圧倒的に四世紀以後に属するものが多い[1]。しかも彼らの社会的身分を碑文から探り出すことは特に初期キリスト教碑文においてはほとんど不可能に近い。かくして碑文からキリスト教徒奴隷身分を検出する作業は放棄される[2]。皮肉なことに、これら碑文には servus, doulos という語は散見されるのである[3]。しかしこれらの語は、教徒が好んだ「神の奴隷」などという比喩的な自称であるに過ぎず、社会的身分を示す材料とはなりえない。もっとも、かかる比喩が初期キリスト教徒に好まれた、という事実はなかなか興味深いと言わなければならない。

　シェーレはギュルツォフの史料検討の不備を乗り越えて、キリスト教文学的手法をも駆使して文献史料の徹底的精査に取り組んでいる。まず小プリニウス書簡など大迫害以前の迫害史料中信憑性が高いと思われる四史料に詳細な検討が加えられる。それに続いてこれまた信頼すべき大迫害史料三種（四箇所）が挙示されるが、[4] それに割かれる頁数は前者の八分の一に過ぎない。[5] 後半部は『ペルペトゥアとフェリキタス（女奴隷）の受難』なる文書を中心に四つの史料が検討されるが、当該問題に資すべき判断材料とするにはあまりに潤色が多すぎると論定されている。[6] 従って本章でも上記の信憑性高い四史料に限定して、そこに現れた迫害における奴隷を眺めておきたいと思う。

①小プリニウス『書簡』一〇・九六・八

　帝国行政側からのキリスト教徒対策を余すところなく明白にしめす唯一の文書たるプリニウス―トラヤヌス往復書簡、第一〇巻九六及び九七は、文中に ancilla と表現された女奴隷[7]への言及を含んでおり、シェーレの研究の出発点ともなっている。この書簡の史的価値がきわめて高く、皇帝行政の実態を知る上で特にこの第一〇巻の意味が大きいことは言うまでもない。[8] いわゆる請訓書簡に属する九六、トラヤヌスの指令[9]である九七の性格づけについてはシェーレの説明を待つまでもなく、充分に吟味されてきたところであり、[10] この往復書簡を二世紀初頭[11]において確立した帝国の迫害基本策として位置づけることの根拠は既に与えられていると言ってよい。

この書簡自体は様々に研究されてきたが、ancillaについては見過ごされてきたとシェーレは言う。(12)もちろんancillaのみを取り上げて考察するだけでは不充分であり、それを書簡中のローマ当局のキリスト教徒対策全般の中に位置づけるべきである。シェーレは請訓書簡としての意味、プリニウスの基本姿勢、教徒の身分に対する彼の考え方、(13)等々に綿密に論及する。ここではそのすべてを追う必要はなく、ただシェーレの留意点を我々も念頭においた上でancillaの登場する情況をたどってみよう。

プリニウスは冒頭で、彼にはキリスト教徒裁判の経験は全くなく、その審理方法も、教徒たる名そのものと名に付随して生じる犯罪のいずれが罰せられるべきであるかも知らないと述べながらも、(14)公然たる（つまり告発者を特定しうる）キリスト教徒告発に際しては、信仰に固執する教徒を、属州人ならただちに処刑し、(15)ローマ市民権者なら皇帝の許へ送った、としている。(16)ついで事態は進んだかのごとくで、教徒告発活動が拡大して多数の教徒名を収載した匿名告発者によるリストが提出されるに至ったが、(17)それは不正確な資料であって、実際にリストアップされた人物を逮捕審問してみると、かつて教徒であったことなど決してなかった者まで含まれていた。(18)プリニウスは彼らに祭儀させて釈放した。問題は次のグループであって、二度目の審問になって、かつては教徒だったが今では信仰を捨てたと主張する連中が現れてきたのである。この者たちも先の非キリスト教徒とおなじように神々と皇帝の像に礼拝し、祭儀を捧げ、キリストの名を呪った。(19)しかも彼らの審問から、キリスト教徒の集会は帝国側の通念とは逆に質素・清潔なものであることが判明し、その集会すら先にトラヤヌス帝が発した結社禁止令以後は自粛していることもわかった。(20)そこで、とプリニウスは言う、「このことが私をして、彼らから婦人奉仕者（ministrae）と呼ばれている二人の女奴隷（ancillae）を拷問して真実をつきとめる必要があると決意せしめたのであります。しかるに私はそこに莫迦げた、甚だしい迷信しか見出せませんでした」[21]と。こうしてプリニウスはかつて教徒ではあったが今は棄教し、その証拠をも祭儀行為によって示した連中の裁判を中止して、彼らに寛大な措置をとってやれば、伝統宗教の復興も図れるであろうとの具申をもあわせて[22]トラヤヌスに指示を仰いでこの書簡を閉じるのである。

プリニウスは総督としてかなりの程度自由裁量権を行使して決裁した上で、結論をもかなり先取りしながら請訓している。ここにはトラヤヌスの指示を待つまでもなく、キリスト教弾圧の政策は基本的には確立していたことが窺われる[23]。もっとも、」文脈には総督プリニウス特有の自讃・自己弁護もひそんでいるかもしれない。だから、彼の論旨の運びから事実関係を再構成するに際しては若干の疑点が生じないわけではない[24]。しかし、いずれにせよトラヤヌスの返書は彼が匿名告発書を採用したことは叱責するが[25]、その他の措置についても、寛大な方針の具申についても承認を与えているかにみえるのであり[26]、二世紀初頭において帝国のキリスト教政策の基本は明確に示されたと言え、本書簡の史料的価値の高さが評価されることになるのである。ただここでは、「拷問されたancillae」の役割が問題となる。

ancillae は匿名告発書に記載されていた被告であり、一括して自由人と共に審理を受けたが[27]、たまたま奴隷であったがゆえに拷問を受けただけだとするアラールなどの見解もある。それに対してシェーレは次のように解する。信仰を否認してキリストを呪った教徒が現れ、更にキリスト教徒の行為が犯罪とはほど遠いものであるとの証言を得られたところで（そこに矛盾を感じて?-）、疑念を抱いたプリニウスは、特に告発されていたわけではないが、教会でもある程度の地位（ministrae）にあった奴隷教徒を捕らえ、それに拷問を加えることは当然許されていたから[28]、彼女らの信仰自体は問題とせず、その属するキリスト教会の内情を聞き出すというただそれだけの目的で拷問したのである。プリニウスは奴隷の信仰は罪に問わず、その棄教を求めてもいない。女奴隷はプリニウスにとっては単なる情報提供者であり、真相究明の道具として用いられているに過ぎない。かかる手法はまたローマ裁判の手続きにも合致している[29]。即ち、帝国のキリスト教対策の基本を打ち立てた本書簡はまた、迫害者としての帝国・行政担当者は奴隷（おそらくこの場合 ancillae は私人の奴隷であったろう）の信仰告白には何の興味ももたず、直接の迫害対象からは奴隷を外しており、その意味でもこれは後の帝国の迫害の原則ともなったとされるのである[30]。シェーレは更にプリニウスが omnes ordo という表現を用いて全ての身分の者が裁判に付されている、と述べていてもその ordo の中に意識的に奴隷を含めてはいなかったであろうと推測している[31]。果たしてキリスト教徒を告発する一般異教徒もまた自発的に奴隷教徒を除外していたかどうか、なお留保すべき点は残る。しかしシェーレはこの書簡をもって迫害と奴隷との基本的関係の最初のあらわれと捉えるのである。ministrae と呼ばれたこれら女奴隷がいわゆる diakonisse として教会内で相当に高い地位を占めていたことをシェーレは強調する[32]。であったからこそ彼女らは恰好の拷問対象となったということであるが、同時にこのことはキリスト教の奴隷観を示す事例としては興味深いものであることに間違いない。

②『ポリュカルポス殉教伝』六、七

これはスミルナ司教ポリュカルポスの殉教伝で、信憑性の高い史料とされ成立時期は二世紀後半であろう。(33) ここで言及される奴隷もまたこれまで見落とされてきた。殉教伝の概要は次の通りである。小アジアでこの時期に生じた迫害で若干の殉教者が出たあと、教徒たちは高齢の司教ポリュカルポスをある教徒の農場（教徒が所有者！）にかくまったのだが、探索を続ける当局（下注46参照）は教徒所有の奴隷二人を捕らえて拷問を加えたのでそのうちの一人があらいざらい白状してしまったというのである。(35) むろんポリュカルポスは逮捕され、殉教を遂げることになるのだが、これらの奴隷は文書中「裏切り者 hoi prodidontes」（六・二）と呼ばれ、ユダになぞらえられている。しかしこの奴隷たちはキリスト教徒であったであろうと想像されるのみで、少なくとも当局によって彼らの信仰が問題にされたとは史料には一切述べられておらず、白状してからのちの彼らの消息も知られていない。(36) 即ち、奴隷たちはここでもまた信仰のゆえに迫害されたのではなく、先の ancillae と同じく単なる情報提供者として拷問の具とされたに過ぎない、とされるのである。(37)

③エウセビオス『教会史』五・一—二

マルクス・アウレリウス帝代の一七七年にガリアのルグドゥヌムで生じた暴動的な迫害については、研究も多く、迫害史上重要な問題も含まれている。(38) エウセビオス『教会史』のこの部分は、ルグドゥヌムの教会からアシア、フリュギアの諸教会に宛てて出された書簡の引用であり、そこには二種の奴隷が現れる。主役となるのは劇的な殉教を遂げた女奴隷ブランディナである。(39) 彼女はやはり教徒である女主人と一緒に捕らえられた。二人は主人と奴隷という関係を超越して同じ信仰の姉妹としてふるまい、奴隷ブランディナも偶像にかけて誓うことを強制され、これを拒否して野獣刑に処された。ここでは明白に奴隷が、信仰の故に逮捕され、自由人と同じ迫害を受けた例が示されており、これまでのシェーレが立てた原則と全く矛盾している。しかも少し前を読むと、「そしてまた、我らの、異教徒たる奴隷が何名か（ethnikoi tines oiketai）捕らえられた。というのも支配者が我らすべて捕らわるべしと公けに命令を発したから」[40]とあり、教徒奴隷のみならず、教徒に仕えていたならばたとえキリスト教徒でなくとも、その奴隷すら迫害対象とされたということになる。

これらの点に整合的な説明をつけなければならないシェーレは、この書簡が真正なものであることは認めながらも、そこに文学的手法が強く働いていることをまず指摘する。[41]即ちここでは、（一）殉教者と、（二）殉教する力のない者、（三）教会の主柱たる人々と、（四）密告者とが意図的に対比され、キリスト教徒の家の異教徒奴隷はこの（四）密告者の範疇に属する者とされ、迫害においてもっとも弱い存在として際立たされている、という。[42]しかしこのように史料への信頼に限定を加えたにも関わらず、シェーレは別の方向からもこの史料の奴隷の問題について解答を与えようとする。それによると、まず教徒に仕える非教徒奴隷は前項の奴隷と同じく情報提供者として当局から利用されたに過ぎない。[43]そしてキリスト教徒奴隷は確かに逮捕されているが、これは全く例外的に巻き込まれてしまったのである。当局が迫害の対象として奴隷をも一般民と等しく取り扱ったことが異様に感じられたからこそ書簡はその事実を過度に強調したのである。[44]かかる激しい迫害を招来した理由をシェーレは探ろうとする。それはルグドゥヌムの住民に特有の熱烈な感情である。[45]宗教面ではこの感情は強烈な反キリスト教意識として民衆の下からの要求による迫害を結果した。当局側も民衆の憎悪に迎合する形でキリスト教徒の探索を強化し[46]、ブランディナのごとき信仰に固執し、そのことを公然と表明する教徒は、自由人・奴隷という身分にかかわりなく、民衆を喜ばせる野獣ショーの餌食に投じた、というのである[47]。奴隷殉教者として初めて登場したブランディナはこのように迫害史において例外として扱われることになるのである。

シェーレのここでの論旨は自らの前提に縛られて、いささか御都合主義に傾いているきらいがある。しかし、熱狂的なこのルグドゥヌムの迫害の性格とその空気を反映しているであろう当該書簡史料の筆致を考慮するならば、奴隷は帝国の迫害の直接の対象ではなかったという原則（仮に原則というものがあったとして）は破られておらず、これは特殊例として捉えるべきだとする主張は認めてよいのではないかと思われる。なお、地方総督の権限の規定、マルクス・アウレリウスのキリスト教政策の位置づけについてはもう一歩明らかにする必要があるであろう[48]。

④『ピオニオス殉教伝』

真正な史料の最後に二五〇年のデキウス帝の迫害時スミルナで殉教した女奴隷サビナの例があげられる。この史料は彼女の教会の司教ピオニオスの殉教伝で、その信憑性を確かめるにはかなりの吟味が必要とされる。シェーレは多くの頁を割いて史料批判を行い、ギリシャ語版に高い評価を与えた上で概ね以下のように事実を再構成している[49]。サビナはかつてポリッタなる異教徒婦人の奴隷であった。この女主人はゴルディアヌス帝（三世？在位二三八—二四四）の頃このサビナにキリスト教信仰を棄てるように強制、これを肯んじないサビナを縛って鉱山へ送った。しかしそこで彼女は信者仲間の援助を受け、自由にされてスミルナに赴き、司教ピオニオスと共にくらした。彼女はあくまでひそかに自由にされたに過ぎない逃亡奴隷 serva fugitiva だった。[50] 彼女は教会では聖女・告白者 homologetria と称されておそらくは diakonisse の地位にあり、司教と並んで食事するほど主だった存在であった。しかるに二五〇年に至りデキウスの迫害が生じた時には、ピオニオスから、もしも発見されて元の女主人のもとへ連れ戻されてはならないから、テオドテと名乗れと忠告された。しかしやがて彼女は司教と共に逮捕され、拷問を受けたが、その後の消息は知らされていない。[51] サビナの例はあくまで私人たる主人によって迫害を受けた奴隷、と考えるべきである。[52] 彼女が逮捕されたのはまず聖職者としてであったろうし、いずれにせよ逃亡奴隷であることが判明すればそれが処罰の理由となったであろう。[53] サビナはデキウスの迫害時で知りうる唯一の奴隷である。かくしてシェーレはここにおいても奴隷は帝国による迫害の対象となってはいなかったことを確認するのである。[54]

判断の材料も根拠も乏しくはあり、③の実際例を例外とせざるをえないところにもシェーレの立論の弱さが感じられる。ただ、史料における奴隷への言及のこれほどの少なさは奴隷の、迫害における存在の小ささを暗示していると言えるかもしれない。かかる初期迫害における情況は大迫害においてはどのように変化していくだろうか。シェーレは大迫害の事例も初期と同じレヴェルで、引き続いて検討しているが、我々は大迫害固有の特色をも考慮しながら次章以後の考察を進めたい。

（1）E. Diel ed., *Inscriptiones Latinae Christianae Veteres*, 3Bde., Berlin 1961. ギリシャ語碑文については、局地的ではあるが H. Grégoire éd., *Recueil des inscriptions grecques-chrétiennes d'Asie Mineure*, fasc.I, Paris 1922 を参照。

（2）Scheele, *Zur Rolle der Unfreien in den römischen Christenverfolgung*, 15.

（3）*ILCV* 1455A (*CIL* XI 1699) Decianus, serbus [d]ei（時期不明）; 1887 (*CIL* V 1594) serus Chri（同）Grégoire. éd., *op.cit.*, 52. doulos Christou（同）. 138 k(ur)ie boethe(i) to do(u)lo sou（四世紀以後？）など。

（4）Eusebius, *Hist.Eccl.* VIII 2-6=*de Mart.Palaest.* 11,24; Eusebius, *Hist.Eccl.* VIII 2,4; Petrus Alexandrinus, Can.6/7.

（5）S. 75-81.

（6）S. 82-122. *Martyrium Iusstini, Passio Perpetuae et Felicitatis, Acta Fructuosi, Passio Afrae.* この中では *Passio Afrae* が大迫害時に措定されるが、その史的価値は完全に否定されている。S. 117.

（7）s.v. ancilla, in Georges, *Ausführliches Handwörterbuch*, Bd.I, Sp .419, "die Magd, die Haus-arbeiten verrichtet, die Dienerin, Zofe, Sklavin ..."

（8）直接迫害書簡にふれるわけではないが、第一〇巻全体の位置づけについては弓削達「総督としてのプリニウス（小）」（秀村他編『古典古代における伝承と伝記』〈岩波書店　一九七五〉所収）参照。

（9）s.v. Christenverfolgung II juristisch, in *Reallexikon für Antike und Christentum* II, 1954, von H. Last, Sp. 1218. Scheele, *a.a.O.*,27 Anm. 1.

（10）最近の研究については、K. H. Waters, The Reign of Trajan, and its Place in Contemporary Scholarship (1960-72) in *Aufstieg und Niedergang der römischen Welt*, Teil II Bd.2, Berlin 1975, 406-411.

（11）Scheele, *a.a.O.*, 19 はこの書簡を一一二年末においている。

（12）Scheele, *a.a.O.*, 18.

（13）*Ebd.*, 20 Anm. 1.

（14）... nomen ipsum, si flagitis carcat, an flagitia cohaerentia nomini puniantur. 96.2. テキストは M. Durry の Budé

版による。

（15）処刑されたのは peregrini. Scheele, *a.a.O.*, 20 Anm. 1. cf. A. N. Sherwin-White, *The Letters of Pliny, A Historical and Social Commentary*, Oxford 1966, 697-700.

（16）perseverantes duci iussi. .... / Fuerunt alii similis amentiae quos, quia cives Romani erant, adnotavi in urbem remittendos. 96,3f.

（17）Propositus est libellus sine auctore multorum nomina continens. 96,5.

（18）上記の教徒審問中すでに、「死刑でおどしながら」とある。confitentes iterum ac tertio interrogavi suppulicium minatus. 96,3. 今度も同様の威嚇的審問が行われたのであろう。

（19）Qui negabant esse se Christianos aut fuisse, cum praeeunte me deos appellarent et imagine tuae, ... praeterea maledicerent christo, 96,5.

（20）Quod ipsum facere desisse post edictum meum, quo secundum mandata tua hetaerias esse vetueram. 96,7.

（21）Quo magis necessarium credidi ex duabus ancillis, quae ministrae dicebantur, quid esset veri, et per tormenta, quaerere. Nihil aliud inveni quam superstitionem aravam, immodicam. 96.8.

（22）96,10.

（23）cf. R. Freudenberger, *Das Verhalten der römischen Behörden gegen die Christen im 2. Jarhundert, dargestellt am Brief des Plinius an Trajan und den Reskripten Trajans und Hadrians*, Münchener Beiträge zur Papyrusforschung und Antiken Rechtsgeschichte, 52 Heft, München 1969-2, 235-241; A. Wlosok, *Rom und die Christen*, Stuttgart 1970, 27-39.

（24）そもそも女奴隷を拷問して探り出そうとした眞実とは何であったのかが明瞭でない。先立つ叙述で彼は教徒の信仰生活を正確に把握しており、そこに何ら恥ずべき行為を見いださなかったとするのに、奴隷の告白によりそれらが甚だしい迷信だと決めつけて、しかもその上で寛恕を請うているのである。

（25）pessimi exempli nec nostri saecului est. 97,2.

（26）Actum, quem debuisti, mi Secunde, in executiendis causis eorum.qui Chrisitiani ad te delati fuerant, secutus est.

97,1.

（27）P. Allard, *Histoire des persécutions pendant les deux premiers siècles*, Paris 1911, 163f.

（28）下注と共に Buckland, *op.cit.*, 86f., 89.91ff. Sherwin-White, *op.cit.*, 708 参照。

（29）25. cf. Th.Mommsen, *Römischen Strafrecht*, Leipzig 1899, 412ff.

（30）Scheele, *a.a.O.*, 27.

（31）96,9. Scheele, *a.a.O.*, 27f.

（32）Scheele, *a.a.O.*, 23.

（33）Ebd., 28 は一六〇年代後半におく。cf. H. Musurillo, *The Acts of the Chrsitian Martyrs*, Oxford 1972, xiii.

（34）おそらくはマルクス・アウレリウス（在位一六一―一八〇）代。

（35）.. kai me eurontes sunelabonto paidaria duo,oon to eteron basanizomenon oomologesen. 6,1. なお並行記事として Euseb., *Hist.Eccl.* IV 15,11f. を参照。

（36）Scheele, *a.a.O.*, 33 によればこれらの奴隷は明白にキリスト教徒であったが、教会的配慮によってそのことは隠されたのだ、という。

（37）*Ebd.*, 34.

（38）最近のものとして、D. Berwig, *Mark Aurel und die Christen*, Diss.München 1970, 51-89.

（39）Eusebius, *Hist.Eccl.* V 1,17ff.53-56.

（40）*Ibid.*, V 1,14.

（41）*Ibid.*, V 1,14f. 大意のみ記せば、「サタンの企みにより彼らは聖者が受けた拷問を自らもうけるのを恐れた。だから兵士におどかされた時、彼らは私たちがテュエステスやオイディプスのわざにふけっているとか、さらに、考えたり口にしたりするだにおぞましいことどもを讒言した。このうわさが広まると……たとえかつては親しかったうちのある者すら（tenes to proteron di'oikeoteta）私たちに対してはなはだ悪しきふるまいをなし……」。

（42）Scheele, *a.a.O.*, 40f.

(43) あるいは単なる巻き添えとして捕らえられた、とも。*Ebd.*, 42.

(44) *Ebd.*, 43.

(45) *Ebd.*, 46. ガリア人が犯人の処刑を強く要求した碑文（*Hesperia* 24, 1955, 320-349）が引用されている。また剣闘士競技が盛んであったことも指摘される。

(46) トラヤヌスがかつて教徒探索を禁じたこと（Plinius, X 97,1. Conquirende non sunt.）を想起。

(47) Scheele, *a.a.O.*, 45-47

(48) この迫害で総督は独断でローマ市民を処刑したとされる（Euseb., *Hist.Eccl.* V 1,50-52）。マルクスの厳しい迫害帝像を強調する延藤十九雄「マルクス・アウレリウス帝治下のキリスト教徒迫害」（『関学西洋史論集』六、一九七六）を参照。

(49) Scheele, *a.a.O.*, 60ff.

(50) *Ebd.*, 67. servus fugitivus については Buckland, *op.cit.*, 267-274。

(51) *Mart.Pionii* 9.

(52) このような例は他にも多い。Euseb., *Hist.Eccl.* VI 42,1; Tertullianus, *Apologeticum* 3; *ad Nationes* 1,4,8ff.; Arnobius, *Adversus nationes* 2,5 など。cf. Scheele, *a.a.O.*, 130.

(53) Frend, *Martyrdom and Persecution*, 406. ただし聖職者への迫害を本格的に進めたのは、ウァレリアヌスである。Euseb., *Hist.Eccl.* VII 11,6. Stade, *Der Politiker Diokletian*, 150f.

(54) Scheele, *a.a.O.*, 74.

第4節　大迫害史料における奴隷

シェーレが挙げる大迫害史料に現れる奴隷は後述する通り、ドロテオスら三名の宮廷奴隷（本節史料④)、パレスティナ総督家の奴隷テオドゥーロス（同⑥)、及びアレクサンドリア司教ペトロスの書簡規定中の奴隷（同③）であり、いずれも彼の主張をくつがえす例にはなりえないとしてその検討はきわめて簡単にすまされている。(1)管見による限り、名前の分かる奴隷がもう一人おり、他に漠然とした表現に過ぎない事例までをも含めるとその他何箇所か奴隷が言及された史料が見出せる。(2)それらの検討からは帝国が（私人の）奴隷を直接の迫害対象とはしなかったことが確認されるであろう。しかしシェーレを受けて二世紀以来の帝国の基本政策の存在を確かめるのみに留まってはなるまい。我々は大迫害の底流にある帝国側の論理に即して(3)この奴隷の問題をも考察していきたいと思う。従って通例の奴隷とは異なる範疇の奴隷にも言及する必要が出てくるであろう。本節はまず帝国の迫害勅令に現れるかにみえる奴隷から検討を始めたい。

① **Eusebius, *de Martyribus Palaestinae*, Praefatio 1= *Hist.Eccl.* VIII 2,4**

この箇所はいわゆる迫害第一勅令の一節である。ここでは次の文章に注目したい。「家にある者は、もしもキリスト教信仰に固執するならば自由を奪われる」(4)。この、「家にある者 hoi en oiketiais」が問題となる。(5)迫害勅令原文が保存されていないので、我々はいくつかの史料をつきあわせてその内容を再構成しなくてはならない。(6)この記事はエウセビオスのみが記すもので、はたしてかかる規定が勅令そのものに含まれていたのか、いたとすれば正確にはどういう語句が用いられていたのかはなお定めがたい。迫害史研究においてもこの条項は論争の的になった。「家にある者」を自由民をも含めた帝国民全体ととる研究もあったようだが、ほとんどはこれを解放奴隷もしくは奴隷、またはその両方を指すと考えている。
まずこれらの者を奴隷全般と解し、「すべての奴隷はキリスト教信仰を棄てないなら自由を得る可能性が奪われる」と読むのは、古くはフンツィカー、アラール、最近ではフレンドなどである。[7]その通りだとするなら、これまでの迫害の方針からは一八〇度転回したきわめて強硬な規定ということにならざるをえない。しかしながらもしこの規定を実施しようとするなら全国民の奴隷を駆り立て、キリスト教信仰のあるなし、その保持か棄教かを確かめる作業、即ち神々と皇帝の像への祭儀を行わせなければならない。聖職者に祭儀が命じられたのが第三勅令においてであり、全帝国民に命じられたのは第四勅令で、それですらごく限られた地域でしか実行されなかったことを想起するならば、[8]この規定が奴隷全般に向けられたものだったと解するのは困難であることが分かるだろう。更にエウセビオスの記す範囲で考えるなら、この「家にある者」を奴隷全般ととれば、彼の記述中には高位高官の人間と、「奴隷」に対する規定だけがあって、一般民に対するそれが記されていなかった、という奇妙な勅令であったことになってしまう。[9]特にこの時点、奴隷教徒が帝国から掣肘を受けるような状況も見出せぬ以上、先のような見解はやはり成り立たないとしなくてはならない。[10]
次にこの hoi en oiketiais をより限定的に考える説をみておこう。ベルザーはこれを皇帝の宮廷に仕える解放奴隷を含めた諸役人・召使と解し、これはディオクレティアヌスが前世紀のウァレリアヌスの迫害を先例として、規定したものだとした。[11]キプリアヌスによるならば、ウァレリアヌスの迫害で、特にそのうちの裕福な者ほど弾圧を受けた帝室の caesariani がそれにあたる。[12]ド・サント・クロワやモローがこの解釈をとり[13]、シェーレは必ずしもこれを caesariani と把握はせず、宮廷に仕える自由人キリスト教徒と解し、勅令は彼らを奴隷にすることを命じていた、と考える。従って hoi en oiketiais 自体は奴隷などを意味するのではなく、勅令中に奴隷に関する規定は存在しなかったと結論するのである[14]。しかし、このギリシャ語の en oiketiais は隷属者を指す場合が多いと考えられる。事実シュターデはエウセビオスの oiketia の用法を眺めた上で、それが皇帝・総督の Familie に属する解放奴隷・奴隷だと指摘している[15]。我々はこの者らは、総督などの家までは含まれず、四皇帝の宮廷に仕えるキリスト教徒を指し、自由人・奴隷の両方を一括した表現ではないかと考える。ここで確かに奴隷は迫害対象に含まれているが、彼らには皇帝に直接仕える、という特殊な限定がつくのであって、高位高官に加えて迫害の第一対象とされた皇帝近辺の者に入れられているのである。

要するに一般私人の奴隷は依然として迫害の対象とはなっていなかったということになる[16]。一般自由人への規定すら曖昧であったことは別稿ですでに指摘したところだが、彼らの所有する奴隷もまた、自らそれを望まない限り迫害の危機に直面することはありえなかったであろう[17]。逆に皇帝の立場からするならば、迫害策に踏み切るにあたって、とりわけ自分に近くいて従属する者、彼の「家」にある者の宗教統一を図って範を示させようとしたことが想像できる。その程度の規模でならば、祭儀を実施して信仰を確かめることも容易であった。事実我々は大迫害に先立ってニコメディアのディオクレティアヌス宮廷で行われた祭儀が失敗した事件[18]、迫害開始後の宮殿不審火で再び宮廷人に祭儀が強制されたことを知っているのである[19]。これはディオクレティアヌスの伝統宗教復興という大迫害の基本理念と強く結びつく事柄である。その限りで帝国は、一部の奴隷についてはその信仰を問題とするに至った、と言いうるのではあるまいか。

② *Eusebius, de Martyribus Palaestinae*, 9,2

時間的にやや先へ飛ぶが、もう一箇所、迫害勅令に見出される奴隷について眺めておこう。これはおそらく三〇九年秋に東方の皇帝マクシミヌス・ダイアがしばらくの迫害休止の後に発した、いわゆる第五勅令に現れる。この勅令は属州総督及び郡の責任者の名前で発され、諸都市高官に、倒れていた異教神殿の復興、全帝国民による祭儀の執行、市場の物品に神酒をそそぐこと、浴場の入り口で祭儀を行わせることを命じており、マクシミヌスによる迫害と伝統宗教復興策の結合、日常生活に迫害をもちこんだという意味でもその徹底した政策を示す証拠と解されるものである。[20]その勅令の一節に「すべての人が、男も、その妻も、彼らの奴隷 oiketai も、胸に抱かれた幼児すらも祭儀し神酒をそそぐように（命令された）」とある。[21]マクシミヌスの迫害策はついに私人の奴隷をも直接の対象とするに至ったとすべきであろうか。

このエウセビオスの言及を、異常な、しかも一時的な迫害の激化に伴う特殊例と考えたり、あるいはこれらの指令は伝統宗教振興策なのであって、キリスト教徒迫害とは全く別の問題だとして、これをもって奴隷が迫害対象に含まれたとは言えないとして、原則の継続を主張する説明も行われる。[22]しかしこれを別の角度から考えてみよう。『パレスティナ殉教者伝』を遡って読んでみると、4,8に、即ち三〇五年末から三〇六年初めにかけてマクシミヌスがパレスティナにおいて全住民に神々への祭儀を命じ、軍隊が出動して、ケンススのリストと思われる帳簿を用いて一人々々名指しで祭儀させた、とある。[23] 大迫害を通じてかかる大規模な（ただし都市のみで）祭儀命令が施行された例は、ここと同書9,2を除くと外にない。[24] しかもかかる作業の困難さから推しても、マクシミヌスの領土においてすら、全領域にわたってこれほどに綿密な祭儀遂行がなされたとは考えられない。

本史料はおそらく総督所在地カイサリアでの出来事と思われるが、祭儀命令が執行されたのはここを含むいくつかの主要な都市に限られていたというのが実情だったであろう。4,8に奴隷への言及はなく、帳簿が利用されたにせよ、財産としての奴隷は記載されていたかもしれないが、せいぜい一戸につき家長一人の出頭で充分とされたのではあるまいか。まして9,2でそれ以上のことが行われたとは思えない。実際に奴隷が所有者と共に都市の祭儀に駆り出されることなどは、当時の社会になじまぬことであったように思われるのである。この箇所における奴隷への言及は皇帝の厳しい政策を強調する（異教徒にとってすら重荷であった！　同書9,3）エウセビオスのレトリークととることが一つの解決策となろう。ただ前項の hoi en oiketiais に限定つきの奴隷をも含めうるとする我々の推測が正しければ、ここできわめて空文的に、いわば勅令文の語の勢いで、奴隷への命令が入り込んだと解した上で、奴隷の宗教に対する帝国の捉え方に三世紀までとは異なる性格が現れてきたとすることができるかもしれない。

③ ***Sancti Petri Alexandrini et Martyri Epistolae Canonicae 6; 7***

この文書は上のマクシミヌスの祭儀命令にある程度関連する。筆者のペトロスは三〇〇年以降アレクサンドリア司教として、三〇六年のマクシミヌスによる迫害再開まではその任に留まりつづけており、[25]三〇五年春からの休止期間中にこの教会規定を列挙した書簡をしたためたものと思われる。[26]内容は迫害に屈服した教徒への罰則が主であるが、この条では祭儀命令に際して自分は赴かず、身代わりにキリスト教徒である自分の奴隷を強いて祭儀にゆかせた教徒と、その身代わり祭儀に行った奴隷への罰則が定められており、[27]奴隷には一年間の聖務停止・悔い改め、一方所有者には三年間のそれが課せられている。特に行かせた所有者への罰則はその他の違反に比較してかなり重く、[28]ここから教会が奴隷に対する取扱いに配慮し、それへの寛容と保護を強調する姿勢を少なくともこの面では示していることが看取されるであろう。[29]

しかし我々の観点から見逃してならないのは、奴隷には本来祭儀を行う義務はなく、身代わりとなることが可能であった、という事実である。即ち、迫害がもっとも厳しく行われた東方であったが、史料上は帳簿でもって一人々々確認しつつ全住民の祭儀強制が実施されたというこの作業が、本当に綿密に全地域で行われたのなら、奴隷の身代わりなどは不可能であったろう。ただし、本書簡は前項②のマクシミヌスの第五勅令に先立って書かれたものなので、その勅令において奴隷が対象とされていたことを否定、乃至空文化させる解釈をなす積極的な根拠とはなりえない。

しかし、少なくとも第五勅令に至るまでの時期、迫害帝マクシミヌスの治世においても一般の奴隷は迫害対象となっていなかったこと、及び当局の態度は身代わり祭儀を見逃し、黙認するほどの緩やかさをもっていたことを確認したいのである。[30]実にこのことが大迫害を通じて貫かれている帝国の基本姿勢であり、それはマクシミヌスの第五勅令以後も特に変わるものではなかった、と言えるのである。事実として表面的に激化した、つまり処刑者の数が増したとしても、そこには全く別の要因が働いていた。それは帝国側ではなく、キリスト教徒の側から生じたことであった。[31] つまり、教徒の熱狂的行動から結果したのが殉教であったのである。そしてその中に奴隷がいたことは事実なのである。

④ Eusebius, *Hist Eccl. VIII 6* / Lactantius, *de mortibus persecutorum* 15, 2f.

ここに挙げたエウセビオスの叙述には、皇帝に愛され、重用されて名誉のしるしすら与えられていた教徒奴隷の殉教が描かれている。[32] それによると、迫害第一勅令発布の直後にこれら皇帝の奴隷たち[33]は祭儀を命じられ（*Hist.Eccl.* VIII 6,2）、拒否して拷問され、数多くが殉教した（6,5）。名前を挙げられているのはドロテオス、ペトロス、ゴルゴニオスの三名である。[34] そのあとにニコメディアの宮殿（ディオクレティアヌスの在所）に不審火が生じて教徒が犯人とされ、大量に処刑された（祭儀は行われなかった）との叙述があり（6,6）、次いで皇帝の奴隷たちの遺体は丁重に葬られた、とある（6,7）。

さてエウセビオスの『教会史』のクロノロジーはかなり不正確であるとはしばしば指摘されるところであるが、[35] もう一つの史料ラクタンティウスに即して第一勅令から不審火・祭儀強制に至る過程を眺めてみよう。[36] それによると、第一勅令発布のあとニコメディアにいた副帝ガレリウスは密かに宮殿に放火させ、キリスト教徒に濡れ衣を着せようとした。宮廷内の者たちはすべて拷問を加えられた（*de mortibus persecutorum* 14,1-4）。犯人は特定できず、一五日後にガレリウスはもう一度放火させ、ニコメディアから逃亡した(14,6.7)。怒り狂ったディオクレティアヌスは、妃と娘を手始めに宮廷人に祭儀を強制し、重用していた宦官 eunuchi、それに聖職者 presbyteri, ministri を一族もろとも追放した[37](15,1.2)。その他の者も数多く焚刑を蒙り、就中 domestici は海中に投じられるという仕打ちを受けた(15,3)。

我々は、より詳細なラクタンティウスの方に信頼をおいて考察したいのだが、その上で注目されるのは、先ずエウセビオスに現れる皇帝の奴隷がラクタンティウスのいう domestici ではないか、ということ[38]、そして彼らは先に見た第一勅令中の hoi en oiketiais に属する者たちではないか、ということである。彼らは奴隷として迫害を受けた。まずエウセビオスによるならば、勅令発布直後に祭儀を強制されて。しかし彼らはまさに皇帝・国家の奴隷という特殊な条件下にある奴隷であった。しかし、翻ってラクタンティウスの事実構成に依拠すれば、宮廷人全体に課された祭儀、そして奴隷たちの殉教は二度にわたる不審火という異常事態への疑惑から、報復として生じた突発的な出来事であり[39]、もしかかる火事さえなければ、宮廷人への祭儀強制すら意識的に勅令施行の一環としてそれほど早くから行われはしなかったのではないか、と考えられるのである。であるとすれば、第一勅令の hoi en oiketiais が帝室奴隷を含む宮廷の教徒を対象としていたにしても、単なる迫害方針の強調のためにまぎれこんだか、教会史家が挿入した、空文的条項であったと言えるのではあるまいか。キリスト教そのものの活動を封じ、きわめてラディカルな方向を示唆したディオクレティアヌスの迫害も教徒に直接関わる実施面においては寛大であったという大迫害の論理がここでも感じとれるのである。いずれにせよこの箇所からも奴隷一般が迫害の対象となってはいなかった、という主張は覆されないであろう。

⑤ **Eusebius, *de Martyribus Palaestinae*, 11,15**

ここに現れるのはエウセビオスの師パンフィロスに仕えていた、奴隷と思われる若者ポルフュリオスである。[40] パンフィロスのグループが逮捕・拷問されたのち斬首刑が決定した時、この若者はパレスティナ総督フィルミリアヌスの許へ、処刑の後に主人の遺体を埋葬したいから引き渡してほしいと公然と申し出た。総督は彼を審問して祭儀を強制し、拒否する若者を拷問したのちに布でくるんでじわじわ焼き殺すという残酷な方法で処刑した（11,14-18）[41]。

ここには大迫害時のキリスト教徒の典型である自発的殉教者の姿が見出される。特に探索されているわけではなく、そのままで留まっていれば見逃される筈であった教徒が公然と当局に刃向かう。先述の大迫害の論理に殉教者の論理が対置される。ここでも奴隷への迫害は帝国が意図した結果ではなく、奴隷の主体的な行動が迫害を招いたのである。ただしこの場合ポルフュリオスが大胆な申し出をなすまでは無事であったからといって直ちに奴隷は迫害の対象となっていなかった証拠とすることはできない。多くのキリスト教徒は自由人や聖職者すらをも含めて大迫害中何らの危害はもちろん、信仰をためされる機会すら経験せずに過ごしたことは確実だからである。[42]

⑥ **Eusebius, *de Martyribus Palaestinae*, 11,24**

ここで扱われているのはテオドゥーロスという老奴隷で、教会で重きをなす一方、総督フィルミリアヌスの家に三代にわたって仕え、総督自身からも敬われていたとされる[43]。彼も何らかの形でパンフィロスと関係があったらしく、同じグループ一二名の一人として処刑された。その逮捕のきっかけは彼が地上に横たわっている殉教者にかけよって接吻したことにあり、彼は早速総督である主人の許に引き立てられ、他の教徒よりも残酷な拷問にあった末十字架にかけられたのである[44]。テオドゥーロスが当局者たる総督の奴隷であったという特殊条件、また彼が公然と大胆な行動をとったことを見るならば、彼の場合にも「原則」が崩された証拠とすることはできないわけである[45]。

さて以上、長きにわたって大迫害史料に現れる奴隷を眺めてきた。大迫害の追求によって提起される問題がきわめて多岐にわたるために行論中横道にそれざるをえない場合が少なくなかった。しかし単に奴隷が迫害の対象でなかったというシェーレのテーゼの検証に留まるならばそれほど問題を進展させることにはならない。我々がこれまでの他の考察との重複をおかしながらいくつかの問題と結びつけて論じ、とりわけ「大迫害の論理」にしばしば言及したのはそのゆえである。若干ニュアンスに変化が生じて来たかに感じられるにせよローマ帝国の姿勢は大迫害においても奴隷全般をその対象とはしなかったという事実を踏まえて、今後のローマにおける奴隷制・奴隷観のあり方、またその古代末期における変質という問題を考えなければならないであろう。

（1）Scheele, *Zur Rolle der Unfreien in den römischen Christenverfolgungen*, 75-81.
（2）今回詳細に見直した史料はエウセビオスの二著作とラクタンティウス、ペトロス書簡、公会議規定等にとどまる。西方迫害の史料、碑文、オプタトゥスなどのドナティズム文書には目が届かなかった。おそらく重要な材料はほとんど含まれていないと思うが、これらについては他日を期したい。

（3）一言で言うならば「迫害の基本理念においてはきわめてラディカルであるが、実施の具体的側面に関しては寛容かつ形式的である」。拙稿「大迫害」passim.

（4）tous de en oiketiais, ei epimenoien tei tou Christianismou.. *de Martyribus Palaestinae*（E. Schwartz 編のギリシャ語版）の記事。

（5）those in households（H. J. Lawlor の訳）. ceux qui etaient en service chez des particuliers（G. Bardy の訳）.

（6）拙稿「大迫害」三一八—三二二。

（7）O. Hunziker, Zur Regierung und Christenverfolgung des Kaisers Diocletian und seiner Nachfolger 303-313 (in M. Budinger hrsg., *Untersuchungen zur römischen Kaiser-geschichte* II, Leipzig 1868), 165; P. Allard, *La persécutions de Dioclétien et le triomphe de l'Église* I, Paris 1908, 156; Frend, *op.cit.*, 491.

（8）拙稿「大迫害」三二三以下。

（9）法的特権の保持者は地位・身分を剥奪される、との規定は Euseb., *Hist.Eccl.* VIII 2,4; *de Mart.Palaest*, Praef. 1; Lact., *de mort.pers.* 13,1. 一般民に対する規定は Lact., *Ibid.* にあり、すべてのキリスト教徒は法的行為能力を失う、とされるのだが、この規定の実施はほとんど不可能である。拙稿「大迫害」三二一。一方 Stade はこの hoi en oiketiais を別な風に解釈するが、迫害勅令中に一般民への規定がなくとも不思議はない、彼らは一様に三世紀以来 ius gladii の下におかれた存在だから（humiliores として差別されたことをさすか）、とする。*a.a.O.*, 165.

（10）もっとも、これを空文的な強調規定ととる解釈、エウセビオスのレトリークとする解釈の可能性も排除されないだろうが、今のところの私の考えは以下に述べる通りである。

（11）J. Belser, *Zur Diokletianischen Christenverfolgung*, Tübingen 1891, 63.73.

（12）Cyprianus, *Epistulae* 80,1.

（13）G. E. M. de Ste Croix, Aspects of the 'Great Persecution', *HTR* 47-2,1954,76; J. Moreau, *La persécution dans l'empire romain*, Paris 1956, 117. なお、M. H. Fritzen, *Methoden der diokletianischen Christenverfolgung*, Diss.

Mainz 1961, 26 Anm. 3 も同様の見解。
（14）Scheele, *a.a.O.*, 78f.
（15）Stade, *a.a.O.*, 164f.
（16）しかし勅令中に奴隷への言及がともかく現れたとするなら、一つの変化が帝国側に見られるに至ったということになろうか。それは奴隷が自由人と同格に引き上げられる傾向の一端を示唆するというより、先ほどの、ius gladii の下に国民を均質化させ、国家への隷属性の強い臣民に一括させていく方向の反映というべきであろうか。
（17）第一勅令の別の条項によって教会の破壊、聖書没収が実施されており、公然たる礼拝が禁止されていたことを忘れてはならない。つまり帝国の当初の目的はそれで十分だったのである。拙稿「大迫害」三一九―三二一。
（18）Lactantius, *de mort.pers.*10.
（19）*Ibid.*, 15. 本章史料 4 を参照。
（20）拙稿「Maximinus Daia」八一、八七。
（21）… pandemei de pantas, andras hama gunaixin kai oiketais autois hupomaziois paisi, … (9,2). シリア語版は B. Violet, *Die palästinischen Martyrer des Eusebius von Casarea*, Texte und Untersuchungen 14-4, 1896, 97 によれば、〃alle Mannersamt Weibern, Kindern, Sklaven und sogar den Kindern an der Brust . 他に W. Cureton, *History of the Martyrs in Palaestine by Eusebius, Bishop of Caesarea*, London 1861, 31 も slaves とする。H. J. Lawlor & J. E. L. Oulton, *Eusebius, Bishop of Caesarea, The Ecclesiastical History and Martyrs of Palestine*, Vol.1, London 1928, 372 も同様。
（22）Scheele はこの箇所に一切ふれていない。
（23）kai pros toutois onomasti chiliarchoon 〈ap'〉 apographes hekaston anakaloumenoon. この訳については census list (Lawlor & Oulton, Vol.1, 347). une liste (Bardy, *Eusèbe Pamphile*, *Les martyrs en Palestine*, Sources chrétiens 55, Paris 1967, 131).

(24) いわゆる第四勅令が全帝国民への祭儀命令であるが、その実施の実態にはかなりの留保が付されねばならない。上注8所掲拙稿参照。

(25) s.v. Petros von Alexandria, in *RE* 19, 1938, Sp. 1281ff. Lawlor & Oulton, Vol.2, 293.

(26) このペトロスにせよ、後述のパンフィロス（三〇八年逮捕）にせよ迫害がかなり経過しても自由に活動していた。エウセビオスやラクタンティウス（彼らはこの時点では教会の有力者とはいえなかったろうが）にも迫害の手は及ばなかったらしい。大迫害のもう一つの面を示す例である。

(27) Canon 6. tois de doulous Christianous anth'heautoon hupobeblekosin, oi men douloi, ... eniautooi ta tes metanoias erga deixousin「自分の身代わりに、キリスト教徒たる奴隷を（祭儀に）行かせた者たちについては、それら奴隷たちは一年の悔い改めをする（なら赦される）」。Canon 7. Hoi de eleutheroi en trisin hetesin exetasthesontai en metanoiai ... kai hoos katanagkasantes tous omodoulous thusai ...「（ゆかせた）自由人の方は三年間悔い改めに服さねばならない……仲間たる奴隷を強いて祭儀させたのだから」。テクストは、Migne, *Patr.Graecae* 18,477; 479.

(28) 拙稿「大迫害」三三七注76。

(29) この文書を重視するScheeleが特に強調するところである。*a.a.O.*, 79-81.

(30) 拙稿「大迫害」三三七。

(31) いわゆる自発的殉教者 voluntary martyr については de Ste Croix, Why were the Early Christians Persecuted?, *P&P* 26, 1963, 21ff.

(32) Scheele, *a.a.O.*, 75-77 はこれらの奴隷が特殊な地位にあり、所有者たる皇帝の判断による処置として誅殺されたのであって、迫害策とは一応別の問題だと主張している。

(33) ... basilikous paidas (6,1). ... toon basilikoon henos to marturion paidoon (6,4). ... tes basilikes oiketiais (6,5).

(34) 6,1; 4;5. cf. P. Allard, *Les esclaves chrétiens*, 240f.; Frend, *op.cit.*, 447.

(35) 不正確というよりも、共通する主題に従って材料を寄せ集めて叙述する箇所がかなりある。そもそもクロノロジカルに書くという原則はそれほど重視されなかったようにみえる。拙稿「大迫害研究」passim.

特に注10参照。

（36）クロノロジーの上でラクタンティウスを高く評価するのはT. D. Barnes, Lactantius and Constantine, *JRS* 63, 1973, 29-46. 拙稿「大迫害研究」四〇―四一。

（37）cum omnibus suis deducebantur. Moreau はこの omnes sui の中に奴隷も含めているが（*Lactance*, 286）、史料自体が正確さを欠いた表現であり、あえて聖職者を対象とした第二、三勅令への言及だと解釈しても彼らの奴隷は主人が受けた弾圧のあおりをくっただけにすぎず、当局から追求されたわけでもあるまい。

（38）Lawlor & Oulton, *Eusebius*, Vol.2, 273. Moreau, *Lactance*, 286f. も domestici は皇帝の奴隷だとした上で、この間の叙述においてエウセビオスとラクタンティウスとは相補完するという。

（39）拙稿「大迫害」三二〇、三二一注35、36、42においてニコメディア殉教暦を用いてこの点は指摘しておいた。

（40）meirakion tes oiketikes huparchon tou pamphilou therapeias. Violet によると、ein junger Sklave (S. 92). Cureton は a slave of Pamphilus とする（p. 41）。ポルフュリオスは Allard によって称賛されている（*Les esclaves chrétiens*, 237）。

（41）パンフィロスのグループが斬首刑を科されたのに対し、奴隷たるポルフュリオスにこのような刑が執行された点は注目される。奴隷と記されてはいないが、彼と同時に殉教したユリアノスは、特に極端な反抗を示したわけではないのに逮捕され、同様のむごい焚刑に処された（*de Mart.Palaest.* 11,25f.）。彼もまた下層民と想定される（Fritzen, *a.a.O.*, 80）。このように処刑の方法の相違や拷問の有無から、その教徒の社会的身分を知ることはできないか、という問題が生ずる。しかしある程度見当だけでもつけられる例すら少なく、拷問と刑の多様さは必ずしも対象教徒の身分差を反映しているとはいえない。しかしこのことも先述の、一般民は ius gladii 下の臣民として粗略に扱われた、という事実を暗示するかもしれない。Moreau, *Lactance*, 325-333; Fritzen, *a.a.O.*, 66-84.

（42）キプリアヌスに遡る、いわゆる stantes に属した教徒。拙稿「大迫害」三三七、三三七。

（43）Theodoulos, semnos tis kai theosebees presbutees, tes hegemonikes tugchanoon oiketias tetimemenos te para tooi

Phrmilianooi ….

（44）十字架刑もまたローマ法上は奴隷・下層民の刑であるが、キリスト教徒にはすでに二世紀、ルグドゥヌムの迫害で科せられている（Euseb., *Hist.Eccl.* V 1,27. イエスおよびネロの迫害時の教徒はいちおう別として）。更に一般犯罪にも科せられたというが（Lact., *de mort.pers.* 21,3）、大迫害時ではこれが唯一の例。Fritzen, *a.a.O.*, 77.

（45）Scheele, *a.a.O.*,75-77.

第5節　〔補論〕大迫害における鉱山奴隷教徒

史料による限り、大迫害における拷問・刑罰・処刑の方法はきわめて多様である。その一つが鉱山労働刑なのだが[1]、大迫害時に際してはひとり東方帝マクシミヌスのみの採用になる刑だとされる。そしてこれまでは彼の迫害の厳しさを裏付ける刑の一つとして触れられるに留まっていた。しかし、例えば早くよりデイヴィーズによる史料整理があり[2]、ブリアンも鉱山労働に関する包括的な研究でこのことについて言及している[3]。最近ではグラントによって、この刑罰のもった経済政策上の意味が、特に貨幣の質の保持との関連で指摘されている[4]。大迫害の時期には他にも特異な史料として、パンノニア地方を舞台とするキリスト教徒鉱山労働者の殉教伝とされる文書が出され、現存する[5]。鉱山囚徒としての教徒奴隷は無論これまで検討してきた奴隷とは範疇を異にするが、ともかく社会の下層に存在せしめられ、しかも何らかの行動をとったグループとして知りうる以上、我々の検討課題であることは確かである。ここでは本格的に論じる準備はなく、本章の主題と関わる点で多少の紹介を試みておきたい。

オルト及びブリアンら[6]によると、鉱山労働については共和政期以来 publicani（公共事業請負人）が請負い、奴隷に過酷な労働を科すという生産形態が中心であったが、異常な死亡率の高さ、戦争捕虜奴隷の枯渇、反乱への危惧等の理由で奴隷労働の比重は減少する。目立ってくるのは刑を受けた犯罪者 damnati, servi poenae と兵士の投入であり、更により労働関心をもつ自由人 mercennarii, coloni も進出してくる。しかしこれらの生産性は奴隷労働に比べると低く、帝政期の鉱山は全般的に不振であった。やがて皇帝はほとんどの鉱山を自領とし、fiscus（国庫）に組み入れて、procurator を介して直接経営に乗り出すに至った。かくして帝政後期にかけて奴隷労働の比重は完全に低下し、半自由人・半奴隷的な adscripti ad metalla, glebae et metallis adscripti, metallarii 等と呼ばれる労働者が主要な役割をもつようになった[7]。ここからは、奴隷労働―奴隷解放・自由人使役―竪坑に緊縛された metallarii という基本線、ちょうど大土地所有制下の農業労働の担い手の変化をそのままあてはめたシェーマが見出される。これに対して馬場典明氏は帝国内の鉱山が広く散在し、多様な経営法を見せたこと、安易に農業労働力の図式を画一的にもちこむ愚をおかしてはならないこと、確かに帝政後期に metallarii 等の姿は数多く現れてくるが、その実態も、そして段階的に措定される生産者の実態も明確ではないこと、ただし、publicani のあとに coloni と呼ばれる小請負者が見出され、彼らの下で奴隷労働は通説とは逆にかなりの間存続したこと等を碑文の精密な分析を基に提起している[8]。しかも注目すべきなのは、馬場氏が鉱山労働の問題を単に奴隷制だけの視点に関連づけるのでなく、皇帝、即ち帝国の fiscus、換言すれば帝国財政との関係において顧慮すべきだとしている点であり、servi poenae も同様に奴隷の不足ゆえの投入と安易に考えるべきではなく、皇帝権力の当該時代における有り方と不可分ではないことを示唆するのである。(9)

いずれにせよ迫害されたキリスト教徒はこの servi poenae として強制労働を科せられたのであり、彼らは上述のごとく帝国・皇帝所有の、即ち fiscus 管轄の鉱山に主として投入されたわけで、その限りで国家の奴隷の境遇に陥ったことになる。(10) もっとも彼らが服した鉱山刑も単純ではなく、被告の身分に従って、重労働 damnatio ad metalla と、(11) より軽度の dam. ad opus metalli に分けられる。(12) この鉱山刑はまた原則的には終身刑であるが、定期刑のこともあり、その場合一〇年が普通であった。(13) その際には ad ministerium metallicorum, minist. metalli 等と呼ばれて囚徒は servi とは異なるものと見なされたという。(14)

大迫害時においてキリスト教徒に科された鉱山刑の類別はほとんど不明である。(15) ただ個人としては鉱山労働を科されたが、後に釈放された教徒が二名ほどおり、(16) その他はすべて集団的に送り込まれたとしか述べられていない。(17) 一例のみは一挙に四〇名が労働から解放されたと記されるが、これは老廃・衰弱のゆえに除かれたにすぎなかったようで、解放直後に一括して処刑されている。(18) 具体的には『パレスティナ殉教伝』において、即ちマクシミヌスの領土のこととのみとして知らされる鉱山刑だが、そこに明記された限りの人員数を単純計算すると四一七名となる。彼らがいくつかの集団として鉱山・石切り場などに投入されたのである。(19) ここから、マクシミヌスの科した刑は単なる残虐さのためだけではなく、(20) おそらく経済上の意味をもたされていたであろうことが推察されるのである。

ここでいう servi poenae（であったとすれば）を先の節で見てきたような本来的奴隷と同列において論じることはもちろんできない。しかしこれら鉱山囚徒となったキリスト教徒に関する叙述からは、あながち本主題と無関係とも言えぬ事実が得られるように思うのである。まず、これら集団として現れる鉱山の教徒たちは様々な形で当局の手をわずらわせている。エジプトのテーバイの採石場に服役していた九七名の教徒はわざわざパレスティナに移送されてきて更に審問を受け、その上で身体を不具にされて銅山に投入されている。[21] またやはりエジプトから一三〇名がパレスティナとキリキアの銅山に分割移送されている。[22] 彼らが何故長距離を移送されなければならなかったのか、理由は全く述べられていない。パレスティナ等の銅山労働力の不足を補うためであったとも考えられる。[23] しかし次の例は示唆的である。三一〇年九月九日、[24] パレスティナのファエノ銅山ですでに目と足の腱を傷つけられていた囚徒一五〇名が、[25] ゾアルという場所に集まり、外部の人々の参加とたすけを得て教会の礼拝を行うごとくに振る舞った。将軍が派遣されて一同は各地に分散させられ、首謀者四名が処刑された。[26] ここにみられるキリスト教徒の集団的・熱狂的な行為は、先のエジプトの採石場に服役していた教徒たちの間にも生じたのかもしれない。とりわけパレスティナに送られて審問を受け、不具刑を科された例からして、彼らが何らかの行為をして懲罰を受けたとも想像できるのである。

ともあれ既に刑罰を科し、一般犯罪者として鉱山に投入した教徒集団に対して、当局はその動きに敏感であり、不穏とみれば直ちに反応しているように見受けられる。自らは刑を受けてはいなかったが、エジプトからキリキアに赴いて服役者を励まし、彼らに物資を供給しようとしてその途次に逮捕された教徒グループがいたことが二例ほど知られる。[27] 当局の監視の様子が窺えよう。集団となった教徒への当局の関心を示す例は他にも少なくない。パンフィロスのグループ一二名の逮捕から裁判までの迅速さ、[28] 先の鉱山の老廃者への同様の措置[29]などがその例として挙げられる。教徒の集団行動が宗教的な範囲に限られるにせよ、このような帝国民の行動は、公共秩序 salus publica を重大事と考える当局には危険な徴候であった。[30] 当局が迫害の進む中でしきりに殉教者の遺体の始末に神経をとがらせ、殉教者礼拝が生じるのを防ごうとしたのもこのような姿勢と無関係ではなかったと思われる。[31]

この補論においてはこれ以上立ち入ることはできない。ただ、大迫害において、この鉱山に投入された教徒の問題は、やや異なった角度から大迫害の時点におけるローマ帝国体制の変化といったものを照らし出すことになるかもしれない。

（1）キリスト教徒への鉱山刑は二世紀から見られる。J. G. Davies, Condemnation to the Mines: A Neglected Chapter in the History of the Persecution, *Birmingham* 6, 1958, 99-107 が関係史料をすべて集めている。cf. Fritzen, *Methoden der diokletianischen Christenverfolgung*, 69-74.

（2）上注1参照。ただしこの論文の主題は、鉱山労働の過酷さを強調することにとどまっている。

（3）J. Burian, Arbeitsbedingungen und Klassenkampf in römischen Erzbergwerken der Kaiserzeit, *ZfGW* 5-6, 1957, 1198-1216.

（4）R. M. Grant, Christians and Imperial Economic Policy in the Early Fourth Century, in *Supplement to Novum Testamentum* 33, Leiden 1972, 215-225.

（5）Passio Sanctorum Quatuor Coronatorum, ed. Wattenbach, *Sitzungsberichte der Philosophisch-Historischen Klasse der Kaiserlichen Akademie der Wissenschaften* 10, 1853, 115-126.

(6) s.v. Bergbau, *RE* Suppl. IV, 1925, 148ff.

(7) 特にBurian, *a.a.O.*, 1210ff.

(8) 馬場典明「ローマの鉱山奴隷」(『歴史教育』八—五、一九六〇)、「ローマ帝政期における鉱山《COLONVS》」(『西洋史学論集』一六、一九六七)、「共和末、帝政初期のローマ鉱山業の状態——イタリア及び西部諸属領における——」(『史淵』一〇〇、一九六八)。

(9) 馬場『歴史教育』八—五、三五、『西洋史学論集』一六、四注13)。

(10) 上注5、6に加え、Fritzen, *a.a.O.*, 60および船田享二『ローマ法』第二巻(岩波書店　一九六九)一〇六参照。

(11) *Digesta* XLVIII 19,8,6.

(12) *Ibid.*, XL 4,46.

(13) cf. Buckland, *op.cit.*, 277ff.; 403ff.

(14) 馬場『西洋史学論集』一六、四注13。

(15) ただ単に鉱山に送られた、とのみ記される。e.g. kata ta en Phainoi (銅山) chalkou metalla sun heterois henos deousi ton arithmon tessarakonta ... (Eus., *Hist.Eccl.* VIII 13,5) など。なおマクシミヌスの迫害ではエジプトの採石場とパレスティナ、キプロス等の鉱山が投入先となっている。

(16) アエデシオス (Euseb., *de Mart.Palaest.* 5,2f.)。ドムニノス (*Ibid.*, 7,4)。

(17) 従ってここでも上注8、9の別によって教徒の出自を明らかにする道は断たれている。しかし上注16の二名はかなりの富裕層に属するかに見えることを指摘しておきたい。

(18) Euseb., *de Mart.Palaest.* 13,4.

(19) *Ibid.*, 8,1 (九七名)、8,13 (一三〇名)、13,1-3 (一五〇名。Violet, S. 105)、13,4 (四〇名)。ただし最後の四〇名は先行の数字に含まれていた人数かもしれない。

(20) これら教徒には鞭うちや目・足首をけがさせる刑が科されている。*Ibid.*, 8,1.13; 13,1. 去勢された例は、

7,4. cf. Fritzen, *a.a.O.*, 71 および Euseb., *Hist.Eccl.* VIII 13,5;14,13.
(21) Euseb., *de Mart.Palaest.* 8,1.
(22) *Ibid.*, 8,13.
(23) Grant, *op.cit.*, 224.
(24) Violet, S. 105 による。Lawlor & Oulton, *op.cit.*, Vol.1, 395 および Cureton, p. 46 は九月一九日とする。
(25) Violet, Curetoin, *a.a.O.* なお Lawlor, *op.cit.* は一三五名。
(26) シリア版によると将軍（dux der Romer, Violet, S. 106）を派遣した人物ははっきりしない。分散先はゾアルとファエノその他。ギリシャ語版によると属州支配者が、皇帝の意思を汲んで命令を発し、鉱山監督が囚徒をキプロス、レバノンおよびパレスティナ各地に分散させた。拙稿「大迫害」三三八、三三九参照。
(27) Euseb., *de Mart.Palaest.* 10,1;11,5.
(28) *Ibid.*, 11.
(29) *Ibid.*, 13,4. なおここでも指導者としてシルウァノスなる司教が特記されている。
(30) ガレリウスの寛容令をも想起。Lact., *de mort.pers.* 34,2. 拙稿「ガレリウス」三六、三七。
(31) Euseb., *Hist.Eccl.* VIII 6,7; 7,6; 8,1; 12,2.5. de Mart.Palaest. 4,15; 5,1.3; 7,2; 9,9. Lact., *de mort.pers.* 21,11; 37,1.

第6節　むすびにかえて——大迫害の論理

論じ残された問題は多い。迫害史料による限り都市における情況しか把握できない。農村において迫害はそもそもどのように行われたのか（あるいは、おこなわれなかったのか?）。農村奴隷、とりわけ皇帝領における奴隷教徒（がいたとして）と迫害の関係は。これらのことについては手掛かりすら掴めないままである。また奴隷制研究における我々の探索はきわめて貧しく、鉱山労働に関する知見も同様である。しかし本章の目指したのはその不充分な知識による限りでの、大迫害史料における奴隷の考察であった。シェーレを手掛かりとして、帝国の迫害策は奴隷全般を対象としなかったという前提は大迫害においても検証された。しかしながらそこにはある種の微妙な変化も看取された。要は、シェーレが主張してやまないキリスト教徒の側における奴隷への寛容な態度、進歩的な奴隷観への高い評価は、単にキリスト教の側に即してのみ判断さるべきでなく、ローマ帝国社会という広い視野において捉えられるべきだということを忘れてはならないのである。

既にセネカにおいて、寛容な奴隷観が見出され、それはアントニヌス家の皇帝の時代に頂点に達したとするのはカルコピーノであり[1]、更にそのような傾向は進展していったというのはシュタエルマンらの説である[2]。これらの説になお批判の余地はあろうが、少なくとも奴隷制批判にまで達しえなかったキリスト教の奴隷観に時代をリードするヒューマニズムと進歩性を帰することができないのは確かである。また補論として述べた鉱山囚徒の問題から得られた、自由人・奴隷を問わない、帝国民の集団的な動きに対する帝国側の過敏な反応は、そのこと自体は共和政期からみられる事柄であるにせよ[3]、一方で身分の差をほとんど無視したかにみえる大迫害時の多様かつ頻発した拷問・処刑の厳しさと[4]他方第四勅令に至るまでは一般の奴隷だけでなく一般自由人も迫害の当面の対象とならなかったという事実を考え合わせるならば、帝国民を次第に等質の階層＝臣民にしてゆこうとする、即ち帝国のドミナートゥス化の傾向をキリスト教対策においても読み取ることができるであろう[5]。

　このように帝国社会の変質の中で着手された大迫害はキリスト教徒の宗教活動の根本を断つという、基本的にはラディカルな弾圧の形をとった。しかしそれは当初からキリスト教徒個々人の抹殺・殲滅を意図してはいなかった。従って個々人の家に埋没している奴隷が迫害の対象とされなかったのもある意味では当然であったのである。事実として生じた奴隷への迫害は、個々の考察においては様々に解釈された。しかし大迫害そのものの論理の中における位置づけは、一貫して迫害者皇帝によって不変のまま認識されていたというべきなのではあるまいか。

（1）J. Carcopino, *La vie quotidienne à Rome a l'apogé de l'empire*, Paris 1939, rep.1972, 76-81.
（2）E. M. Schtajerman, L'esclavage dans l'artisanat romain (in *dialogues d'histoire ancienne* 2), Paris 1976, 103-127.
（3）hetaeria（結社）禁止勅令（Plinius, X 96,7）を想起。
（4）これらはキリスト教徒だけでなく、ガレリウスによって帝国民全般に対して科されたとするのはラクタンティウス（21）だが、ガレリウスがその唯一例ではあるまい。
（5）キリスト教ローマ帝国は専らユダヤ教および異端に関してであるが、私人の奴隷の宗教に介入する動きを示すことになる。*Codex Theodosianus* 16,9,1; 16,5,40,6 など。cf. Buckland, *op.cit.*, 604f.

第10章　初期キリスト教の周縁性と多様性

第1節　はじめに――初期キリスト教史における《境界》の発見

初期（ここでは紀元二世紀まで、と考えている）キリスト教、そしてその母体となったユダヤ教についても若干、「宗教的境界」というテーマに沿っていくつかの事例を探ってみたいと思う。ユダヤ教・キリスト教の歴史は、様々に異なる宗教とふれあい、それぞれのふれあいに際していくつもの境界を現出させた。一般に宗教における境界、という概念を論じるこのような機会に、提供しうる共通で有意な類型を見いだせれば、と思う。加えて、特異な歴史展開を示したこの二つの宗教が、様々な境界を現出させたが故に、その教義と信者構成に生じてきた多様性にも着目したい。

以下、時代の流れに沿いながら、ユダヤ教とヘレニズム世界との境界、ユダヤ教と原初期キリスト教とのそれ、初期キリスト教内の多様性とそこから必然的に生じた周縁部の存在、そして最後にキリスト教徒の多くが存在したローマ帝国の諸都市において占めた彼らの周縁的性格、の順に眺めていくことにしたい。

第2節　地中海世界の辺境から

ヘブライ民族は古代オリエント世界ではほとんど稀有と言ってよい唯一神をもち、宗教共同体ついで王国としてのイスラエルを形成してその唯一神を守り続けた。そのことは他の巨大な諸民族や専制王国の周縁、あるいは（ヒッタイトとエジプトとの間にあった前一三〜一四世紀のように）二大国の境界線上にありながら、新しい宗教的境界を形成するに至らなかった、珍しい事例を示すかのごとくである。しかし事実はそうではなかった。イスラエル宗教にはメソポタミアからエジプトにかけての世界で盛衰を繰り返した諸民族の文化と宗教の諸要素が少なからぬ影響を与え、それぞれの場面で生み出された境界において、ヘブライ人の信仰が変質し、あるいは豊かになることもあったのである（関根正雄の諸研究参照）。

前三世紀からのユダヤ教のヘレニズム化はヘブライ人の歴史上もっとも深甚な異文化接触の機会となった。パレスチナの故地から地中海各地に散り、ディアスポラ（離散の民）とされた者らはついに本来のヘブライ語を失い、ギリシャ語化した。経典すらギリシャ語訳（『セプトゥアギンタ』）された。この間彼らの多くは、ギリシャ人の都市で、多神教徒と生活を共にしながらユダヤ教徒として生きたのである。

＊ここでヘブライ、イスラエル、ユダヤ教徒、と同じ人間集団を指す語を混在させているように見え

るかもしれないので、確認しておきたい。ヘブライは民族名、言語についてもヘブライ語、として用いる。イスラエルは、ヘブライ人が神ヤハウェを奉ずる宗教共同体として用いた自称で、やがて統一王国を立てたときに国名とした。「ユダヤ」は部族共同体であったイスラエルの一部族名ユダに由来し、一時有力になって北イスラエル、南ユダ（ユダヤ）王国に分離したが、まずイスラエル王国が滅亡、ユダヤも王国としては消滅させられ、バビロニアにより捕囚を経験、ペルシャの代に帰還、ユダヤ王国が再建されるが、これをもってユダヤ教が成立した。その後王国が消失することもあったが、ユダヤ教は存続する。イスラエルという語は観念として残る。ユダヤ「人」はユダヤ王国が消滅しても呼称としては続く。ユダヤ教徒とユダヤ人は、同義でもちいられるが、重ならないこともありうる。

ヘレニズム時代のユダヤ教に、本章が視野に入れる最初の宗教的境界が形成された。ユダヤ教徒の宗教生活自体は、セレウコス朝の支配下からの独立戦争が展開した前二世紀半ばのユダヤ本土のみならず、東地中海世界を中心とした各地のギリシャ人の都市においても、シナゴグを結集点として伝統通り維持された。しかし言語がギリシャ語となったことが象徴するように、ユダヤ教徒の様々な面にヘレニズム・ギリシャ都市的な価値観念が影響を与えたことは想像に難くない。ましてや律法学者・ファリサイ派と呼ばれた知識人ユダヤ教指導層には、ギリシャ哲学からの影響が小さくなかっただろう。ヘレニズム都市のディアスポラ・ユダヤ教徒がイェルサレムのユダヤ教徒とは異なる意識をもつに至った、つまり「境界的」性格をもつにいたったことは、たとえばアレクサンドリアのフィロンなどを想起することである程度裏付けられよう。ギリシャ都市であり、ローマ市民権者の多いタルソ出身の、キリスト教への改宗者である使徒パウロにもギリシャ思想の反映があることが指摘されている。使徒言行録に現れる原始教会のヘレニストたちにも同様のことが想定される。

ユダヤ教とヘレニズムの境界に現れた人間類型が、研究者によって明瞭に描き出されている。ギリシャ都市の多神教徒であってユダヤ教との境界に踏み込んだ人々がそれである。彼らはユダヤ教に共感あるいは興味を抱き、都市のシナゴグに出入りしていた。いくつかの都市で、彼らがユダヤ教徒から準教徒としての地位を与えられていたことが分かる。小アジアの都市アフロディシアスとミレトスのシナゴグから出土したギリシャ語碑文に、「神畏れ人 theosebeis」（保坂高殿の訳語）の呼称で現れる人々である。彼らは非ユダヤ人ながら礼拝に参加し、ユダヤ教共同体内の人間と見なされていた。彼らは唯一神信仰に魅力を感じながらも、割礼などの儀式や、他の都市民の間に根強い反ユダヤ感情が障害となって、ユダヤ教の周縁部に留まらざるを得なかったのであろう（保坂『ローマ帝政初期のユダヤ・キリスト教迫害』教文館　二〇〇三、二〇一他）。

彼らは、他の市民からはユダヤ人の宗教に染まった者と見なされたはずである。しかしユダヤ教徒全般に言えることだが、都市により彼らに対する空気は異なっていた。サルディスでは彼らが寛容に扱われたことがうかがえるが、アレクサンドリアではギリシャ人とユダヤ教徒とは宿命的と言えるほどの長い衝突を繰り返したことがよく知られている。ローマ市では五〇年代にクラウディウス帝がユダヤ人追放を命じている。そして一世紀末にはドミティアヌス帝の親族数名が「ユダヤ人の風習になじんだ」咎で処刑・追放され、その中にはコンスルまで務めた元老院議員フラウィウス・クレメンスが含まれていた。この迫害の対象となったクレメンスらはキリスト教徒だった、とする解釈もあるが、私は史料通り彼らがユダヤ教徒と交わった、おそらくは「神畏れ人」となったのではないかと推測する。しかしローマ市はユダヤ教徒には厳しい姿勢をとってはいたが、常に排除的だったわけではないことを付言しておこう。クレメンスらの処罰は、彼らが元老院身分という上層に属したがために生じたことであった。

むしろ止目したいのは、この境界に出現した、神を畏れる人々が、キリスト教徒の群に加わった、最初の異邦人の主要部分を占めたのではなかったか、ということである。新約の「使徒言行録」においては、原初期教団がまずユダヤ教徒ばかりで成立し、ついでエチオピア人の宦官（「使徒」八・二六―三八）とローマ軍将校コルネリウス（同一〇）ら異邦人が改宗し、洗礼を受けたとされる。おそらくこの二人については史実性は薄い。パウロがユダヤ教徒から回心を体験し、指導的人物となって初めて異邦人への宣教を主張したとするのが史実に近いであろう。彼の主張はイェルサレムの会議で認められ、その後の宣教旅行でパウロはピシディアのアンティオキアやイコニオンそれぞれのシナゴグから活動を始めている。この時点（イエス死後一〇年ほどか）、キリスト教徒がまだユダヤ教徒と分離していないことが分かるが、パウロが引き入れた異邦人・ギリシャ人は、これらシナゴグに出入りしていた「神を畏れる人々」だったこともここから推測できるであろう。「ガラテヤ」二、一―三でふれられるギリシャ人テトスはその一人だったのだろう。

パウロの教えは、改宗に際しても律法に囚われず、割礼などの苦痛を伴う煩瑣な儀式を求めない。しかし異邦人に抵抗感が小さかったことだけが彼らの、徐々であったとはいえ着実な改宗の進展の理由ではあるまい。「隔ての壁を取り壊し」た（「エフェソ」二・一四）イエスを掲げたパウロは、ユダヤ教の枠を越え、民族的にも地理的にも、世界を意識した伝道を意図した。つまりはパウロは、ユダヤ教とギリシャ人のふれあう場に、キリスト教をもちこんで新しい境界を開き、そのことが異邦人を惹きつけることになった、とすべきであろう。一方でヘレニズム市民の間には、キリスト教徒の出現に先立ち唯一神に惹かれる人々が現れていたわけで、彼らの側からの境界形成が準備されていたことになる。前二世紀以降のヘレニズム世界に共有されたとされるコスモポリタニズムがこの動きと関わりがあると言えるかもしれない。

　ところで、さかのぼってナザレのイエスが活動したユダヤのガリラヤ地域における辺境性もまた、視点はややずれるが「境界」論として捉え直すことができるだろう。イェルサレムから約一三〇キロ北方に位置し、しかもその間にアッシリア支配時代以来、異民族的伝統が残るとして知られたサマリア地方がある。しかし、ガリラヤにはギリシャ都市が少ないとはいえティベリアスなどのローマ帝国都市が存し、イエスが全くローマ帝国やヘレニズム都市の外の世界にいたというわけではない（彼は皇帝の肖像を刻んだ貨幣を手にした）。しかしながら、このように微妙な、ある意味では境界的なガリラヤからイエスの運動が現れたことは示唆的である。彼は決してユダヤ教の外にあるという意識を示さなかったが、彼の神、救い、罪、愛、神の子等の観念、また実践行動におけるラディカリズムがユダヤ教の世界に新しい境界を開いたと見なすこともできるであろう。

　イエスとパウロ、ある意味でキリスト教を全地中海世界に展開させた二人がそれぞれに「境界」に踏み込んだ、あるいはそれを形成すらした、と評しうることを確認した。やがてキリスト教は古代地中海世界の衰退と反比例するように発展し、ついにはその世界の心性をすら変革させたと言いうる（松本宣郎「古代地中海都市の衰退とキリスト教」『西洋史研究』新輯三二、二〇〇三）。その歴史の展開と、本テーマ、「境界」のキリスト教原初期における形成は重要な関わりがあるように思われる。

第3節　原始キリスト教の複合性

ここで「原始」キリスト教と称するのは、キリスト教発生からネロによるローマ市の迫害（六四年）とユダヤ反乱（六六―七〇年）時のキリスト教徒のイェルサレムからの退去、までを一応の目途とする最初期のキリスト教である。本節では、そのキリスト教内部が、人的、信仰的に実はきわめて多様であったことに目を向けたい。先述したキリスト教発生の、辺境性・周縁性・境界が、この多様性を結果したと言えるし、またその多様性の中の極端な部分、つまり周縁的部分に新たに境界が形成されていった可能性もあることが想定されるからである。

ガリラヤにおけるイエスの運動には、女性を多く含む農漁村の中下層民が従った。その運動は、最下層の貧民や病者にも開かれていた。しかしヘレニズム都市出身でローマ市民権者パウロは、自身職人であり、ユダヤ律法の学者でもある、中層以上の、知的エリートであった。彼は東地中海の諸都市に伝道したが、アテネでは上層市民からなるアレオパゴス会議で演説を求められ、小アジア都市では大商人、コリントやエフェソスでは都市の役人、またアカイア州などのローマ属州総督とも交わりを持った。このように、キリスト教はその発生後五〇年を経ない間に、その実数はきわめて少なかったとしても（R. Stark は、紀元五〇年に千四百人、一〇〇年に七千五百人と見積もっている。*The Rise of Christianity*, Princeton U. P. 1996, 7）、社会階層の面では幅広かったことが一応うかがえるのである。

しかし、まず考えてみたいのは、社会的な幅の広さと共にきわめて多様であった、キリスト教信仰自体の多様性である。キリスト教徒たちのそもそもの自己認識、神やキリストや教会についての観念でも、ユダヤ教権力者やローマ帝国に対する政治的立場でも、彼らが幅広く複雑なスペクトルを呈していたことは明かである。この点は夙に荒井献の研究の蓄積があり、最近話題になった「ユダの福音書」も、原始キリスト教における異なるキリスト理解の一派の存在の傍証として、付け加えてよいだろう。

以下、このスペクトルを概観してみる。それは「境界」の検証の一つ前の作業ではあるが、初期キリスト教史におけるそれを眺める上では必要なことだと考えられる。

イエス誕生当時のユダヤ教徒が、政治面ではローマ帝国の庇護下でその存在をかろうじて許されていたこと、その状況で彼らは、ローマ帝国権力に迎合的なヘロデ王支持派、貴族サドカイ派などの右派、反ローマの急進派熱心党、シカリの極左に分かれ、ユダヤ教の宗教と実践の面では祭司・律法学者・ファリサイ派の指導者グループ、一般教徒、異教的サマリア人、指導層に批判的で禁欲的ユダヤ教を実践するクムラン教団に、そして経済面では富者から極貧まで、様々なあり方に分かれていた。このことは福音書等から取り出せる事柄である。キリスト教徒は、境界から発しただけに、これらユダヤ教徒の示していたスペクトルの一部をそぎとったような、やや偏ったスペクトルをもってスタートしたことになるが、政治面ではローマへの姿勢を異にする者、ユダヤ教に対しても硬軟両派が含まれ、禁欲的運動の影響を受けた者もいたし、富における差異もまたユダヤ教徒内のスペクトルをそのまま取り込んでいた。

原始教会のユダヤ教に対する姿勢は、ユダヤ教の伝統の枠に固執したイエスの兄弟ヤコブのグループ、律法を超克したとして異邦人に開放的なバルナバ、パウロのグループ、その中間に立つことになったペトロ、と色分けされたことが「使徒」の記述からうかがえる。パウロの伝道により、そしてユダヤ教指導層の硬化により、異邦人に開放的な路線が原始教会の主流となっていった。もっとも、ギリシャ人、ローマ人からの改宗者の増加はごくゆるやかだったろう。全体としてユダヤ教からの改宗者が優勢であり、キリスト教のアイデンティティの確立には長年月を要し、二世紀初めにようやく分離が明確になったとすら主張される。従ってキリスト教独自の会堂建設はなかなか実現しなかったと思われる。通常はシナゴグで集会し、「キリスト教徒」は仲間の屋敷に集う程度のグループだったであろう。因みにユダヤ以外の地のキリスト教徒は、ギリシャ人の都市に散在していたが、礼拝ではもっぱらギリシャ語が用いられたと考えられる。ローマ、ついでリヨンなどのラテン語圏都市でも二世紀まではギリシャ語が用いられた。圧倒的にギリシャ語を母語とする教徒が多かったからだが、やがてラテン語を母語とする教徒も増えてくる。言語の面での境界性もまた一つの課題を提供するだろう。

キリスト教徒の属した社会階層については、最上層と最下層がおらず、またユダヤ、とくにガリラヤを除いては農村住民がほとんどおらず、都市在住の中下層民が中心で、女性の割合が高く、奴隷は所有者に従う以外は改宗しにくく少なかったというのが最近の通念だとしてよいであろう。しかし、そもそも絶対数が小さかったから、階層の多寡より、指導者のもつ意味、教会内部での彼らの影響力の方が大きかったことは間違いない。パウロから、クレメンス、イグナティオスらの使徒教父、二世紀のユスティノスらの教父たちは、キリスト教徒の実数からは想像できないほど多量の著作をのこした。これらを生み出した基盤は、少数のキリスト教徒の群れではなかった。それはユダヤ教であり、ギリシャ・ローマの文化でもあった、すなわちこれまた「境界」の産物であったのである。

ルカなどの新約文書作者はキリスト教徒が帝国一般社会上層からも受け入れられたことを強調するが、信用はできない。ただ、富をもち、教会を経済的に支えうる教徒が徐々に加わったことは、パウロのコリント教会宛の書簡からも窺える。数的には多かった一般民衆や貧民の教徒と礼拝を共にしながらも、富者教徒は献金という形で彼ら下層教徒を助けることになった。これはギリシャ、ローマの都市共同体では必然的な富者・貧者の構造的な関係であった。都市においては富者は貧民のパトロンとして尊敬を受け、政治的にも優位を認められた。P. Brown によると、キリスト教会においては、このパトロンと庇護民の関係がキリスト教的に変形されて再構成された。富者はその富に応じてできるかぎりの献金を教会に捧げる。その財は教会会堂の設備や装飾のほか、貧しい教徒への実質的な日用の糧のために用いられる。教会における富者の権威は高まるが、むしろ富者がこの行為により、食糧を施される貧民を目にすることによって富者自身は罪の軽減と救いの確証が得られる、という信仰的認識が、この構造のキリスト教的特性であった、というのである。

次に、キリスト教徒の信仰・教義における複合性が、近年の諸研究によって特に注目される。原始教団の発生時、親ユダヤ教的な者からヘレニスト、つまりギリシャ語化し、異邦人に開放的な者まで、すでに単純でない立場の者の存在を見た。さらなる聖書学の研究は、三つの共観福音書とヨハネ福音書の違いが示すごとく、教団の中にそれぞれの福音書を経典として奉じるグループが共存、あるいは競い合ったことを推定する。グループはこのほかにもまだ多数あった可能性が高い。外典福音書多数の存在がそのことを暗示する。ユダヤ教の要素の強いもの、キリスト理解がきわめて思弁的なグループ、ペトロ、ユダ、ヨハネなど使徒それぞれを高く掲げるもの、キリストの十字架の刑死を認めないもの、などである。パウロがその傾きの最初にして最大の貢献者となったのだが、教会のリーダーたちが信仰の一致への危機感をもって各地教会をめぐり、多数の書簡を発して、正しい信仰（何が正しい信仰か、もまた容易には確定しなかったにせよ）を示し、逸脱を禁じ、あるいは逸脱者を排除していったのも当然だったわけである。いや、当然というより、そのような強固なモチベーションをもつ者が現れたこと、そしてその正統的信仰教義の形成、文書的確定、その継承を必須の義務とする、教会主流指導層が明確になっていくことが、初期キリスト教史上きわめて特徴的であり、その後の歴史にとっても重大な意味をもっていたことが指摘されなければなるまい。ふたたびここでも「境界」に出現したキリスト教であったからこそ、このような古代地中海世界に類を見ないような教団構造への流れが生じたことにも気づくのである。

信仰の内容による教団内のグループの類型分けはあまり明かではないが、正統をはずれ、原始教団内の極端な教徒、つまり新たな境界部分に位置したものは、おおむね次のようであろう。イエスの解釈に関して、これを人間として受け止め、復活のキリストを知らない、あるいは拒むグループ。イエスの一族や雄弁家だったらしいアポロのような小カリスマ的人物に率いられるグループ。多神教社会とのバリアが低く、都市の神々や皇帝への礼拝に加わりながらキリスト教会にも出入りするグループ。霊的熱狂性に傾いたグループ。癒しや魔術を喧伝するグループ、等である。

パウロが論難し、排斥した、自称「クリスティアノイ」の中でももっとも深刻な敵はグノーシスだったと言われる。地中海東方にキリスト教と同じ頃出現した思潮がグノーシスであり、しばしば「使徒」八・九―二四に出るサマリアの魔術師シモンがその創始者とされる。ともかくグノーシスのある一派がキリスト教信仰と結びついたことは確実である。ヨハネ福音書にその影響が認められ、コリントの教会にも強力なグノーシス派がおり、「異なる福音」を掲げていた。彼らはキリスト教会を分裂させかねず、呪いをもってしても排除されるべき存在であったことがパウロの切迫した筆致からうかがえる（「コリントの信徒への手紙」Ⅰ、Ⅱ。大貫隆『グノーシス「妬み」の政治学』岩波書店　二〇〇八参照）。

原始教会における多様性について、このほかのメルクマールとしては、年代、職業、地域、民族などが用いられ得るだろう。もはやそれらを取り上げる余裕はなく、「地域」の多様性に関してのみ、二、三世紀をも視野に入れて後述することにしたい。要は、原始教会が本質的にあらゆる面で多様なグループからなっていたことを認識すべきである。「境界」はその故にこそ初期キリスト教史上にとって重要な視点を提供するだろう。

第4節　都市の周縁的存在としての初期キリスト教

キリスト教徒がローマ帝国都市に居住し、宗教的境界に生きていた、という設定で具体的に検証してみたい。首都ローマに出現したキリスト教徒から始めよう。初期キリスト教が遭遇した都市の中で、最も多様なものと出会い、複雑で特異な境界を形成した場所である。ギリシャ都市コリント、エフェソスをまず見るのが筋であるが、ローマを第一とする理由は十分にある。コリント、エフェソスに関しては新約文書以外の史料がきわめて乏しくなる。それに引き替えローマに関しては、新約では「ローマの信徒への手紙」のパウロの筆による記録しかないが、それ以後の使徒教父・教父の文書に関してはローマ在住の筆者によるものがかなり多く、カタコンベなど考古学上の遺跡が雄弁な証拠としてこれまた豊富である。加えてこの首都には多数の民族の宗教が流入しており、単にローマ伝統の神々との出会いだけではない経験をキリスト教に与えたに違いないことがその理由である。また、キリスト教そのもののその後の歴史の中で、ローマの教会が果たす役割の大きさも、この首都でキリスト教が形成した境界に生まれたことと関わりがあるのではないか。これは私のローマ教会への視角でもあるのだが。

さて、キリスト教徒のローマ市への出現は早い。ペトロがローマに赴いたとは新約は伝えておらず、彼がそこで殉教したとするのも二世紀以後の伝承によるものでしかないが、パウロとローマ教会の直接的、密接な関係は書簡のみならず、彼自身がローマに囚人として連行されながら、そこで伝道したことが「使徒」二七、二八からも知らされている。それよりも、パウロが赴くよりかなり以前にローマに教会があり、しかもかなりの規模に達していたことが注意をひくのである。

まだほとんどの教会がギリシャよりも東の地中海沿岸にしかなかった頃に、イタリアのローマにすでにキリスト教徒の群れが現れたことになる。この時代、地中海航路を利用して東方から首都へ向かう交通の盛んだったことを想起しなくてはならない。イェルサレムあるいはガリラヤの、イエスの弟子のだれかが東地中海沿岸の港からイタリアに向かう商人たち一行の中に混じって船旅をし、ローマに至ったのだろう。それは一世紀の四〇年代だったかもしれない。

タキトゥスはローマ市についてある箇所で、「世界中からおぞましい破廉恥なものがことごとく流れ込んでもてはやされる」（『年代記』一五、四四。国原吉之助訳）都だ、と評している。一世紀半ば、ローマ社会の伝統の生活・文化・宗教は衰え、変化しつつもなお根強かったが、それ以上に帝国内の多数の民族、さらには外国（ゲルマン、パルティア、エジプト）の人々がローマに移り住み、それぞれの神々の礼拝を持ち込んでいた。加えて町の至る所にローマの神々と並んでアウグストゥス以後の皇帝像、すなわちキリスト教徒にとっては無数の偶像が立ち並んでいた。娯楽として頻繁に催される剣闘士競技や戦車競走は残酷で享楽的であり、かつ神々への儀式をもって始まるのが常であった。ローマはきわめて多神教的な首都であった。

ローマ市居住のユダヤ教徒も、百万首都の人口に比例してきわめて多かったことも忘れてはならない。彼らは現在のローマ市のトラーステヴェレ一帯に集中して住み、その実数は数万を越えていただろう。彼らはユダヤ教の営みを公然と行っていた。しかし一般市民の反感は強く、ときに衝突が激化することもあった。クラウディウス帝によるユダヤ人のローマの外への追放（「使徒」一八・二、スエトニウス『ローマ皇帝伝――クラウディウス』二五）はその一つがきっかけだったかもしれない。しかしそれも一過的な命令だったらしく彼らはまたローマに戻り日常生活は再開された。ユダヤ教のシナゴグがローマ市とその周辺に一〇カ所以上あったことは考古学的にも確証されている。

ローマ市でもまた、シナゴグのユダヤ教徒がまず首都に来たキリスト教徒の宣教にふれたと思われる。キリスト教徒の独自の群れが形成され、「神を畏れる者」を初めとして、非ユダヤ人も加えられていったのだろう。パウロが「ローマ」一六で挙げる人々の名が五〇年代ローマのキリスト教徒であるが、ギリシャ名（それがそのままギリシャ人であるとはかぎらないが）と共にラテン名（ルフォス＝ルフス。ただし非ラテン系の解放奴隷の可能性もある）があり、たとえば「ナルキソ家の中で主を信じている人々」のナルキソ＝ナルキッススは、別途知られるクラウディウス帝に仕えた解放奴隷と同名であり、彼らはその皇帝の解放奴隷に仕えた、非ラテン系の人々と想定される。

当時地中海世界のみならず地球規模でも飛び抜けた巨大都市であったローマは神々のるつぼと言われ（K・ホプキンズ『神々にあふれる世界』岩波書店　二〇〇三）、そこに見られる宗教的境界は多彩な様相を示し得たはずである。ローマ教会（キリスト教徒の教会は、個人の邸宅や墓地を集会所［titulum］として、ローマには一〇カ所以上あったことがこれまた考古学的に知られる。しかしエウセビオスなど初期教会史の中で「ローマ教会」は常に単一で扱われる。これは他の都市についても同様で、ここでもそのように表記する。ただ、この問題は改めて初期キリスト教の教会観や組織を考える上で興味深いことを指摘しておきたい）は、あらかじめ言うならば二世紀半ばから東方の教会と拮抗する権威を発揮したかのようである。その背景に首都ローマに存したという事実が確かにあるだろう。ローマ教会の優位性は四世紀以降発展したローマ・カトリック教会のイデオロギーによって実際よりも誇張されてはいる。四世紀がすぎるまで、ローマ教会はローマ帝国内の有力教会のまだ一つに過ぎなかった。しかし、二、三世紀にかけてローマ教会の成長と、案外想像以上に情報的に密につながっていた帝国内の全キリスト教会の間での、その権威の上昇が顕著であったこと自体は疑い得ない。その理由の一つに、ローマ市の宗教的境界の特殊性があった、と考えることができると思うのである。

首都の人口の巨大さは、初期キリスト教会の、他都市教会のそれをしのぐ実数の獲得を可能にした。それだけでもローマ教会の優位性の基礎となった。ユダヤ教徒、多神教徒、女性、外国人、奴隷ことに解放奴隷、貧しい労働者、浮浪者等、あらゆる階層からの参入が大きい規模で生じ得た。教会のリーダーは、ペトロが関わったかどうかは措くとして、パウロのようにギリシャ語を用いるユダヤ人で、東方からの来住者だった。この伝統は二世紀半ばまで続く。

六四年にネロによる迫害が生じた。しかしこの事件は、後のキリスト教の存続にさしたる影響を及ぼしはしなかったように見える。一世紀末にも迫害と殉教があったと言われる。しかしそれも深刻な弾圧にはならず、キリスト教徒は礼拝を続け、少しずつながら信者数も増やしていったのである。

異端キリスト教徒はコリントに劣らず、ローマ教会においても盛んな活動を示すようになる。それも首都ゆえの特性であったろう。知られうるほとんどの異端はローマ起源ではなく、イシスやミトラス同様東方から首都への人の流れと共にもたらされたと思われるからである。ウァレンティノスのグノーシスがその代表と言えよう。この人物は一四〇年ごろアレクサンドリアからローマに来た。異端とされてはいないが、旧新約の解釈において正統からはずれる主張をなしたタティアノスも東方からローマに来た人物である。二世紀小アジアに発した、終末待望的なモンタノス派の運動もローマに及んだろう。

ギリシャ哲学とキリスト教の出会いは東方でまず生じたが、ローマにも持ち込まれた。よく知られるのが二世紀半ばローマで殉教するユスティノスである。パレスティナの生まれでストア、プラトン哲学を学び、キリスト教に改宗した。彼自身改宗前、あるいは改宗後も哲学教師としてローマで働き、キニク派の哲学者クレスケンスとの確執が伝えられている。けだし古代地中海世界の宗教的境界の一角に哲学もまたその場を持っていたと言えるのである。

ローマ市の境界性について、内容に立ち入った言及はこれ以上できないが、この境界では顕著にキリスト教正統教義形成の努力がなされ、異端との対決が重大事とされ続けたことを指摘しておきたい。現代まで、カトリック、プロテスタントが共有する基本信条である「使徒信条」の原型は、ローマ教会で生まれた「古ローマ信条」であると言われる。二世紀前半のローマ司教アニケトスは、復活祭の期日が東西教会間でずれていることを問題視し、スミルナ司教ポリュカルポスら東方の司教たちをローマに招いて討論会を催した。この討論でアニケトスが勝利したわけではなかったのだが、ローマ教会の有力な立場を傍証する出来事ではあった。また、異端への反論の大著を書き、正統性の護持に生涯をかけたと言ってよいエイレナイオスもリヨン（ルグドゥヌム）にあってローマとの交流をもち、自身ローマにも来た。このエイレナイオスは、二世紀末のローマ司教ウィクトルがふたたび復活祭の期日問題でついにアシアの教会を破門するほどの高圧的態度に出たときに、和解を勧めている。

三世紀にもローマ教会の正統主義推進の傾向は変わらなかった。都市の民衆ではなく、皇帝による迫害が始まる時代であるにもかかわらず、その合間を縫って異端への攻撃が行われたのである。正統カトリックの教義の、これまた原型文書をものしたヒッポリュトスもローマで活動したが、彼は一時サベリウスの唯一神論に傾いて、司教カリストゥスの異端排撃策と対立した。そのカリストゥスらの正統路線の司教たちが迫害に際して屈服した教徒に寛容であったのに対しては、屈服した聖職者を忌避する厳格派ノウァティアノスらがついにはローマ教会に分裂状態をひきおこすことになった。

要するに首都ローマは、キリスト教にとって他に例のない境界的世界であった。民族・宗教が多様で複合的であり、それぞれとキリスト教との衝突と融合があった。教徒数も富者・貧者ともに多くなった。論客で熱心な宣教者・学者が正統・異端双方の立場で競いあった。首都の教会である、という自意識も小さくなかったであろう。このような「境界性」が今述べたような、論争的に正統教義を追究するモチベーションをこの教会に与えたと言って過言ではないであろう。

ローマ帝国の属州に目を転じてみよう。ブリタニアなど若干の属州を除き、ほとんどの属州に二世紀にキリスト教徒が教会を建てた。そこにおいてキリスト教徒は土地ごとに異なると言ってよい様々な神々信仰との間に新たな境界をつくりだした。リヨン、ケルン、ペルガモンなどでは皇帝礼拝との狭間におかれるキリスト教徒も現れた。以下、ローマほどに目配りすることはできないのではあるが、史料から窺える、特色ある境界の事例を挙げてみよう。

二世紀初頭、小アジアの黒海沿岸、ビテュニア・ポントス州のアミススなどの都市の多神教徒が巡回裁判を行った総督にキリスト教徒を告発した事例の史的価値の高い証言がある。総督小プリニウス書簡第一〇巻九六と九七がそれである。その内容は、同地における多神教徒とキリスト教徒の関わりの実体を、ローマ当局者の筆を通して、かなり詳細に伝えてくれるのだが、細部に立ち入ることはやめ、一点だけ注目したい。それは、プリニウスが被告を審問した過程で、「自分はたしかにキリスト教徒であった。しかし棄教した」と主張する者が現れた、という事実である。中には二〇年前に棄教した者もいた。つまり、裁判が一一〇年ごろと思われるから、九〇年ごろ改宗したのであろう。要するに、私たちは初期キリスト教徒が徐々に増えていった、と言うが、教徒となってもまた離れていく者たちは（少なくとも私には）想定されていなかった。すでにK・ホプキンズがこういうタイプの教徒を「イージーライダー」と評している。宗教の境界で、当然改宗ということが起こるのだが、そこには決して単純に改宗としてすませられない人間的営みが起こってもいた、ということである。

やはり二世紀、同じ小アジアに起こった、先述のモンタニズム運動は、キリスト教史上新しい状況のしるしとして重要である。それは、キリスト教徒の群れが都市の外、田園地域に進出したことが窺えるからである。この運動は熱狂的な終末待望、指導者モンタノスの側近に女性の存在が目立つこと、既存の教会の組織とは別途の組織化を目指したことなど、特色あるキリスト教の展開を示している。その背景に、都市化があまり進んでいなかった小アジア内陸に、理由は推測のほかないとしてもキリスト教が進出したとき、都市とは異質な、たとえば霊的熱狂性の強い伝統とか、全般的な貧しさが都市への反感、終末待望の空気の伏在、と言った田園的特性をもつ「境界」が現出したと考えられるのである（松本「ローマ帝国のキリスト教化」『キリスト教徒が生きたローマ帝国』日本キリスト教団出版局　二〇〇六　第八章参照）。

田園へのキリスト教の進出は、その後北アフリカでも進み、エジプトではそもそも都市がごく少ない属州であったからそこでも見られることになる。それは三世紀を待つことになるが、史料から見ても、都市の教会との違いが感じ取れる。北アフリカに現れる、夢と幻を重視するキリスト教徒（「ペルペトゥアとフェリキタス殉教伝」）は土着民の文化を反映しているように思われる。そして次の段階として、都市の教会と田園の教会との緊張関係も生じてくることが注目される。大都市カルタゴの司教であったキプリアヌスは多数の書簡で迫害下の北アフリカ教会を指導したが、彼自身都市における迫害を逃れて田園に潜んだことがある。彼の書簡からは二つの教会の違い、田園教会の都市教会への批判的空気があったことがうかがえる。アフリカのこの配置図は、四世紀、大迫害後のドナティズムの運動によって改めて問題となるだろう。その前に、三世紀アレクサンドリア司教ディオニュシオスもまた、アルシノエなどの小さい町を拠点にネポス派と呼ばれる、ユダヤ教的な異端的運動が起こったときに、アルシノエで「村々の」教徒を集め、討論を行って説得に成功した（エウセビオス『教会史』七巻二四、六―九）。ここでもキリスト教の正統派は、新たな境界の出現に、ローマ教会と同じ姿勢をとったことが分かるのである。

最後に、二世紀のギリシャ系文人ルキアノスの論説『ペレグリーノスの昇天』が伝える奇妙なキリスト教徒にふれよう。舞台はシリア、ギリシャ、アシアだが、ペレグリーノスというキニク派と推定される哲学者がキリスト教徒になりすまして教会のリーダーとなり、尊崇を集め、いわば教徒を食い物にしたあげく馬脚を現して放逐されるという話である。哲学とキリスト教との境界というにとどまらず、この論説からはキリスト教徒たちのまだあやふやなアイデンティティと、にもかかわらず広大な領域で教会同士が密な交流をもち、多神教徒たちからやや侮蔑的な受け止め方をされていた様子を、多神教徒知識人の眼を通して知らせてくれるのである。

第5節　おわりに

「宗教的境界」という切り口から、初期キリスト教史のとくに社会史的研究を進めてきた立場から、いくつかの論点を紹介してみた。従来行ってきた対象がこの切り口から、新たな側面を浮かび上がらせたように思える。「キリスト教の異教（多神教）化」という問題（クリスマスの祝祭など）が近年指摘されるが、それについても、「境界」におけるあり方として考察する可能性が示唆されると思われる。

第11章　古代末期ローマ帝国のキリスト教化

第1節　古代末期変動期とキリスト教

ギリシャ・ローマ、すなわち古代地中海世界が、徐々にそのアイデンティティを喪失し、大きな変質を遂げ、そして衰亡し、終焉したということは、ともかく否定できない事実である。歴史学の対象となる、時代の転換期・変動期を世界史の中に探れば、それは少なからず存在したと言えるが、とりわけ地中海世界の、いわゆる古代末期の変動期は多くの研究者の興味を集めてきた。このトピックは、あるいは奴隷制からコロヌス制へという経済史的観点から、あるいは都市共同体の世界から専制君主政帝国へ、という共同体論、国制史の観点から取り上げられてきたし、また「古代末期」という用語を造り出した美術史の分野においても考察されてきた。そして、まさにこの時代の変動に並行しつつ成長・拡大し、地中海世界におけるその位置を大きく変えたキリスト教の歴史と絡み合わせながら論じられてもいるのである(1)。

しかしながら、近年の研究の深化により、ギボン、ヴェーバーの解釈や共同体・生産様式論からの説明には次々と修正が加えられ、またこの時代に関する全く新しい知見も与えられている。奴隷制が古代と共に衰滅したとの古典的見解の見直し、[2]都市共同体的パフォーマンスが専制君主政下でも健在であったこと、[3]などが提起されてきている。社会構成の変化に関しても、都市内上層民の没落ないしは都市からの離脱が顕著になる、とのこれまた通説的テーゼは、その上層民のより詳細な分析が行われ、アンティオキアのような、古代末期にも活気を失わなかった都市の研究が進んだことにより、修正を施すことを必要としている。[4]

このような古代末期変動期への新しい視角には、近年の社会史・心性史からの寄与も含まれている。例のごとくに、法、経済、文化、宗教、家族、性、といったさまざまな視点それぞれから、またそれらを複合させた視点から、古代地中海世界を広く深いレヴェルで再把握する試みが行われている。ギリシャ・ローマの男女・親子、性観念が詳述され、[5]識字率が問題とされ、[6]占星術や魔術の位置づけが論じられることになった。[7]

私の関心は、この時代を生きた人間の、宗教の意識の枠組みは、政治・社会等の転換とどのようにかかわりながら変化していったのか、という点にある。その意味で社会史・心性史の成果を、より広く、古代末期世界の変動の解明に結びつけようとするものである。言うまでもなく、最も深甚な役割を果たすキリスト教の、地中海世界社会のレヴェルでの変化、がここでは第一の課題となる。

キリスト教の歴史は、狭い教会史の範疇のものはともかく、古代末期精神史として肯綮に値する諸研究によって豊かに開拓されてきている。[8]しかし地中海世界の、ローマ帝国の住民として生きていた人々の間に、キリスト教徒は現実にどのように受容され、彼らは、あるいは彼らの共同体は、ローマ帝国住民のそれであることでどのような影響を蒙ったのか、またキリスト教の運動は、ローマ帝国が向かった古代末期世界とどのような関係をもったのか、という問題はなお考究の余地があると言えるだろう。

初期キリスト教を、ローマ帝国史の社会のレヴェルで捉え直す作業は、これも近年著しく進んでいる。(9) キリスト教が三世紀には信者の数を増し、コンスタンティヌス以後のローマ皇帝に保護され、信者は社会上層にも増えていき、キリスト教が帝国の支配的宗教となっていった、ということは事実である。しかし、とりわけ社会のレヴェルで、このキリスト教の「勝利」、進展を解明するに際しては論者による評価の違いが生じている。最近催された、四世紀のキリスト教とローマ帝国というテーマのシンポジウムの中でT・D・バーンズは、初期キリスト教が古代世界に与えたインパクトの評価に関しては、キリスト教の早い浸透を強調する見解と、(10) それほど急速でも、深くもなく、キリスト教の観念・態度は、とりわけて周りの異教と異なるものでもなかったとする見解とに分けられる、(11) と述べる。(12) 単に浸透の度合が大きかったか否かという表面的評価から踏みこんで、示唆に富む、深い洞察を与えていると思われるのが、バーンズの分類だと前者の見解に立つP・ブラウンである。彼は、二世紀のローマ帝国と、六世紀ユスティニアヌスの時代、あるいは七世紀マホメット・イスラム登場の時代を対比させるならば、地中海世界の人間の存在の仕方と意識には、たいへんな断絶がある、と言う。この四〇〇—五〇〇年間が古代末期の転換の時代であり、この間に古代地中海世界は市民的人士からキリスト教会に強く結びつけられた、「善良なるキリスト教徒」の世界へと、完全に変わったのである。もちろんこの時代の最重要の問題はキリスト教の役割であった。

それは古代人の意識と生活を深い部分において転換させたのである、と。[13] 彼の所説は後に（第3節）詳しく紹介したいと思うが、このブラウンが当面の私の課題にとってはすぐれた導きの糸となることは確かである。

本稿では、変動期の古代地中海人の、社会にかかわる意識の転換を、キリスト教の位置と国家との、そして一般社会との関係における変化に焦点を当てながら考察しようとする。上述のように近年の研究は史料の読み直しや、新しい史料、補助的資料の掘り起こしを盛んに行っている。したがって、いささか幅の広すぎる課題を掲げたわれわれは、個別史料による限定された問題には向かわず、ブラウンを含めた、新しい、そしてそれぞれに視点の異なる研究者たちの仕事に学びながら、この課題の展望を探りたいと思う。

まず、キリスト教の進出、あるいは「斬新さ」に疑念を投げかける鋭い問題提起としてR・マクマレンを取り上げる（第2節）。私自身はバーンズの類別では「評価派」に近いものの、「否定派」の主張を単なる冷水を浴びせるだけの論議に留まらせないで、それらをも複数視角の中に加えて受けとめるべきだと考えるからである。次には先のブラウンを中心に取り上げる（第3節）。最後に、浸透の度合の評価はともかく、キリスト教の地中海世界における存在を背景とする帝国・皇帝の対応について考える（第4節）。その際、一つのケース・スタディとして、コンスタンティヌスの子コンスタンティウス二世と教会、異教徒との具体的関係を眺めることを手がかりとしたい。

（1）新しい研究として、A. Demandt, *Der Fall Roms*, München 1984; W. H. C. Frend, *The Rise of Christianity*,

Philadelphia 1984.

（2）奴隷は五世紀、六世紀にも存在した。単なる生産様式交代論や、奴隷供給源枯渇論は通用しなくなった。弓削達「〈奴隷所有者的構成〉の衰退をめぐる理論的諸問題」『西洋史研究』新輯四、一九七五。

（3）無論、富者あるいは皇帝による恩恵施与・エヴェルジェティズムはP. Veyneの触発もあって近年盛況をみているテーマである。古代末期については、Al. Cameron, *Circus Factions*, Oxford 1976が有名だが、日本でも渡辺金一『コンスタンティノープル千年――革命劇場』岩波新書　一九八五の研究が非常に示唆的である。

（4）リバニオス、ヨハネス・クリュソストモスなどの史料にめぐまれていることにもよる。P. Petit, *Libanius et la vie municipale à Antioche au IVe siècle ap. J. C.*, Paris 1955; J. H. W. G. Liebeschuetz, *Antioch, City and Imperial Administration in the Later Roman Empire*, Oxford 1972. 日本でも吉田興宣「後期ローマ帝国におけるアンティオキアについて」『研究紀要』〈新潟大・教育〉二五、一九八一などがある。

（5）この分野の研究も近年めざましい。J. P. Hallett, *Fathers and Daughters in Roman Society. Women and the Elite Society*, Princeton 1984; Th. Wiedemann, *Adults and Children in the Roman Empire*, London 1989; B. Sergent, *L'homosexualité initiatique dans l'Empire ancienne*, Paris 1986.

（6）W. V. Harris, *Ancient Literacy*, London 1989.

（7）さしあたりR. MacMullen, *Enemies of the Roman Order*, Cambridge, Mass. 1966 §§ III, IV.

（8）これも膨大な研究を上げることができるが本稿の関心から重要なのはやや古くはあるが、H. Berkhof, *Kirche und Kaiser. Eine Untersuchung der Entstehung der byzantinischen und der theokratischen Staatsauffassung im vierten Jahrhundert*, Zürich 1947が有益。

（9）研究動向と文献を教えるものとして、*Aufstieg und Niedergang der Römischen Welt*, II 23,1 & 2, Berlin 1979&1980.

（10）T. D. Barnes, Christians and Pagans in the Reign of Constantius, F. Vittinghoff et al., *L'église et l'empire au IVe siècle*（第4節注7所掲）。そこで挙げられるこの見解の主張者はBurckhardを始めとしてBrown, Millar,

Frendなどである。

(11) ギボンから間をあけてMacMullen、Foxなどが挙げられる（後述）。またコンスタンティヌスの政策がキリスト教を上から進展させたとする見解はR. L. Cleve, The Triumph of Christianity: Religion as an Instrument of Control, in T. Yuge and M. Doi edd., *Forms of Control and Subordination in Antiquity*, Leiden-Tokyo 1988, 530-542.

(12) Barnes, *op.cit.*, 306-310.

(13) 第3節注1、4のBrownの二論考から。

第2節　キリスト教と一般通念

現実に四世紀が進む過程で、キリスト教に帝国の保護が与えられ、教徒が増え、教会堂が新設され、聖職者に特権が与えられ、政府高官に教徒が進出する一方、総じて異教の祭儀や競技場等における異教的パフォーマンスは禁止されるか衰退していったことは疑いえない事実である。[1] これらの変化は、キリスト教の浸透が大いに関係している、と解するかそもそも古代地中海世界、ギリシャ・ローマあるいは「異教的」文化や意識自体が衰え、変質しつつあったのであって、キリスト教の隆盛はそれに追随して現れてきたと言うべきで、その進展の度合も驚くほどのものではなかった、と解するか、で研究者の見方は分かれるのである。キリスト教学界の教会史の論調が前者に傾き、[2] キリスト教の進展を強調しがちなのは当然かもしれないが、上掲後者の主張も、キリスト教の与えた影響への評価に対する批判に傾きがちで、生産的問題提起をなすに至らないという欠陥が指摘される。古くはピガニオルがコンスタンティヌスの現実政治家的側面を強調し、(3) ジョーンズが後期ローマ帝国におけるキリスト教徒の社会的進出の要因に経済的利害を重視したのも、(4) エックがプロソポグラフィによって教徒の帝国上層への進出を否定したのも、(5) それぞれの実証的成果は評価できるにせよ、陰画的物足りなさを感じさせるのである。(6)

ここで取り上げるマクマレンにもそれに共通する傾きはあるのだが、一貫してローマ帝国社会史の解明にきわめてユニークな視点を呈示している彼のこの問題についての見解は我々が念頭におくべき価値を有すると思われる。マクマレンは既に、占星術や魔術、アウトサイダーなど、社会における周縁的問題に着目し、人々をしばっていた迷信、暴力への傾き、生活の惨めさ、といった観点からローマ人の社会を捉えようとしてきた。(7) 宗教に関しては、異教の多様性とその生命力の根強さを描き、(8) また『ローマ帝国のキリスト教化』と題する書物ではまさにローマ社会の諸現象とキリスト教のかかわりを論じた。(9) この書物はキリスト教の世俗性、異教との混交を示す面、そのオカルティズム的傾向など、これまでの教会史が触れなかった側面を取り上げたところに特徴がある。結論的には四世紀初頭（三一二）でもキリスト教の勢力はそう大きくはなかった、それ以後の進展は事実だが皇帝主導の進展にすぎなかった、と言うのである。(10) これらに加えてマクマレンは、キリスト教が倫理や生活慣習などの社会通念において異教世界の中にさしたる新しさ、あるいは卓越した見方をもちこんだわけではないことをも主張した。(11)

「キリスト教は何か違いをもたらしたか?」と題するその論考は、キリスト教という新しい宗教は、広範なローマ帝国の世俗生活のいくつかの局面で既存の観念とどのような違いを示したのか

（あるいは示さなかったのか）を、概ね五つの箇条にわけて検証している。対象とされるのは、二世紀から四世紀に至る「変動期」である。史料は教父から異教文人の著作、法典に求められ、キリスト教史を考察する際の全く標準的な史料である。キリスト教をローマ帝国史の枠組みにおいて捉える作業はこのようにどの研究者もほとんど共通する史料を用いて行われるのであり、それだけに論者の着想による史料の取捨、読み代えが決め手となる。そこには当然実証性に説得力をもたせる困難さが潜在することにもなるのである。しかし、しばらくはマクマレンに即しながら進めよう。

アレクサンドリアのクレメンスは、キリスト教徒は禁酒を守り、冗談を避け、ダンスや演劇の催しにも行かず、化粧もせず、宝石や派手な衣服をまとわないように、と勧告している。[12] ところが、彼が語りかけている当の教会には、富んで飽食し、宝石も奴隷をも多数所有するキリスト教徒のいることは当然の前提とされているのである。[13] クレメンスは、かかる富者教徒は福音書の言に即するなら、救われ難い罪人だが、あえて救われる道があると説く一書『救われる富者とは誰か』を著した。[14] おそらく富者教徒と、彼らを頼みとする教会をも安心させる書物であったろう。それによれば、富者の救いは彼のあり余る富を献金すれば約束される、と論じられていたからである。マクマレンによらずとも、初期の教会は決して貧民と下層民中心の集団であったとは限らないということは周知のこととなったと言えるだろう。[15] 二世紀の、ローマ教会の様子を知らせる『ヘルマスの牧者』が、同教会における力強い富者の存在を知らせている。[16] キリスト教で特徴的に主張された「貧しさ」にはもちろん信仰上の意味がこめられてはいたが、[17] 教徒一般のこの世における富の所有や蓄財は、極端な異端などにおいて以外では、教会でも否定されなかった。その点で教会は異教徒社会と変わらなかったということになる。[18] この観点がマクマレンの論旨には、一貫しているのである。

次いで、奴隷制についてだが、初期キリスト教は、現代人なら嫌悪感を抱くこの非人間的な制度に対してどのような態度をとっただろうか。このことについては既にド・サントクロワその他の研究もあり、[19] キリスト教は率先して古代奴隷制の廃止を主張したという事実はないことが、ほぼ証明されている。だからと言って直ちにキリスト教の反動性、奴隷所有者的立場と信仰の矛盾を指弾するのは適当であるまい。まず、奴隷というものへの倫理的抵抗感は、古代地中海世界ではそもそも稀薄であった。またギリシャにおける奴隷解放の儀式に宗教がつきものであったことが、キリスト教信仰の観点から、教徒による解放を抑制させた可能性がある。[20] そしてパウロに見られる終末切迫の意識は、自由人と奴隷との、この世的差別の克服を二の次にしたことも無視できまい。[21]

いずれにせよキリスト教が奴隷制自体を排除することを念頭におかなかったことは、後期ローマ帝国においても奴隷制を存続させ、コンスタンティヌス以後の「キリスト教皇帝」の下で出された奴隷関連の立法を見ても、奴隷廃止や奴隷の地位改善の方向は見出せないことから明らかである。コンスタンティヌスはサルディニアの皇帝領のみについては奴隷の数を減らしたが、奴隷は解放されたのではなく、売却されたのであり、[22] 他の法において彼は奴隷の地位を後退させてすらいる。[23] 解放された後に不徳の行為があれば直ちに奴隷の身分にもどされるとの規定などがそれである。ローマ帝国において、女奴隷への売春強制が禁止されるのは四二八年になってからのことなのである。[24] コンスタンティヌスが元老院議員と女奴隷の性関係を禁じているにしても、眼目はヒューマンな感情からのことではなく、議員たちに正規の結婚を行わせようとすることにあり（嫡出の子をもうけさせることが国家への奉仕につながることになる)、性関係をもった女奴隷の方には重労働が科されたのである。[25] 皇帝の宮廷に奴隷をはべらせることも禁じられていくが、それもまたヒューマニズムからではなく、かかるむさくるしい連中が高貴な場所に存在することを厭うところに理由があった。[26] 奴隷に科される刑も過酷になっていった。[27]

ともあれキリスト教徒も当り前のごとくに奴隷を使役していた。二世紀のアテナゴラスは、「われらの群には多数の奴隷をもつ者すらおり」[28]、と富裕な教徒がいる証拠に奴隷所有を挙げており、五世紀初め、イェルサレムに女子修道院を立てた聖メラニアは大富豪で、シチリアの所領だけで二万四千人の奴隷をもっていた、との史料の言及もある。[29] このような傾向は四世紀のヨハネス・クリュソストモスなども同じである。[30] またナジアンゾスのグレゴリオスは教徒たちを前に、「諸君は富者であっても貧者と共に、貴族であっても下層民と共に、また主人であっても自分の奴隷と共に洗礼を受けることをためらってはならない」[31]、と説くが、そのことは教徒一般の奴隷観を逆に反映していることになるであろう。

性に関する問題については材料も多く、また近年の研究水準も高い。[32] 特にP・ブラウンは性の観念において、際立ったキリスト教と異教との対照を指摘するが(次節参照)、マクマレンは逆の面、というより外見上に着目して異なる結論を求める。教父の著作を中心史料として見るキリスト教徒の性規範はきわめて厳しいのは確かであった。アレクサンドリアのクレメンスは飲酒、ダンス、演劇から遠ざかることを教徒に勧めるが、それはこれらの振舞いがいずれも性的堕落に結びつく、という観点からのことであったようだ。[33] またキリスト教が離婚と再婚とに拒否的であったことは言うまでもない[34]。

しかし、他方異教徒の間で性的紊乱が当り前であったわけではないことが特記されなければならない。確かにモラルが低下したであろう混乱の共和政末から後、元首政期にかけて、夫婦・家族の情愛といったものが重視されるようになり、禁欲も望ましいとする傾向が目立ってくることが指摘されている[35]。キリスト教徒の性モラルは突出して厳格であったわけではない、とマクマレンは言う。それだけではなく、キリスト教徒は時にはその性モラルを世と妥協させることもした。コンモドゥス帝時代、ローマ司教ウィクトルは法廷に立たされた時、皇帝の愛妾マルキアに向かって賛辞を送り、「神を愛される寵妃」マルキアに支援を懇願しているのである[36]。

もっとも、ローマ世界における性規範は、ギリシャ的東方と西方とで微妙に異なっているし[37]、総じて東方がより厳しかったと言われるものの、ホモ・セクシュアルについては東方はより寛大であり[38]、それに加えてローマ世界の性規範がエリートと下層大衆との間で非常に異なっていたこと、などを考慮に入れておかなければならない[39]。この点をブラウンはより鋭く衝いているのだが、マクマレンもわれわれに知られるローマ世界の厳しい性コードはまさにエリートのみのもので、それらは倫理意識の高さから主張されているというより、下層民の性的だらしなさを強調し、それと対比されるエリートの倫理面での優越を示すためのものだ、と述べている[40]。元老院議員や都市参事会員に属するエリートたちは、公に知られる形で性的享楽にふけったり、過度の性交による肉体的疲労を表したりしてはならなかった[41]。また仮に彼らが愛人をもち、売春宿に通い、妻を一方的に離婚しても比較的寛大に扱われた[42]。要は性を抑制する姿勢の方が重要であった。もっとも現存史料のほとんどはエリート層の性観念でもって記されており、下層民のそれは軽蔑的にふれられるに留まっていて、明確にすることはきわめて難しい。

しかしともかく、キリスト教徒はある程度彼ら特有の性規範を有してはいたが、多くの部分においては、彼らが属した階層の異教的・標準的性規範に縛られていた、というのがマクマレンの結論である。

次に取り上げられるべきは、いわゆる「サーカス」、ローマ帝国民のための公的な、大規模な娯楽に対するキリスト教徒の態度である。これら、競技場、闘技場、劇場などにおけるパフォーマンスがもった宗教、政治、社会にまたがる複合的な意義は近年の研究の一焦点である。(43) それについて教父たちは共通して拒否的であった。クレメンスのみならずアテナゴラスもかかるショーへの出席を禁じ、(44) テルトゥリアヌスは『スペクタクルについて』と題する一書すら著して、この種の娯楽を弾劾している。(45) 四世紀の大教父たち、ナジアンゾスのグレゴリオス、バシレイオスそしてヨハネス・クリュソストモスにも同様の非難あるいは嘆きの言が見出されるのである。(46)

これらの娯楽は宗教祭祀の一部をなし、ローマ帝国出現以前の地中海世界の共同体の基本構造と深くかかわっていたから、(47) 帝政期により華やかになっていったこれらの催しが、その宗教性を稀薄にしていたにしても、キリスト教教父たちが公共娯楽に警戒の念を喚起しようとしたのも不思議ではない。(48)

しかし、ここでも捉え返す必要がある。キリスト教徒は、二つの次元で、これら娯楽に対する姿勢が異教徒と特に変わったものではなかったと言わなければならない。ローマの著述家、すなわちセネカや小プリニウスらが既に剣闘士競技や道化・パントマイム、舞踊等について、軽侮と嫌悪の念を表明している。[49] ディオ・クリュソストモスも、観客の歓喜、叫喚の様の見苦しさにふれ、娯楽は人を荒廃させる、と述べる。[50] このような筆致は、その観念的背景には大きな相違があったにせよ、[51] キリスト教教父の論調と何ら異なるところはない。これが第一の次元でのことがらである。[52]

第二の次元は、そのようにエリート文人によって嫌悪されていたにもかかわらず、ローマ帝政期においても、ショーやスペクタクルは、それを蔑み、危険視する当の人々を含む帝国エリート、地方都市においては都市名望家、首都においては皇帝、によって主催され、提供され続けた、という事実に関連する。軽蔑する文章を記しながらも娯楽の面白さにのめりこんでゆくエリートがいておかしくはなく、またショーの提供を拒むことは、食糧供給源確保の義務の懈怠と同じく、共同体の生命を脅かすこととすら位置づけられていた。[53] 一方、大衆観客の過度の熱狂を抑制させる試みがエリートたちによって行われるのも不思議ではない。ドミティアヌスがキルクスに蝟集する群衆を武力で追い散らしたり、また観客席を身分によって区別したりした例があり、[54] 競技をめぐるポンペイとヌケリアの市民同士の乱闘により皇帝から競技開催を禁止された話も有名である。[55] それが、キリスト教皇帝の時代になっても、同じ状況なのである。剣闘士競技について言えば、コンスタンティヌスが三二五年に、かかる見世物は都市の安寧と家庭の平和を乱すものであって、禁止さるべきであると定めたことは、キリスト教による社会モラル改善の努力の現れと評価されかねないところである。[56] ところがコンスタンティヌスは既に三一五年の立法で剣闘士競技開催を死刑をもって禁じているのである。[57] しかし、この種の法の実効性が疑わしかったことは、三二八年になってアンティオキアで同競技が催された証拠があり、[58]コンスタンティヌス自身三二五年以後のイタリアで、競技開催を承認した、とすら言われるのである。[59]結局ローマ帝国で剣闘士競技が完全に禁止されたのは四三〇年代のことであった。[60]

一方で、剣闘士競技はキリスト教がほとんどかかわりをもたない地方であった、ガリア、ゲルマニア、ブリタニアで三世紀以来禁止され、また消滅しつつあった。[61]その理由は経費負担の巨大化と観衆の減少であったという。ともあれキリスト教が競技禁止にさして熱心でなかったことは、ナジアンゾスのグレゴリオスやキュリロスらに剣闘士への言及は現れても、人間としての剣闘士に対する同情の念はいささかも示されていないことから知りうるのである。[62]

その他の競技については、キリスト教帝国下でも盛んに行われた。コンスタンティノポリスのヒッポドロムのテオドシウス帝のオベリスク台座の、戦車競走を観戦する皇帝一族、帝国民諸階層の図のレリーフはあまりにも有名である。そしてテオドシウスと子のアルカディウスは三八四年に、もう一つの首都ローマの異教の祭典の演劇上演のための運搬具を施与して、頑なな異教徒で当時ローマ市長官であったシンマクスから賛辞を呈されている。[63]劇場のショーは四二五年にも皇帝によって催されており、[64]アウグスティヌスの友人は剣闘士競技の魅力にとりつかれて我を忘れたとされ、彼自身もこの種の見世物に心を奪われた時期のあったことを告白している。[65]キリスト教はこの分野でも際立ったオピニオン・リーダーとはならなかったのである。

次には、刑罰の問題が取り上げられる。マクマレン自身別の論考で、古代末期における法廷での拷問や刑罰の残虐さを特徴的な現象として指摘した。[66]これはキリスト教の側からの働きかけではなく、二～三世紀の帝国政策の中での一つの傾向である。ハドリアヌスが明確化させたと言われる、上層身分（honestiores）と下層身分（humiliores）の区別は刑の軽重の差を意味したが、そのことは刑の厳格化傾向の初期段階を示すと言えるだろう。[67] 三世紀の危機も官憲権力の強化を促進する方向に働いたであろう。管見によれば、キリスト教徒迫害に見られる教徒への拷問・刑罰について時代による顕著な変化は見分けにくい。ただ二世紀までは異教徒民衆のリンチに対して、属州総督・都市当局が抑止する傾向があったことが認められる。[68] 殉教伝に描かれる残酷な処刑方法には誇張の可能性があって、証拠としにくいが、大迫害における東方帝マクシミヌス・ダイアの迫害についてのエウセビオスの叙述に信をおくならば、彼もしくはその治下総督たちはエジプトとシリア属州で、かつてなく多様で残酷な刑罰を発案した。袋に教徒を毒蛇と一緒につめこんで海に投じたり、体を引き裂いたりする死刑の他に、処女を売春宿に送ったり、肢体の一部を毀損して鉱山労働に服させるなどの事例が記されている。[69] 宗教にかかわる犯罪がとりわけ峻厳に扱われる例としてはマクシミヌスに先立つディオクレティアヌスの「マニ教禁止令」の規定が想起されるであろう。[70]

キリスト教皇帝コンスタンティヌス以後にむしろ、宗教だけではなく全般的な刑罰残虐化を指摘することができる。[71] 脱税した者は死刑の前に激しい拷問を課され、また密告屋は喉を締め舌を引き抜かれる。[72] 誘拐犯は闘技場に引き出されて斬首。マクシミヌスがキリスト教徒迫害に用いた、毒蛇一緒の皮袋刑をコンスタンティヌスは親殺しに対して科した。[73] さらに、保護している少女を凌辱させた後見人は溶けた鉛を飲まされ、[74] 不正を働いた役人は腕を切断されることになった。[75]

十字架刑と野獣闘刑という、キリスト教徒にとってとりわけ忌わしい刑は消滅したようだが、全体としてはこのように多様な刑が科され、死刑を科される犯罪の種類はキリスト教ローマ帝国の下で増加したように見える。というのも性犯罪や、(76)異教・ユダヤ教・異端の宗教関係の重刑化(77)が顕著に見出せるからである。古代世界における刑罰が現代とは安易に比較しえない性格をもっていたことを閑却してはならないにせよ、古代末期のキリスト教は裁判の寛大化という発想は一切もたなかった。この時期の刑罰残酷化は、専制君主政の進展とおそらく関係がある。キリスト教はその傾向を追認するのみだったのである。教父たちもまた、たとえば拷問を当然のことと見なしており、(78)わずかにアウグスティヌスに、囚人への思いやりを見出す程度なのである。(79)

最後にマクマレンは古代末期ローマ帝国の社会的機能と特徴的に結びついて現れる、コネ、買収、不正腐敗といった現象とキリスト教の関係を取り上げる。共和政ローマの選挙買収や大商人の食糧買い占め、皇帝側近の専横の具体的事例をわれわれは豊富に知っているが、マクマレンは別途公刊した書物で「不正・腐敗」を古代末期帝国の構造的要素と位置づけ、その社会を解明する重要な視角として用いることを試みている。(80)官職の取得と、多くはそれを取得することによって得られる免税等の特権の獲得、徴兵免除、商取引等あらゆる分野にコネ、買収が構造化・日常化していたのが古代末期社会であった。そしてその中でキリスト教がそれらを不道徳として糾弾・拒絶する姿勢は見出せない。確かにわれわれは既に三世紀、国家的迫害が生じていない平和の時代のキリスト教会の中に、世俗のわざに没頭したり、聖職者選挙で不正を行ったりする聖職者が少なからず現れている例をキプリアヌスなどから知ることができる。(81)そして四世紀、厳しい修道生活で知られるパコミウスの弟子が飢餓の時食糧の買い出しに遣わされ、「まことに敬虔にして神を畏れる」村の倉庫管理人が密かに調達してくれた納税物資の横流し品を入手して師のもとへ帰ったが、パコミウスは多少分量が多すぎることで弟子を叱責しただけであった[82]。また、ラオディケアの司教は教会の資金を用いて、信仰上のこととはいえ廷臣を買収したと言われる[83]。アウグスティヌスはローマ市に出て修辞教師の職を探すために有力者のコネを求め、買収をも辞さぬ意気ごみであった[84]。教会内部のこととしては、アンティオキア司教が聖職を売買したこと、エジプト、小アジアにも同様の汚職の例が知られるという[85]。アンブロシウスもアウグスティヌスも、シモニズム（聖職売買）そのものを批判してはいる。だがキリスト教が一般社会の不正はもちろん、教会内のそれすらをも克服できなかったのは中世カトリック教会時代のことだけではなかったのである。

検証すべき条項はこれに留まらない。マクマレンはさらに、慈善・福祉という、一般にキリスト教会が盛んに行い、国家事業たるべき部分を担うほどであったと考えられている行為についても、キリスト教が発案したものでも独占していたわけでもないことを付け加えている[86]。あるいはこの他、たとえば軍隊奉仕その他の職種についての観念をしらべてみれば、キリスト教の妥協的な、異教徒と特に変わらない姿勢がより多くの事例を伴って浮かび上がってくることは認められそうである[87]。先述のごとくエリートと大衆との隔差がきわめて大きいローマ帝国社会の中で、知識人・エリート層が多かったと思われる教父の著作に、大衆への侮蔑感情が現れてくることも指摘される。下層民や奴隷に対する憐れみの感情は見出されるものの、既に二世紀のポリュカルポスが都市の（異教徒）大衆・貧民に蔑みの言葉を漏らしたことが『殉教伝』に記録されている[88]。コンスタンティヌスの立法条文にもまたそのような侮蔑の文言が現れてくるのである[89]。

このように眺めてくるならば、三一二年、いわゆるコンスタンティヌスの改宗と対マクセンティウス勝利、「ミラノ勅令」前年、というキリスト教「勝利」の転換点となる年をもって、キリスト教の進展は帝国を変え、モラルを変え、古代世界を信仰的、ヒューマンなものに変えていった、などという評価はあてはまらないことになる。キリスト教が社会に深く根を下ろすにはなお時を要したし、そもそもキリスト教は新しいものを植えつけたのではなく、多くの局面で既存の異教伝統の文化・慣わしを受容し、それらになじんでいった、これがマクマレンの結論である。[90] ただ彼は但し書きのように、キリスト教が独自性を主張しうる事柄を付記している。それは、アンブロシウスによって印象的に示された、国家・皇帝権力と法とを越える教会の権威の主張である。テサロニケの市民処刑命令に関してテオドシウス一世に聖務停止措置をとった名高い事件の他、教会の保有に帰していた、富裕女性からの捧げ物を、法廷から返還するよう命じられた時に彼が低抗を示した事実もある。[91] キリスト教は、これまでの諸宗教に決して見られなかった、地上の国家と法との対決という観念を示した、というのである。

もっとも、キリスト教の国家・帝国・皇帝への態度あるいはそれについての観念は、アンブロシウスに典型を見ることは困難であるように思われる。この問題は神学・思想の面ですくなからぬ研究を生んでいる。[92] これも管見によるが、少なくとも社会的・日常的レヴェルにおいて、キリスト教徒は原初期以来一貫して反帝国・反皇帝ではなかった。殉教伝やエウセビオス、ラクタンティウスの迫害史史料に迫害皇帝への攻撃は見出せる。しかし、二世紀末までの皇帝で弾劾され、迫害者の烙印を捺されるのはネロとドミティアヌスのみであり、[93] 現にその治下に迫害が行われているトラヤヌスやマルクス・アウレリウスはキリスト教史料では決して個人的悪意をもって描かれてはいない。[94] このことは、一般ローマ史史料において、ネロ、ドミティアヌスが暴君・悪徳帝と規定され・死後神格化されてもいないこと、[95] トラヤヌス、マルクス・アウレリウスには名君の評価が与えられていること、に合致する。時代を下って、大迫害時代においてはディオクレティアヌス、マクシミアヌス、ガレリウス、マクセンティウス、マクシミヌス・ダイアの諸帝（簒奪帝も含む）が迫害者として糾弾され、憎悪をもって描かれている。しかし描く史料――エウセビオス『教会史』、ラクタンティウス『迫害者たちの死』――は、大迫害が終結しつつある頃から「キリスト教皇帝」コンスタンティヌス独裁が確立していく時代にかけて現れたのであり、現にコンスタンティヌスと敵対したマクシミアヌス以下の諸帝については、親コンスタンティヌス派の、つまり権力の立場から、安んじて執筆することができた、という状況から、彼らの迫害帝規定を説明することができる。

キリスト教は世間と権力側の皇帝観には矛盾を示さなかったのである。だからこそ、ドミティアヌスはラクタンティウスから迫害者に数えられているが、彼がキリスト教徒を迫害した事実はいささか疑わしく、[96] またコンスタンティヌスの敵で迫害者とされるマクセンティウスには迫害をした証拠がなく、逆に大迫害時代最初に寛容策を実施したのが彼であるにかかわらず、[97] 二大史料によって政治的に汚名を着せられることになったのである。のこる三世紀の諸皇帝については、そもそもローマ世界における各帝への評価が定まっていない状況であり、キリスト教（さしあたりラクタンティウスということになる）が特にローマ側の史料と異なる皇帝評価をなしたとは言えないとすべきであろう。[98]

もう一つのマクマレンの付記は、性観念に関することで、この点で彼はキリスト教が異教世界ともっとも顕著に相違していた、と認めている。もっともそれ以上の詳論がなされてはいない。

初期キリスト教の進展の度合と、それが一般社会に与えたインパクトとを正確に判定することはきわめて困難だと言わなければならない。マクマレンの立場は、あまりにキリスト教の進展を楽観的に捉えようとする護教的史観への警鐘と見ることができる。その抑制的指摘には正鵠を射た部分は少なくない。それを踏まえつつもわれわれは、これと全く異なる視点から、キリスト教と古代地中海世界の、より深い部分でのかかわりを眺めることにしよう。本節から見る限り、キリスト教は異教徒と多くの分野で相重なる観点をもったという事実は明らかになったが、変動する時代の中で眺めるという点では十分でなかった。次節のアプローチは、その変動の位相における問題提起を扱うことになる。

（1）Frend, *The Rise of Christianity*（第1節注1），§§16-18にくわしい。異教的要素の根強さも無視することはできない。下記三七五頁参照。
（2）ここでしばしば引用するFrendにもその傾向は見られる。しかし日本語訳『キリスト教史』三「中世キリスト教の成立」上智大学中世思想研究所編訳　講談社　一九八〇はカトリック研究者の手になる、かなりバランスのとれた概説である。
（3）A. Piganiol, *L'empereur Constantin*, Paris 1932; Id., *L'empire chrétien*, Paris, 1 éd. 1947, 27-79.
（4）A. H. M. Jones, The Social Background of the Struggle between Paganism and Christianity, A. Momigliano ed., *The Conflict between Paganism and Christianity in the fourth century*, Oxford 1963, 17-37.
（5）W. Eck, Das Eindringen des Christentums in den Senatorenstand bis zu Konstantin d. Gr., *Chiron* 1, 1971, 381-

406.

（6）ジャーナリスティックな著者の手にはなるものではあるが、R. L. Fox, *Pagans and Christians in the Mediterranean World from the second century AD to the Conversion of Constantine*, London 1986 はこの消極的評価を徹底させ、それなりの興味深さを感じさせる。

（7）第1節注7所掲。

（8）*Paganism in the Roman Empire*, New Haven 1981.

（9）*Christianizing the Roman Empire (A.D. 100-400)*, New Haven 1984.

（10）*Ibid*., Conclusion.

（11）What Difference did Christianity make?, *Historia* 35-3, 1986, 322-342.

（12）Clemens Alexandrinus, *Paedagogos* 2, 20, 3; 2, 40f. etc. MacMullen, *op. cit*., 322 n. 2.

（13）M・ヘンゲル、渡辺俊之訳『古代教会における財産と富』教文館　一九八九、一四一以下。cf. G. E. M. de Ste. Croix, Early Christian attitudes to property and slavery, *Studies in Church History* 12, 1975, 1-38.

（14）*Quis dives salvetur*. Translated by G. W. Butterworth, Loeb Class. Lib., 1979.

（15）W. A. Meeks, *The First Urban Christians*, New Haven 1983. 加山久夫監訳　ヨルダン社　一九八九。

（16）邦訳は『使徒教父文書』〈聖書の世界　別巻四　新約Ⅱ〉講談社　一九七四。cf. P. Brown, Antiquité tardive（所収書名は第3節注3）。

（17）下記三六八頁。

（18）上注11所掲の文献参照。

（19）de Ste Croix, *op. cit.*; H. Gülzow, *Christentum und Sklaverei in den ersten drei Jahrhunderten*, Bonn 1969.

（20）島創平「教会奴隷解放（manumissio in ecclesia）について」『史学雑誌』九一—三、一九八二。

（21）同「パウロと奴隷解放の問題」『史潮』一三、一九八三。パウロの奴隷観は、Ⅰコリント七・二一、Ⅰテモテ六・一、テトス二・九。

（22）*Codex Theodosianus* 2, 25, 1.

（23）*Cod. Justinianus* 6, 7, 2. cf. *Cod. Th.* 4, 8, 6; 9, 12, 1; 4, 8, 7; 4, 8, 9.
（24）*Cod. Th.* 15, 8, 2.
（25）*Ibid.*, 12, 1, 6.
（26）MacMullen, What Difference, 324f. n. 7. cf. W. W. Buckland, *The Roman Law of Slavery*, Cambridge 1908, 599.
（27）例えば、主人を密告した奴隷は火あぶりもしくは十字架刑。*Cod. Th.* 9, 5, 1, 1.
（28）Athenagoras, *Legatio* 35.
（29）Palladius, *Hist. Laus.* 119 (Patrol. Graec. 34, 1228; 1230).
（30）Johannes Chrysostomos, *In epist. I ad Corin. homil* XL 5 (PG 61, 355). その他の例については MacMullen, *op. cit.*, 325, n. 9.
（31）Gregorios Nazianzos, *Oratio* 40, 27 (PG 36, 369D).
（32）M・フーコー、田村俶訳『性の歴史Ⅱ　快楽の活用』『同Ⅲ　自己への配慮』みすず書房　一九八六。
（33）Clemes Alex., *Paedag.* 2, 30f.
（34）MacMullen, *op. cit.*, 327. 後述ブラウンのこの問題についての解釈は下記三六六頁以下。
（35）本村凌二「ローマ帝国における〈性〉と家族」弓削達・伊藤貞夫編『ギリシャとローマ』河出書房新社　一九八八、二九五以下。
（36）Hippolytos, *Refutatio* 9, 11, 10.
（37）MacMullen, Roman attitudes to Greek love, *Historia* 31-4, 1984, 485-502.
（38）Sergent, *L'homosexualité*（第1節注5）の他、K. J. Dover, *Greek Homosexuality*, London 1978.
（39）Brown, Antiquité tardive, 229ff. 下記三六四頁以下。
（40）MacMullen, What Difference, 327-329.
（41）このあたりはブラウンが詳述している。*op. cit.*, 232-236.
（42）e.g. Cicero, *pro Plancio* 30f. *pro Caelio* 28.
（43）P. Veyne, *Le pain et le cirque*, Paris 1976（帝政期に関しては、539ff.）を嚆矢として、後期帝国については

第1節注3を見よ。競技場の考古学的研究として J. H. Humphrey, *Roman Circuses*, Berkley and Los Angeles 1986. 参照、本村凌二「バンとサーカス」『地中海学研究』九、一九八六、松本宣郎「帝政期ローマの民衆とエリート」『西洋史研究』新輯一七、一九八八。

(44) *Legatio* 35. cf. Eirenaios, *Contra haer.* 1, 6, 3.

(45) Tertullianus, *de spectaculis* 99 etc.

(46) Gregor. Naz., *Poemata* II, 4 (Ad Nicobulum) 150-157 (PG 37, 1515f.). Basileios, *Homil. in illud Lucae*, destruam 3 (PG 31, 267Df.).

(47) M. Clavel-Léveque, *L'empire en Jeux. Espace symbolique et pratique sociale dans le monde Romain*, Paris 1984.

(48) Tertullianus, *Apologeticum* 9, 10, 15. Augustinus, *de civitate Dei* 1, 32.

(49) Plinius, Epistulae 9, 17, 1; 7, 24, 4f.; 4, 22, 7. セネカの見解に関しては、MacMullen, *op. cit.*, 332f. 他に、Lucianos, *Anacharsis*, 37, Philostratos, *Vita Apollonii* 4, 22.

(50) Dio Chrysostomos, *Oratio* 32, 4 etc.

(51) 異教エリートたちは、このようなショーの場が政治化し、暴動に至ることへの恐れの念をもっていたと推測される。松本「帝政期ローマの民衆とエリート」参照。

(52) Dio Chrysostomos, *Oratio* 31, 121f. はキルクスなどでの混乱は神々への礼拝行為を汚すものだ、と述べている。cf. MacMullen, *Enemies of the Roman Order*, 350.

(53) Veyne, *Le pain et le cirque*, 701ff. F. Millar, *Emperor in the Roman World*, London 1977, 368-375.

(54) Suetonius, *Domitianus* 13, 2, Ib. 8（騎士と平民の席を分けた）。

(55) Tacitus, *Annales* XIV 17.

(56) *Cod. Th.* 15, 12, 1. cf. Eusebios, *Vita Constantini* 4, 25. 西方における剣闘士競技については、G. Ville, *La Gladiature en Occident des origines à la mort Domitien*, Paris 1981.

(57) *Cod. Th.* 9, 18, 1.

(58) MacMullen, *op. cit.*, 331. Libanios, *Oratio* 15.

（59）MacMullen, *l.c.*
（60）MacMullen, *l.c.*
（61）MacMullen, *l.c.*
（62）MacMullen, *l.c.* n. 37.
（63）Symmachus, *Relatio* 6, 3.
（64）*Cod. Th.* 15, 5, 5.
（65）Augustinus, *Confessiones* 6, 7f.
（66）Judicial Savagery in the Roman Empire, *Chiron* 16, 1986, 147-166.
（67）J. Gagé, *Les classes sociales dans l'empire romain*, Paris 1964, 335ff. cf. R. Rilinger, *Humilores-Homestiores. Zu einer sozialen Dichotomie um Strafrecht der römischen Kaiserzeit*, Oldenbourg 1988.
（68）松本宣郎「都市の民衆とキリスト教徒」『紀要』〈東北学院大学キリスト教研究所〉六、一九八八。
（69）Eusebios, *Historia Ecclesistica*, VIII 12. 1-7, 10. Id. *de Martyribus Palaestinae* S. 4; 5.
（70）*Mosaicarum et Romanarum legum collatio*, 15, 3, 1. K. Stade, *Der Politiker Diokletia*n, Wiesbaden 1926, 83-92.
（71）*Cod. Th.* 10, 10, 2.
（72）*Ib.* 9, 18, 1.
（73）*Ib.* 9, 15, 1.
（74）*Ib.* 9, 24, 1.
（75）*Ib.* 1, 16, 7.
（76）同性愛に対する極刑は *Cod. Th.* 9, 7, 3; 9, 7, 6. 奴隷を去勢した時は *Cod. Jus*t. 4, 42, 1. 強姦教唆は *Cod. Th.* 9, 24, 1, 5; 9, 24, 2.
（77）異教―*Cod. Th.* 16, 1, 1; 16, 10, 4; 16, 10, 6. ユダヤ教―*Ib.* 16, 8, 6; 16, 9, 2; 16, 8, 1. 異端―*Ib.* 16, 1, 4; 16, 2, 3; 16, 4, 1; 16, 5, 9; 16, 5, 34; 16, 5, 36 など。
（78）Basileios, *Homil. in Ps.* 7 (PG 29, 214A). Synesios, *Epist.* 57 (PG 66, 1389c).

(79) アウグスティヌスは、拷問・処刑の残酷さを軽減するように主張した。MacMullen, *op. cit.*, 335, n. 44.
(80) *Corruption and the Decline of Rome*, New Haven 1988.
(81) Cyprianus, *de lapsis* 6. W. H. C. Frend, *Martyrdom and Persecution in the Early Church*, Oxford 1965, 399.
(82) MacMullen, *op. cit.*, 338f. n. 55.
(83) *l.c.* n. 56.
(84) *Confessiones* 6, 11. 18 etc. MacMullen, *op. cit.*, 339f. P. Brown, *Augustine of Hippo*, Berkeley 1967, 362.
(85) Augustinus, *Sermo* 302, 15. Ambrosius, *In Luc.* 2, 77.
(86) MacMullen, *op. cit.*, 342 n. 71. J. Whittaker, Christians and Morality in the Roman Empire, *Vig. Chr.* 33, 1979, 209-225.
(87) R. M. Grant, *Early Christianity and Society*, London 1978, 66ff. 軍隊のキリスト教徒については、木寺廉太「古代キリスト教と平和主義Ⅰ～Ⅴ」『紀要』〈茨城キリスト教大学〉一六—二〇、一九八二—八六。
(88) *Martyrium Polycarpi* 10, 2.
(89) *Cod. Th.* 9, 7, 1.
(90) MacMullen, *Christianizing*, Conclusion.
(91) *Ibid.*, 100. MacMullen, What Difference, 336.
(92) 上掲 Berkhof（第1節注5）。新しくは K. Aland, Das Verhältnis von Kirche und Staat, in der Frühzeit, *ANRW* II 23-1, 60-246.
(93) Lactantius, *de mortibus persecutorum* 2, 5ff.; 3. なおドミティアヌスがキリスト教徒迫害を行ったこと自体が疑問視される。弓削達『ローマ皇帝礼拝とキリスト教徒迫害』日本基督教団出版局　一九八四参照。
(94) 弓削前掲書。および松本宣郎「マルクス・アウレリウス時代のキリスト教徒とローマ社会」『西洋史研究』新輯一四、一九八五。
(95) ただし、ネロはローマ市の民衆の間で非常に人気があった。松本「帝政期ローマの民衆とエリート」一五、一六。

(96)上注93参照。
(97) Optatus, I 18. Augustinus, *Brev. Coll.* III 18, 34 (Patrol. Lat. 43, 645). 弓削達「マクセンティウスとコンスタンティヌス」『一橋論叢』二八―四、一九五二参照。
(98)ラクタンティウスが挙げる三世紀の迫害帝は、デキウス、ヴァレリアヌス、アウレリアヌスである。*de mort. pers.* 4-6.

第3節　古代都市から教会と聖人の世界へ

本節では先述のブラウンに依拠しながら、キリスト教がもちこんだ意識、生活の枠組みについて、転換・変動の面から考えてみることとする。ここではキリスト教の果たした役割やもたらした新しさは大きかったのか小さかったのか、という二者択一的な捉え方は問題とされない。一見すれば異教徒の行動・思想と同じように見えながら、意識の枠組みまで下りていけばどうであったか、ということが重要になる。そのような視点からすれば、キリスト教は大いに異なる枠組みを地中海世界にもちこんだ。結局紀元三〇〇年から四百年かけて、地中海世界の人間の存在のあり方の深いところで大きな変化が生じた。その変化の最重要なものをもたらしたのがキリスト教であった。これがブラウンの結論であり、あえて私には異をとなえることはできないのである。

ブラウンの古代末期の総体的な把握は一九七一年発行の『古代末期の世界』において提示された[1]。その書物において既に、通史一般には見られないユニークな指摘が多くなされていた。古代末期の絵画・彫刻の表現の歴史的な解釈、キリスト教の魔術的側面や卑近な生活レヴェルでのあり方、異教の根強い存続などの指摘は、これまた護教的教会史叙述には衝撃的であったと思われる。その後彼は古代末期にキリスト教が生み出した重要な事柄の一つである、修道士・聖人の研究を推し進めた(2)。この分野でのブラウンの紹介はわが国でも最近になって行われており(3)、古代末期の変動の過程でキリスト教ローマ帝国が出現した時、人々の生き方が都市共同体を中核とする時代から、教会が人々の帰属する焦点となり、都市外に住む修道士たちが一般キリスト教徒の模範として、物心両面において彼らを助けもする、特徴的な時代に移っていった、その状況についてのブラウンの見解はこれ以上詳述する必要はないだろう。

ここで取り上げたいのは、一九八五年に出された、アナール・グループの『私（的）生活の歴史』第一巻に寄稿したブラウンの論考である(4)。そして彼は引き続いて、『私生活』の論考の基盤となった、膨大な史料渉猟の成果を盛りこんだ大著を公刊していることも付け加えておこう(5)。『私生活』は、書物の主題に制約されて、性・貧しさ、そしてエリートと大衆の区別、とりわけ性にかかわるキリスト教のあり方、などに叙述が限定されている。政治・法・経済・軍事などの分野や、これらとキリスト教のかかわりは扱われていない。しかし、重要なのは、私生活の問題が、心性史、あるいは精神社会史とでも言うべき視座で、転換期としての古代末期世界と構造的に結びつけながら論じられていることである。

帝国の盛期、紀元二世紀は、ユスティニアヌスの六世紀と較べてみるならば、歴然とした相違を示している。ブラウンはこの二世紀を、古代末期の端緒の時点と措定する。それはまだ古代都市の世界、そして「良き生まれ」の名望家・エリートと、より劣る、貧しい大衆との間の社会的な距離が甚しく大きな世界であった。政治参加、経済力はもちろんとして、文化も倫理も価値観も、エリートは自分たちだけのものを独占することを当然とし、またそれを自らの属する都市共同体の中において顕著に示さなければならなかった(6)。彼らは大衆のためというより、彼の共同体のために私財を投じ、エヴェルジェティズムを実行する義務を負っていた(7)。彼らエリートは健康で容貌うるわしく、豊かな声量でさわやかな弁舌をふるい、政治・軍事・文化等の公的活動ですぐれた能力を発揮し、家庭においては権威ある家長として振舞い、その物腰、目の配り方にもたえず意識してこれを抑制し、隙を見せてはならなかった。女性と大衆と奴隷とは、彼らエリートを中心に置いた上でようやく認知される存在であった。彼らが弱者に暴力をふるうことが咎められたにしても、それはヒューマニズムからではなく、怒りにかられたそのような行為は、劣格者にのみふさわしい醜行であり、エリートのとるべきものではないと考えられたからであった。

セックスや離婚、ホモセクシュアルがエリートの立場から障害となったわけではない。これまたエリートにふさわしくかかわれば問題は生じなかった。同じ行為を下層民が行う時にはしばしばエリートはこれを蔑みの目をもって眺めたのだが(8)。彼らは共同体において娯楽や祭典挙行の費用を提供し、これを大衆に供した。野獣・剣闘士の残酷なショー、戦車競走等への観客の熱狂は、エリートの自制的な行動規範から縁遠いもので、彼らもその見苦しい様を侮蔑しながら、しかしいつまでもそれらパフォーマンスのパトロンであり続けようとした(9)。要するに、大衆にはエリートのモラルを守る能力はないものと観念されていた。エリートが裸体を公の場でさらしても、それは彼の姿態と運動の優美さを誇示すると考えられたが、大衆の裸体はだらしなさと卑猥以外の何ものでもなかった[10]。このようなエリートと他の人間たちの間の大きな差別意識はキリスト教ローマ帝国まで続く現象の一つであったのである[11]。

このような基盤に立つ二世紀に、軍事国家への傾き、都市への圧力強化が影のようにしのびよってくる。エリートの負担は大きくなり、彼らの規範のいっそうの明確化が求められた。そのことと関連して注目すべきは、エリートたちの間での婚姻、あるいは妻のもつ、少なくとも公的な意味づけが変化したことである。もちろんこれまでのローマ社会において女性はあくまで周辺的な存在であり、「劣性人格」と見なされてきた。男性の意思による離婚は自由であり、夫の浮気は彼の公的地位には何の影響もなかった。妻たちは夫に愛され、彼に助言することもあり、よき夫婦は好ましいと考えられはしたが、夫婦関係がローマの公の場で重みをなすことは決してなかった。共和政末期、帝政初期の上流サークルに、活発な行動をする女性を見出せても、彼女らの開放と自由の享受はエリート男性の軽蔑のまなざしの下でのことでしかなかった[12]。

ところが、五賢帝の時代、まず皇帝の側から、これまでとは異なる婚姻観が示されるに至る、とブラウンは言う。それは婚姻の政治化・帝国支配のイデオロギーへの組み込み、であった。マルクス・アウレリウスの時代、ローマの伝統的政治上の徳である、調和（コンコルディア）の語を刻す貨幣に、マルクス帝と彼の妻ファウスティナが並んで現れた。かつてコンコルディアを象徴するのは、腕を組み合い、盟約のポーズをとる二人の男性指導者・政治家であった。時を同じくして書かれたプルタルコスの一文は、エリートたる夫は無知でコケティッシュな妻をエリートの配偶者たるにふさわしくなるよう、いかに教え導くべきか、を述べる。「良き生まれ」の人士たる者は、妻をこのように統御できてはじめて、その公的行動能力とモラルの持ち主たることが実証されるのである(13)。婚姻は市民的秩序のミニチュアとして用いられることにもなった。いうならば重圧に苦しみはじめたエリートたちは健気にも自分たちの夫婦関係すらをも拠りどころとして、自己のエリートたるアイデンティティの維持に腐心したのである。このように微妙な翳りをおとしてくる古代都市的世界に、実はキリスト教が徐々に独自の地位を明らかにしてくる、という位置づけでブラウンはその内的構造に焦点を移していく。

キリスト教の指導者たちより早く、古代都市が衰えていくこの時期に、都市を越える世界を人々に垣間見させ、都市の広場での外見をとりつくろうエリートたちに、彼を見守る内なる霊の存在を教え、女性をも奴隷をも、これを人間として寛容に扱う道があることを伝えようとした、ブラウンの表現を借りるなら、「反文化のスポークスマン」たる、主としてストア派の哲学者、文人たち、ムソニウス・ルフス、プルタルコス、ガレノス、ソラヌスらが出現していた(14)。彼らはエリートをパトロンとしながら、まさにエリートだけに語りかけ、さして喜ばれもしなかったようだが、彼らの哲学はキリスト教教父たちが情熱的に取り上げるところとなった。古代的都市のモデルから一歩はみ出したこれらの哲学は、都市的社会の少数者・異端であったキリスト教に訴えるところがあったのであろうか。しかし、いっそう重要なのは、これらの哲学・思考方法が、都市においてとは異なり、教会においては上下層の別なく、教徒全体に伝えられまた読まれるようになり、「哲学の民主化」がキリスト教において実現されたことであった(15)。二世紀のユスティノス、三世紀アレクサンドリアのクレメンスらが異教(ギリシャ)哲学をキリスト教に結びつけた(というよりキリスト教をギリシャ哲学にはめこんだ）代表的存在ということになるが、もっと広汎で、そして浅薄なレヴェルでも、両者の混交は進められたに違いない[16]。

さてそこで、このような哲学と出会うまでにキリスト教はどのような道を辿ってきたのであろうか。キリスト教はローマ帝国世界のごく少数者のグループとして、常に不安定な、切迫した状況の中に置かれ続けた。その故に教徒は自分たちの信仰とそれに付随するモラルとを独自なものとして、外の異教徒から見てとれるように外在化する必要性をもったのである。プラウンはその意味で、マクマレンとは異なり、キリスト教が、他の人々とは異なる生き方と観念を示した側面の方に着目する。それが地中海世界に与えるインパクトはずっと小さいままであったのだが、今やキリスト教帝国下において、この古代都市的モデルと異なるキリスト教的モデルは、社会の中核に根を下ろすことになった。

キリスト教徒の共同体は、古代都市において既に見た、人と人との差別のモラルからは切り離され、共同体自体が外の世界から区別されており、その内部にある、信仰の原則上平等な人々全体の存続が課題である、そのような共同体であった[17]。彼らは一つの信仰への連帯に執着する。信者同士は心を互いに開け広げて、秘密のないようにすべきであった[18]。信者同士の心のもち方は、各人が神の前にさらけ出す心が原型となった。これは来るべき神の国の「予型」、理想の国家のあり方にまで観念の上でつながり、拡大される考え方であった。しかし、終末切迫の緊張は、たとえ殉教者の出現がそれを保たせる効果をもったにせよ、現実に終末が訪れない以上、長く続くわけはない。それに、既にパウロの時代の教会には、イエスの時代のガリラヤの貧しい農民ばかりではなく、比較的富んだ、都市的な商人、手工業者が魅きつけられていた。ブラウンは、このように外の世界の身分、貧富、職業の別を背負いこんだまま、教徒が教会における連帯に加わった点を強調する。教徒たちはこの世にかなりの地歩をもっており、この世との接触なしには生きられぬ人々であり、それ故に、心を単純にし、互いにさらけ出すことに馴染みにくい人々であった[19]。この世的な富や快楽と、キリスト教信仰のいささか楽観的な一致を示すのが『ヘルマスの牧者』である[20]。

ブラウンはしたがって初期教会のこの世への妥協的態度（富の肯定等）、一見異教徒と相違のないモラルを認めるにやぶさかではない。もちろん、初期キリスト教は絶えざる迫害に脅かされ続け、そのために自己保存を明らかに確証できるような独自性を凝集させていった、とは言えない。むしろ外部世界との並行、それからの感化を経験しながら、教会指導者は特定の事象には独自の意味づけを行い（とりわけ性、肉体観）、その他の事象については、多少キリスト教的な色彩で解釈するに留めたのである（たとえば富者は教会により多くを献げればよい、という風に）。

このような視点から、教会の重視したモラルを眺めるなら、それは「弱者の論理」、と言えた。エリートのみのモラルが問題であった世界とはまさに対照的である。そもそもキリスト教は妻、奴隷への配慮、商工業仲間のつきあい、などに生活の重点がおかれる生き方をする人々の群であり、とりわけ教会においては、幅広い層の人々ともつきあおうとする傾向をもった。古代都市のエリートのエヴェルジェティズムは、都市共同体に向かい、市民のみを対象としていた。しかしキリスト教は原則として、貧者をも、外国人をも区別しないことを特徴とした[21]。家族観の変化、奴隷への寛容な扱い、生命の尊重、などの徴候はローマ帝国の中において、属州中下層民の中に見出されつつあった。キリスト教はそれらをより熱心に、より深い意味をもたせながら我が物としていったのである。とりわけ顕著なのは、性、貧しさ、罪、死、という、地中海世界の住人の通念では忌むべきイメージをもつ概念、おおっぴらには語りにくい事柄についての、キリスト教的な解釈であった[22]。

まず第一には、性と結婚の位置づけの変化が挙げられる。一般に性は話題とされざるもの、結婚によって封じこめるべきものとされてきた。しかし、夫婦は主人―奴隷の関係と同じく、人と人との単純な魂の連帯を象徴すると、キリスト教においては考えられた。したがって離婚も再婚も忌避されることになっていく。一方、性や結婚の忌避は外見的には比較的よく察知できる事柄である。だからこそ小プリニウスはキリスト教徒の集会が清潔なものであることをすぐに探知し[23]、ガレノスは少数派宗教であるキリスト教の男女が同棲すら避ける性的自制力を示すことを認識してこれに感嘆したのである[24]。キリスト教がこれほどに性の忌避を強くうち出した理由の一つは、もちろん教徒の性的紊乱の中傷が異教世界に喧伝されていたことにあるであろう。アテナゴラスが述べるように、キリスト教徒に対する外からの弾劾は無神論者であること、人肉を食する儀式を行うこと、それに近親相姦を含めた性的狂宴にふけること、に向けられていた[25]。二世紀アレクサンドリアのあるキリスト教徒は総督に願い出て、自ら去勢する許可を得ようとした[26]。そのようにしてようやくキリスト教徒の性的堕落という風評を消すことができる、というわけだったのである。また教会内部の少女や未亡人をキリスト教徒と結婚させることが多くの場合困難であったから、いっそう非婚、独身の勧めが強められたであろうことも推測できる。パウロが既に聖職者童貞、必要悪としての結婚の承認を主張しているが[27]、以後も、極端なものとしては一切結婚を否定するエンクラト派から、比較的厳格なマルキオン、タティアノス、結婚・夫婦に寛容なアレクサンドリアのクレメンス、などに分かれはするものの、[28] キリスト教は一貫して性を抑制する姿勢を守ったと言えるだろう。

その次にキリスト教が示した、他の宗教に見出せない飛躍的な特質は、教会聖職者に一切婚姻を認めないという慣行の成立であった。究極まで互いの心を単純にし、性欲に象徴される人間の倫理的な弱さを信仰的に克服することのできる人間が、高位聖職者なのであった。ブラウンは、宗教集団の指導者に童貞が求められるなどということは、古代世界では全く希有のことであった、と強調する。[29] 後期ユダヤ教のラビが、ほとんど強制的に結婚させられたこととは全く対照的である。一体にユダヤ教は性をコントロールしうるもの、子孫存続のためには決して無視しえぬもの、と見た。無論ギリシャ人、ローマ人は性（忌避）に共同体存亡を賭すほどの価値を見出さなかった。ウェスタの巫女などを除いて、祭司には、一般の市民が他の公職と同じ種別の職として就任したことも教会聖職とは異なっていた。

キリスト教の性の忌避は、それを担う肉体への嫌悪・警戒の念と結びつく。その理由は、教徒に浴せられた醜聞の風評への反論からと解するだけでは説明できない。ローマ世界が次第に肉体を蔑む方向に向かいつつあったことと短絡的に結びつけるのも適当ではない。[30] ブラウンはキリスト教がこのことを信仰的意義づけの焦点として選択した、と説明している。禁欲には大きな価値がこめられ、それを完全に実行する童貞聖職者に教会の至上の指導権がゆだねられる。彼らがこのように厳しいモラルを守るからこそ、この世的な価値に捉われ、「心の単純さ」を全うできない一般教徒たちを従わせることができる、という教会内部の構造ができ上がってくる。性の忌避を基準として教会ヒエラルヒーが形成されてくる。性を絶った処女、未亡人の地位は、既婚男女信者の上におかれることになる。彼らは結婚生活から自らを切り離し、教会への奉仕に没頭できる人々であり、彼らは教会の重要な活力の支えとなったはずである。もっとも、エンクラト派はともかく、多くの（正統）教会における童貞制は、生まれながらの禁欲を必要とはしなかった。三〇歳をすぎてから後に性を忌避する者なら有資格者となりえたのである。常識的には理解しがたく、かつ耐えがたいであろう、(31)このような規範の実行者が尊ばれ、教会内部において、本来私的なことにすぎない性が公的な意義をもつに至ったということは、古代末期に生じた諸現象の中でとりわけ顕著で深い意味をもつものだ、と捉えられるのである。三世紀のキリスト教はローマでは一五五人の聖職者、千五百余の庇護貧民・寡婦を養う大集団であった。(32)教会はその信者の数を誇った。その中で童貞の司教たちが、都市のエリートと同じように、教会のエリートとして君臨するようになっていくのである。

ブラウンは次いで、教会がこのように三世紀半から、世間に目立つ、ほとんど公式の地位をもつ都市内集団として確立していった時期の、帝国に生じていた社会の変質にふれる。都市的エリートの中からは、自分の都市への義務からの解放を実現し、皇帝の官吏となり、その権力の下に都市を支配する者たち――ポテンテスが現れてくる。彼らは権勢的な、そして官位を示す衣裳に身をつつみ、居所を都市の郊外に構える者となっていた。都市は政治的・経済的にますます帝国への従属性を強める。しかしなお、都市へのエヴェルジェティズムは存続し、とりわけ皇帝の名において行われるのであった。(33)

このような状況の中、キリスト教はコンスタンティヌスによって、法的に公的集団として認知された。ブラウンは、キリスト教「進展」の叙述には踏みこまない。ただ彼は、キリスト教は公認された後もローマ世界の中で周縁的な位置をある程度まで保っていた、と指摘する。教会は実質的には皇帝の保護のおかげで特権を得、恩恵を施与されていったのだから、その「周縁性」は、俗世とは異なる空間を教会がもとうとし、またそのような観念を称揚したことを含意するのであろう。

礼拝堂において最高の座を占めるのは、教会内部のエリートであり、以下の席も教会内的序列に従って定められた。(34)教会の強調した罪、貧しさの神学は、性に関する観念と同じく、社会と深くかかわる側面をもっていた。教会は無論聖書に発することであるが、信者たちに、彼らが罪人の群であるという自覚を求めた。会堂の内部の序列は、罪の大小の度合によってもいた。童貞・禁欲者の罪はもちろん、より小さかった。時に重罪を犯した世の権力者が最下列——告解者の列——に留められることもないではなかった。(35)また教会は信仰の貧しさの自覚を、現実の世の貧民への注視にスライドさせていった。貧民は罪人の象徴であった。より豊かな信者はこれら貧民に、教会を通じて施しを与えることにより、罪ある己自身に神の憐れみを招きよせることができると考えた。教会の慈善はこのような論理によっていたのである。(36)

女性も外の世界に比して、教会では男性に劣らぬ働きを期待された。二世紀の迫害の記述中に、教会で何らかの役職を担う女奴隷の例が知らされており、(37)四世紀には富裕な女性が司教たちのパトローナの役割を果たした事実がある。(38)

また、教徒の死も独特の受け取り方をされた。教会は原初期からしばしば墓地で礼拝を行い、教徒と死者との交わりは異教世界よりは密であったと言えよう。(39)教徒の墓碑は異教徒のそれに較べて簡潔で装飾も少ないものになった。墓地内の序列も殉教者を中心に、教会的位階によって定められていた。しかし、ポテンテスの参入は徐々に墓地へこの世の序列や華やかな墓碑・墓室をもちこむことになる。それについても許可の権限を握るのは教会のエリートたる司教であった[40]。

以上述べてきた、キリスト教の特色ある価値観は、ブラウンに従うならば、古代地中海的な価値観を深いところで変転させるものであった。しかしながら、性の規範にせよ、罪の自覚や貧者への施しにせよ、あるいは信仰を守り通して殉教することを覚悟することも、少なくとも理念的にはすべての信者に求められたであろうが、それは当然不可能なことに近かった。教会はその理想の信仰を指導者たちに凝集的に求め、現実の貧民には施しを行いそれを制度化することで、このギャップを埋めようとした。そして、だからこそ、性を完全に絶ち、生涯をあげて神との対話と祈りとに捧げきることのできる修道士たちの権威が高くなってくることになる。古代末期における禁欲的独住修道士はこれまでの教会の殉教者や告白者とは異なる形の「聖人」となった。キリスト教がともかくも後期ローマ帝国のドミナントな宗教となっていく中で、この聖人たちは都市の教徒たちの、宗教上のみならず社会上の規範となり、彼らに教え、信仰の励ましを与え、時には政治的・経済的トラブルの裁決者となった。これは古代地中海世界末期に現れた新しい人間類型であった[41]。

以上のごときブラウンの古代末期への視角は明快であるがゆえに、実証の困難さを伴う部分がないではない。キリスト教が、深く古代世界を変えていくというものの、いかにして、という問題はのこされている。先に指摘したように、政治史とりわけキリスト教皇帝とのかかわりなど、彼の問題提起を検証するためにおさえるべき事柄も指摘できる。その作業を、マクマレン的な視角をも念頭におきながら、具体的に試みるのが次節の課題である。

（1）P. Brown, *The World of Late Antiquity from Marcus Aurelius to Muhammad*, London 1971.

（2）*The Making of Late Antiquity*, Cambridge 1978; *The Cult of the Saints*, Chicago 1981. etc.

（3）足立広明「聖人と古代末期の社会変動――P・ブラウンの研究を中心に」『西洋史学』一四九、一九八八。

（4）Antiquité tardive, P. Veyne éd., *Histoire de la vie privée*, tome I, Paris 1985, 226-299.

（5）*The Body and Society. Men, Women, and Sexual Renunciation in Early Christianity*, New York 1988.

（6）上記三四三頁。

（7）Veyne, *Le pain et le cirque*, passim.

（8）Brown, Antiquité tardive, 229-233; *The Body and Society*, 9-32.

（9）上記三四五頁。

（10）Brown, Antiquité tardive, 235.

（11）ユスティニアヌスの妃テオドラの前身についてプロコピオスによって毒々しく描かれたのは、彼女がエリート社会に闖入してきたことへの嫌悪が理由であったろう。Brown, *l. c.*

（12）MacMullen, Woman in public in the Roman Empire, *Historia* 29-2, 1980, 208-218.

（13）プルタルコス、柳沼重剛訳「結婚訓」（『愛をめぐる対話』岩波文庫）。Brown, Antiquité tardive, 237f.

（14）Id., *The Body and Society*, 26-32.

（15）Brown, Antiquité tardive, 240.

（16）E・R・ドッズ、井谷嘉男訳『不安の時代の異教とキリスト教』日本基督教団出版局　一九八一参照。

（17）やがて教会内には独自の階層秩序が現れてくるし、この世の富者・貧者の差ももちこまれるのだが。下記三六八頁。

（18）Brown, *op. cit.*, 243-245.

（19）cf. Meeks, The First Christians（第2節注15）; W. Schäfke, Frühchristliche Widerstand, *ANRW* II 23. 1, 460-

723.

（20）Brown, *The Body and Society*, 65ff.

（21）このことは逆に三、四世紀には、国境地域のキリスト教徒が外国と内通しているとの疑いをかけられる理由になったようだ。ウァレリアヌスの時代の小アジアの事例については Frend, *Martyrdom and Persecution*, 423. マクシミヌス・ダイアの対アルメニア戦争に関連しては H. Castritius, *Jahrbuch für Antike und Christentum*, 1968, 69, 94-103.

（22）本村「〈性〉と家族」（第2節注35所掲）。Brown, *The Body and Society*, 15-20.

（23）*Epist*. 10, 96.

（24）S. Benko, Pagan Criticism of Christianity, *ANRW* II 23, 2, 1098-110.

（25）Athenagoras, *Legatio*, prefatio. Minucius Felix, *Octavius* 8.9 etc.

（26）Brown, Antiquité tardive, 225.

（27）Id., *The Body and Society*, 53-56.

（28）*Ibid*., §§ 3-8 でテルトゥリアヌスからオリゲネスの性・婚姻・身体に関する見解を探っている。

（29）Id., Antiquité tardive, 256ff.

（30）*l. c*. 256.

（31）アウグスティヌスがアンブロシウスや他の修道士たちに抱いた感想である。*l. c*. 259. *The Body and Society*, 367ff.

（32）Eusebios, *Hist. Ecc*. VI 43, 11.

（33）後期ローマ帝国自体の叙述としてはさしあたりF・ティンネフェルト、弓削達訳『初期ビザンツ社会』岩波書店　一九八四。

（34）Brown, Antiquité tardive, 265.

（35）アンブロシウスとテオドシウスの事例は上記三五〇頁。ウァレンス帝もカイサリアのバシレイオスに、アリウス派信奉を理由に奉献を拒まれたという。Brown, *op. cit*., 266.

(36) *op. cit.*, 267. ユリアヌスはキリスト教会のこの博愛・慈善は評価している。*Epist.* 89 [305c].
(37) プリニウスに拷問された女奴隷。*Ep.* 10, 96. ルグドゥヌムの迫害で殉教したブランディナ。Eusebios, *Hist. Ecc.* V 1, 17-19. 41f. 53-56.
(38) Brown, *op. cit.*, 269f.
(39) R・L・ウィルケン、三小田・松本他訳『ローマ人が見たキリスト教』、Ⅱ葬儀組合キリスト教、ヨルダン社　一九八七。
(40) Brown, *op. cit.*, 271f.
(41) 上注2、3の文献参照。Brown, *The Body and Society*, 213-338.

第4節　コンスタンティウス二世の時代

キリスト教とローマ帝国、古代地中海世界とのかかわりについて、二つの相異なるアプローチを眺めてきた。いずれもが示唆的な指摘を含み、われわれの導きの糸となるが、なお対象とされる古代末期時代の歴史の具体相のレヴェルでの論議はのこされたままであった。もっとも、マクマレンはコンスタンティヌスに関する書物を著しており[1]、この他、古代末期史に関する新しい研究はディオクレティアヌス[2]、セナトール貴族[3]などについて活況を呈している。日本では後藤篤子氏が「ミラノ勅令」の再評価などで、古代末期のまさに宗教と国家・社会の問題を考究している[4]。この他にも、本稿で紹介した新しい動向に呼応する研究も少なくない[5]。ここではそれらを逐一視野におさめて論議を進めることはできない。さしあたり、我々の「変動期」の一局面としてコンスタンティウス二世の時代のキリスト教とローマ帝国、その社会との構造的かかわりを垣間見ることで、先の私の課題の予備的考察を行いたいと思う。

コンスタンティウス二世については、父コンスタンティヌスに比して、印象が薄く研究も十分とは言えなかったが、先にR・クラインの本格的研究が出[6]、つい最近にはF・フィティングホーフらの手になる、この皇帝を焦点とする論文集も編まれて[7]、研究の密度が高まりつつある。さて、コンスタンティウス二世は父帝の死後、直ちに第一の継承者としてその葬儀を執り行い、叔父など一族の何名かを殺害した後、のこった弟のコンスタンス、コンスタンティヌス二世を共治正帝として統治を開始した。その治政は三三七年から三六〇年に及び、父帝を受継いでビザンツ帝国初期社会の基本構造を確立させた皇帝と言ってよい[8]。しかし史料の一つであるアンミアヌス・マルケリヌスのコンスタンティウス観がきわめて厳しく[9]、アリウス派に傾いたこの皇帝の生涯の仇敵アタナシオスの文書の影響もあって[10]、彼はきわめて悪評高き皇帝と位置づけられている[11]。彼が、人気のある背教者ユリアヌスを反抗に追いやる「悪役」として描かれるのも不運である。逆に彼を英明なる君主として捉え直すかどうかは措くとしても、現実にコンスタンティウス二世が、後期ローマ専制君主政帝国確立の重要な時期、そしてキリスト教の、帝国における位置が完全に変化し、それが定着していく時期、四半世紀にわたって、古代末期地中海世界に君臨していたという事実の重さは争えない。本稿ではあくまでケース・スタディの形で彼の時代を、複合視角的に取り上げたいと思うが、彼を包みこむ四世紀を、社会レヴェルでのキリスト教と国家の関係変化の重要な時代として捉えることにつなげていく必要があることは言うまでもない。

さて、コンスタンティヌス以前のキリスト教の「進展」をめぐる研究を、それを評価する派と否定的に捉える派とに類別したバーンズは、自身前者の立場にあることを明らかにする。[12] テルトゥリアヌス、クレメンス、キプリアヌス、オリゲネスらの著作からしても、三世紀半ばのキリスト教は、とりわけ東方において最早ドミナントな宗教と言って過言ではない、と彼は言う。特に二六〇年のガリエヌスの寛容策以来、キリスト教は公認宗教同様の位置にあった。[13] エウセビオスは『教会史』初版全七巻を大迫害以前には上梓しており、キリスト教の勝利を確信していた。[14] もちろんコンスタンティヌスがキリスト教を公認し、教会を積極的に援助したことのインパクトは大きい。彼の方針はまだ全宗教の自由を許すところにあったのか、[15] キリスト教への深い帰依に根差すものであったのか、バーンズは問わないが、コンスタンティヌス統治下のキリスト教の政治的な位置の変化は強調される。三世紀末でも、元老院階級においてキリスト教徒の存在は皆無に等しかったが、コンスタンティヌスの時代、三一七年のディウィニウス・ガリカヌスをはじめとして、三二三年のアキリウス・セウェルス、三二五年のアニキウス・パウリヌスなど、キリスト教徒コンスルが出現してくる。[16] 彼の計算によるとコンスタンティヌス治政中確実なキリスト教徒のコンスルは七名。さらにもう七名がその確率が高いという。[17] 同帝の下での教会建設や聖職者への特権付与などについてはこれまでも多くの実証的研究があるが、[18] 彼のキリスト教への接近を強く印象づけることになる、異教祭儀禁止の立法の存否については論議のあるところである。バーンズは、コンスタンティヌスが公式に異教徒たる属州総督、管区のウィカリウス等[19]に対し、執務前に祭儀を行う風習を禁止した、それほどにキリスト教を重視していたのだ、と言う。

コンスタンティヌスの下で異教活動がなくなったわけではない。[20] 彼の親キリスト教の度合や理解度、政策への影響等も明らかにされたとはまだ言い難い。彼が教会の紛争をきっかけに、その中に深く介入したことや、自ら司教と称したことは知られるが、それが彼の真のキリスト教改宗による信仰の行為なのか、彼の信仰はあの太陽神崇拝のレヴェルで続いただけなのか、どこまでが現実政策による教会介入なのか、あるいはまた皇帝教皇主義の先駆形態がコンスタンティヌスであったのかどうか、そしてそもそもこの状況をキリスト教の「勝利」と呼びうるかどうか、決定的な見解はまだ出されていない。しかしいずれにせよコンスタンティヌスが妥協的な側面を示しつつも深いところで特異であったキリスト教が変えつつあった古代末期において、その変化にインパクトを与えたことは確かである。

コンスタンティウス二世の時代についてもわれわれは父帝と同様の教会への援助・神学論争への深入り、という側面と、異教の依然としてしぶとい存続、これに対する同帝の硬軟両用の対応、を見出すことができる。以下では彼の政治の性格についてふれ、次いでピエトリの新しい研究[21]に即しながらそのキリスト教政策の推移を眺め、最後に彼の時代に明らかになるキリスト教のいくつかの分野での変化、をも眺めることとしたい。

コンスタンティウス二世のコンスル選任について見てみると、三三八〜六一年に選ばれたコソスル二五名のうち確実なキリスト教徒は九名、おそらく教徒だと考えられるのが四名、のこり一二名のうち確実に異教徒であるのは五名だという。[22] 三四五〜六年、アタナシオス宛に、アレクサンドリアにもどるようにとの皇帝の要請を書き送った六名の重臣（コメス）の名が知られるが、その中のダティアヌスとマルケリヌスがキリスト教徒であり、[23] もう一人のタラッシウスは、その子がキリスト教徒であることがわかっている。[24]

キリスト教徒たちによる暴動的・リンチ的な異教徒攻撃はコンスタンティウスの時代、確かに多くなる。[25] 三五七年、ローマに初めて入城したコンスタンティウスは元老院議場のウィクトリア像の撤去を命じたが、このことは後々キリスト教帝国の異教への圧力とそれへの反動を示す象徴的出来事へと連なることになる。[26] それに先駆けてガザでは横暴なキリスト教徒を憎む異教徒が彼らを殺害する事件がおこり、[27] また皇帝に直接異教祭儀の撤廃を命じるよう請願した元老院議員フィルミクス・マテルヌスのような人物も現れている。[28] コンスタンティウス二世は、西方のマグネンティウスの反乱を鎮圧してしばらく後の三五六年、[29] 帝国西方（ローマを除く）に向けて神殿の閉鎖、祭儀の完全禁止を、死刑をもって厳しく命じている。[30]

このようなキリスト教の「進展」、皇帝のそれへの傾斜は、彼の政策の一つの面であるにすぎない。彼のコメスの中には、二度ローマ市長官を勤めたオルフィトゥスという熱心な異教徒がいた。[31] いずれにせよローマ市長官の多くは異教徒が占めたと思われる。[32] これは伝統の首府ローマへの彼の配慮の側面であろう。彼は父帝と同じくローマ伝統の最高神官ポンティフェクス・マクシムス職に就き続けた。さて、オルフィトゥスの他にも帝側近の異教徒は少なくなかった。コンスタンティヌスのために『頌詩』を朗詠した宮廷詩人も異教徒であったが、[33] コンスタンティウスの宮廷にも異教徒でプラクサゴラスという人物がおり、彼が皇帝の父コンスタンティヌス称賛の歴史書を著している。[34] テミスティオスとリバニオスというこの時代の二大弁論家も確信的異教徒であり、皇帝とキリスト教ローマ帝国の栄光を同時に称えていたのである。

このように見てくると、異教徒の迎合的姿勢が顕著であるようだが、異教徒の側には、伸びていくキリスト教勢力への嫌悪感はあっても、これに信仰と生命を賭して敵対するという意識は稀薄であり、それがむしろギリシャ・ローマ宗教の本来の姿であったとすべきだろう。(35)皇帝の方も公然とした異教再興の振舞いに及ばぬ限り、異教徒将軍・政治家の能力を信頼するにやぶさかではなかったのである。それに、皇帝・帝国のもつ権威は、両教徒共に否応なく承認するという姿勢が、ちょうど二世紀のキリスト教徒がローマ皇帝を尊重した事実の裏返しとして、ここに示されていると言うこともできるだろう。

しかし、おそらく周到な人事上の配慮をなす人物であったコンスタンティウスも、徐々にキリスト教徒登用に傾いていったことは認められるだろう。そこでは登用されるキリスト教徒高官等は、立身のために装った改宗者であっても、強制的に改宗させられた人物であっても、問題なく採用されたであろう。(36)おそらく異教徒からキリスト教への改宗は、その逆よりも容易だったにちがいない。(37)

人事に長けたコンスタンティウス、と評したが、まさに彼の時代は宦官、貴族高官、成上がりの書記（ノタリウス）官僚が、教徒・異教徒問わず登用され、彼らのさまざまな策謀も伝えられる。またローマとコンスタンティノポリスの人脈間の確執もあって、政治陰謀の渦巻く時代であったと言われる。(38)一族殺害をもって統治が始まり、三五〇年にマグネンティウスの反乱、ガリアのシルウァヌスの反乱、(39)と続き、甥の副帝ユリアヌスがガリアで軍隊から正帝に擁立された時にコンスタンティウスが急死したことはよく知られている。したがって彼は在位中副帝には監視をつけ、反乱に際しても、軍政の要のポストに、最適の人材を送りこむ配慮を怠らなかった(40)。その辺りはブロックリの分析が示す通りだが(41)、彼の政策は、人材を帝国の隅々にまで派遣して、敵対しかねない人物を陰謀で葬り去る、「シークレット・サーヴィス」活用の暗い政治、と酷評される一面もある。ドリンクウォータは、この皇帝の統治がキリスト教振興を一つの柱としていたために、まず宮廷、そして各地にも反キリスト教グループの対抗陰謀が生じ、それが結局ユリアヌスを皇帝に担ぎ上げ、異教反動を実現させたのだ、とする一連の研究者に対し、逐一反論した(42)。その結論によれば、コンスタンティウス二世は castrensis, agentes in rebus などの情報収集専門の官僚を用いはしたが、姑息な秘密政治を展開しようとしたわけではなく、父帝から受け継いだ、専制皇帝権力の確立につとめ、自らの権威を前面に押し出そうとしたから、有能な人材を駆使したにすぎない(43)。したがってその宮廷に反抗的な異教徒グループは見出されないのである。ユリアヌスの異教回帰は彼個人の決断によったもので、彼を反乱者におし立てた者があるとすればそれはオリバシウスら少数の強硬派異教徒で、テミスティオスのごとき人物はこれに冷淡なままであった。

このようなコンスタンティウス二世の政策分析の文脈でキリスト教政策をも解釈すべきであろう。しかしクロノロジカルな整理はなかなか困難である。ピエトリに従うならば、彼は徹底して父の教会政策を踏襲した(44)。宮廷には臣官エウセビオス、神学の指導面はニコメディアのアリウス派司教エウセビオスが重きをなした。キリスト教徒側近は、アリウス派論争の混乱に関与していたから、宮廷外の反アリウス派によってコンスタンティウスが陰謀政治に明け暮れたとの評価が伝えられる一因となったかもしれない。

最も影響力をもつ側近はこのようにアリウス派キリスト教徒で中下層の出身者からなっていたようだ。それに少なからぬ聖職者たちが教会対策において活用されていることが分かる。アタナシオスが行った激しいアリウス派攻撃や教会内紛争はコンスタンティウスに教会の一致の必要性を痛感させたにちがいない[45]。それが彼の厳しいアタナシオス追放の決定を結果したのだが、これらの点ではキリスト教が帝国政策に占める位置の重要性を彼が認識していたことを示す。彼はかなりの数の司教に兵士の暴力を用い、彼らを逮捕・追放したが、流血の弾圧は行っていない[46]。自ら、あるいは部下を通じて、彼は対立する両派に対し、統一令＝ヘノティコンをいく度も発し、またアンティオキア（三四一）、セルディカ（三四二／三）、アルル（三五三）、ミラノ（三五五）、そして死の直前のコンスタンティノポリス（三六〇）、と司教会議を熱心に召集した。結局これらのほとんどが徒労におわったとしても彼の教会統一の意欲は疑いえぬところである。

三五〇年のマグネンティウスとウェトラニオの二反乱は短期間で克服することができたが、この時に彼は父コンスタンティヌスと同じように、キリスト教聖戦の幻の体験をした、と史料は伝える[47]。「これにて勝て[48]」の銘の貨幣が発行され、彼の父帝継承の意志はいよいよ強いものになっていく。自らの称号には「全地の主[49]」なる表現を用い、反抗する司教には「余自らがカノンなり」、と宣言したという[50]。異教的慣習が皇帝の権威のレヴェルにおいては顧慮なくとりこまれたことも見逃せない。宮廷儀式がいっそう権威的になり、役人には皇帝への跪拝礼が定められた[51]。彼のローマ入城は、ローマ皇帝伝統の式、adventus regni として華やかに祝うことが求められた[52]。

この間もテミスティオス、リバニオスらの活躍が異教的・都市的伝統の健在を示し、他方でキリスト教神学が盛期を迎えてくることが知られる。三五九年九月のセレウキアの会議には東方の一五〇人の司教が集まるなど、教会の人材はきわめて豊かになってくる。[53] 立法による（アリウス派）教会への保護、[54] 教会内倫理の立法面での実現、[55] 魔術の禁止、[56] などが並行して実施された。コンスタンティウス晩年の神学論争に際してはしばしば司教たちの大量追放が行われ、皇帝の絶対権力は明らかであったが、[57] 彼が教会の統一を求め、それを帝国の統一の柱にしようとしていたことは確かであろう。ピエトリはこの段階でコンスタンティウスを皇帝教皇主義と呼ぶことはまだできないとしているが、皇帝主導の「宗教闘争」が、異教対キリスト教のそれからキリスト教会内紛へとスライドしつつも、皇帝の宗教政策上の役割の大きさが、その点においてはディオクレティアヌスの時と本質的に同じ形で、徐々に進展してきていることは確かに指摘できるであろう。[58]

このコンスタンティウスの時代の社会レヴェルではキリスト教徒はどのような変化を都市的世界に対してもたらしていたのか。マクマレン、ブラウンの包括的論議を踏まえて、この特定される時代の状況を眺める作業についてはもはや論述する余裕はない。しかし、代表的な教会史家であるフレンドは以下のような概観を与えている。[59] この皇帝の時代は、ヨーロッパの宗教・文明の分水嶺と称することさえできる、と彼は言う。コンスタンティヌスの公認によりキリスト教は確固たる基盤を与えられ、その子の時代にもはや逆行できない次元にまでキリスト教化の過程は進捗した。彼は三つの局面から特色づけを行っている。第一はインドに伝道を行ったテュロスの商人キリスト教徒メロピオス（彼の弟子はエチオピアのアクスムに教会をつくった）と、ペルシャ奥地に入ったインド人教徒テオフィロスの例が示すように、伝道史からみたキリスト教の飛躍的な展開である。この面でもコンスタンティウスの、あるいは経済利害が結びついているにせよ、キリスト教伝道政策への配慮があったことが指摘される[60]。第二は帝国内部、特にキリスト教の中心地域から遠かった属州、ブリタニア、ガリア、北アフリカ（田園！）などへの伝道の進展であり、コンスタンティウスの時代を中心にこの地域のキリスト教考古資料は急増するという[61]。第三は伝道と共に教会生活の内的充実である。フレンドもまた、この時代の修道士・聖人の世界の拡大と定着を指摘する。本来独住を旨とした荒地の隠修士のもとにすら、信者がおしよせるという現象が生じた[62]。アレクサンドリア南西の砂漠に住んだアモウ（とその妻？）のまわりには五千人の人々が集まったという[63]。パコミウスの共住修道院もこの時代にスタートしている[64]。そして教会や修道院の礼典、会堂の様式、殉教者・聖遺物崇拝が、後世にも引き継がれる、教会世界に普遍的な形態へと固まっていく事実も指摘される。フレンドはコンスタンティウスの時代の歴然たる転換を強調するのである。

フレンドの護教的筆致には留保を付け加えるべきであろう。異教の残存・反動、そしてキリスト教「進展」の中味すらをもわれわれはなお吟味しなくてはならない。しかし、ともかくも世界史上の重要な画期が展開しつつあったこの時代を精神史と社会史との結合によって再把握していく試みにとっての有益な示唆が、本稿で紹介した諸研究から吸収できるように思われるのである。

（1）*Constantine*, London 1970.
（2）T. D. Barnes, *The New Empire of Diocletian and Constantine*, Cambridge Mass. 1982; S. Williams, *Diocletian and the Roman Recovery*, London 1985.
（3）M. T. W. Arnheim, *The Senatorial Aristocracy in the Later Roman Empire*, Oxford 1972; R. S. Bagnall et al., *Co-*

nsuls of the Later Roman Empire, Atlanta 1987.

（4）「〈ミラノ勅令〉をめぐって——クリステンセンの復原を中心に」『法政史学』三九、一九八七、「キリスト教ローマ帝国における宗教闘争」弓削・伊藤編『ギリシャとローマ』。

（5）最も新しいハントブーフとして A.Demandt, *Die Spätantike. Römische Geschichte von Diocletian bis Justinian 284-565 n. Chr.*, München 1989.

（6）R. Klein, *Constantius II. und die christliche Kirche*, Darmstadt 1977.

（7）F. Vittinghoff et al., *L'église et l'empire au IVe siècle*, Entretiens sur l'antiquité classique, tome XXXIV, 1987.

（8）日本での数少ない論考は、対象を彼のキリスト教政策にしぼった長友栄三郎『キリスト教ローマ帝国』創文社　一九七〇、三三—八四である。

（9）T. G. Elliot, *Ammianus Marcellinus and fourth century History*, Toronto 1983 など。

（10）T. D. Barnes, Christians and Pagans in the Reign of Constantius, F. Vittinghoff et al., *L'église et l'empire au IVe siècle*, 303.

（11）Ch. Pietri, La politique de Constance II: un premier 'césaropapisme' ou l'imitatio Constantini?, Vittinghoff et al., *op. cit.*, 114.

（12）上記三三五頁。

（13）豊田浩志「紀元三・四世紀におけるローマ帝国とキリスト教」『キリスト教史学』四〇、一九八六、「〈ローマ建国一千年記念祭〉とフィリップス・アラブス」上・下『古代文化』三八—五・六、一九八六などを参照。

（14）Barnes, *op. cit.*, 304. Id., *Constantine and Eusebius*, Cambridge Mass. 1981, 126ff.

（15）この点は Fox, *Pagans and Christians*（第1節注6所掲）が強調する。cf. Barnes, *op. cit.*, 322 n. 104.

（16）Ovinius Gallicanus 3, *Prosopography of the Later Roman Empire*, Cambridge 1971, 383. Acilius Severus 16. *Ib.*, 834, Sextus Anicius Paulinus 15. *Ib.*, 679f.

（17）Barnes, Christians and Pagans, 316.

(18) L. Voelkl, Der Kaiser Konstantin. *Annalen einer Zeitenwende*, München 1957.

(19) Eusebios, *Vita Cons.* II 24-60. ただし法文は現存しない。cf. *Cod. Th.* 16, 10, 2（子コンスタンスが「父帝の法に逆って祭儀する者を罰する」法）。Barnes, *op. cit.*, 324.

(20) オリンピア競技は継続し、貨幣には神々の名が現れている。cf. A. Cameron, *JRS* 73, 1983, 185.

(21) 上注11所掲。

(22) Barnes, *op. cit.*, 316f.

(23) Datianus 1, *PLRE*, 243f. Marcellinus 7, *Ib.*, 546.

(24) Thalassius 1, *PLRE*, 886.

(25) アレトゥーサのマルコスは神殿を破壊し、後ユリアヌスの時代になって弁償を命じられ、拒んで殉教した。Barnes, *op. cit.*, 326 n. 119.

(26) Cf. R. Klein, Der Streit um den Victoriaaltar, *Texte zur Forschung*, Bd. 7, Darmstadt 1972.

(27) Barnes, *op. cit.*, 326 n. 121.

(28) Julius Firmicus Maternus Junior 2, *PLRE*, 567f.

(29) マグネンティウスは自身は異教徒であったと思われるが、西の正帝コンスタンスが定めた祭儀禁止令を一部ゆるめる一方、東のコンスタンティウスに追放されているアタナシオスに提携を呼びかけるなど、興味深い策をとろうとした。*Cod. Th.* 16, 10, 5. cf. J. Ziegler, *Zur Religiösen Haltung der Gegenkaiser im 4. Jh. n. Chr.*, Kallmünz 1970, 53ff.

(30) *Cod. Th.* 16, 10, 6.

(31) Memmius Vitrasius Orfitus 3, *PLRE*, 651-653.

(32) Barnes, *op. cit.*, 320.

(33) *Panegyrici Latini.* VII (6) ; VIII (5) ; IX (12) ; X (4)（数字は Galletier の Budé 版）。

(34) Barnes, *op. cit.*, 333. Praxagoras, *PLRE*, 724.

(35) 異教徒の殉教者はほとんど知られない、と。Frend, The Church in the Reign of Constantius II（下注59所

掲）, 86.

（36）cf. MacMullen, *Christianizing*, VI Nonreligious Factors in Conversion, 52ff. など。

（37）*l. c.*, X Conversion by Coercion, 86ff.

（38）コンスタンティウスの最初の近衛総督 Fl. Ablabius（4, *PLRE* 3f. キリスト教徒）が登位直後陰謀のとがで処刑された事件が象徴的と言えようか。Stein-Palanque, Petit などの概説を参照。

（39）Silvanus. cf. Ammianus Marcellinus, XV 5, 31. Sil. 2, *PLRE* 84f. この他の反乱者として Vetranio（*PLRE* 954）、東方の Antonius と Clausaginus（Drinkwater, Pagans Underground（下注42）366）など。

（40）ユリアヌスの反乱には近衛総督 Florentius（10, Fl., *PLRE* 365）が派遣された。その他 Leontius（22, *PLRE* 503. ローマ市長官）、Ursicinus（2, *PLRE* 985f. 軍人）、西方人として抜擢された Naeratius Cerealis（2, *PLRE* 197-199）など。多くは異教徒のように思われる。

（41）R. C. Blockley, Constantius II and his Generals, C. Derou éd., *Studies in Latin Literature and Roman History* II, Collection Latomus 168, Bruxelles 1980, 467-486.

（42）J. F. Drinkwater, The "Pagans Underground", Constantius II's "Secret Service", and the Survival, and the Usurpation of Julian the Apostate, C. Deroux éd., *ibid.* III, Coll. Latomus 180, 1983, 348-387.

（43）上注40に加え、下層から取り立てられた人々を挙げると、書記官 notarius からコンスルにまでなった Taurus（3, *PLRE* 879）、アラブ人でキリスト教徒、近衛総督の Maiorinus（1, *PLRE* 537f.）、商人の子でコンスルの Fl. Philippus（7, *PLRE* 696f.）らである。

（44）Pietri, *op. cit.*（上注11）passim.

（45）Pietri, *op. cit.*, 156ff. 長友『キリスト教ローマ帝国』前掲箇所は同帝の一致策の消極性を指摘する。

（46）Pietri, *op. cit.*, 139.

（47）Petrus Patricius, Fragmenta 16, *FHG* IV 190. Pietri, *op. cit*, 147f.

（48）hoc signo victor eris. Pietri, *l. c.*, 148.

（49）totius orbis dominus. Amm. Marc. XV 1, 3.

（50）Pietri, *op. cit.*, 149. .
（61）adoratio purpurae. *Cod. Th.* VIII 7, 4.
（52）Amm. Marc. XVI 10. Pietri, *op. cit.*, 150.
（53）Pietri, *op. cit.*, 150ff. cf. H. Montgomery, Decurions and the Clergy. Some Suggestions, *Opuscula Romana* 15-8, 1985, 93-95.
（54）*Cod. Th.* XVI 2. 8. 等。Pietri, *op. cit.*, 140.
（55）Pietri, *op. cit.*, 141 n. 86.
（56）*Cod. Th.* XI 16, 4. 5.
（57）Pietri, *op. cit.*, 166f.
（58）Klein, *Constantius II*, 105ff. は専制皇帝像を強調する。
（59）W. H. C. Frend, The Church in the Reign of Constantius II (337-361). Mission-Monasticism-Worship, Vittinghoff et al., *op. cit.*, 75-111.
（60）Frend, *op. cit.*, 85ff. 最後のコンスタンティノポリス会議ではウルフィラスにゴート人伝道が委ねられ、彼の手でゴート訳聖書が成立することになる。Frend, *op. cit.*, 83f. cf. Pietri, *op. cit.*, 171.
（61）Frend, *op. cit.*, 91ff.
（62）Frend, *op. cit.*, 97ff. 修道士は都市から離れてはいるが、都市民が行くことが比較的楽な場所でよく目にふれる「模範」となった。Brown, Antiquité tardive, 277ff.
（63）Frend, *op. cit.*, 94.
（64）Frend, *op. cit.*, 96-100. cf. P. Rousseau, *Pachomius. The Making of a Community in Fourth-Century Egypt*, Berkley, 1985.

あとがき

初期キリスト教の歴史をローマ帝国史の地平で捉えるという研究を始めて五〇年、最後の勤めも終えて、少々おこがましくもあったが自分の研究の歩みを、世界の学界の流れに即しつつ振り返る一文を草した。本書第1章の「初期キリスト教史研究の軌跡」がそれである。その歩みの中で、世界の学界の流れに啓発されつつ私の書いた論考もかなりの数に上る。それらのうち、四世紀の大迫害に関する、私の研究史上では初期に属する論考は『キリスト教徒大迫害の研究』（南窓社　一九九一）にまとめた。その後研究の対象は時代的に遡り、民衆迫害や諸ローマ皇帝とキリスト教、そして社会史的テーマへと拡大して続いた。機会が与えられて、二〇〇六年に『キリスト教徒が生きたローマ帝国』（日本キリスト教団出版局）を公刊、これは専門研究書の体裁をとらず、多岐にわたる論考を集め、注なども省いて、読者になじみやすい構成にした。

それから一五年、この間は仕事が多忙で、キリスト教史についての専門研究を進めることは出来なかった。時折講演の依頼があって、そんなときには初期キリスト教に関わるテーマについて話していたのであるが、その合間にはこれまでの研究の視座を再考し、書き加えたいテーマを構想もしていた。そういう次第で二〇二〇年春から仕事の上ではフリーになり、先の「研究の軌跡」に加えて、構想を温めていたとも言える二本の掌編を続けて書くことができた。

とは言え、これからさらに新しい領域にむけて研究を進めることは容易ではないという判断を下さないわけにはゆかなかった。一つには学会誌の探査に必要な研究機関の利用が物理的にも気持ちの上でも面倒になり、さりとて学界ではITによる史料・文献の検証が容易・迅速となって、二〇世紀型の研究方法に革命が生じたという状況に適応する自信もなかったからである。

そこで、私の研究のうち、まだ書物の中に採録されていなかった論考をまとめることはしておきたい、と結論するに至った。もちろん自分の精神的衰えを理由にしてこの書物をまとめるだけではない。最初の大迫害研究以後、私の初期キリスト教史研究は、ローマ社会史研究の展開に刺激を受けつつ様々なテーマを取り上げた。多くは専門学会誌や紀要に発表したもので、目を通していただく層には限りがあった。この機会に一冊の書物に拾い上げて少し広い層の方々にもお届けできればと願ってのことでもある。全部で一一の論考の集まりとなった。テーマは様々で、その都度取り上げる必然的な理由もあったのだが、結果的にはあちこちつまみ食いする様相を呈してしまった。それだけ初期キリスト教史の対象は広いものなのだということを実感せざるを得ないのである。

以下、各論考について、それぞれが成立するに至った経緯を記し、研究史上の自己評価めいたものも含めたい。

第1章　初期キリスト教史研究の軌跡（『西洋史研究』新輯四九、二〇二〇）

本テーマに関する一般の研究動向ではなく、研究者としての私自身が見出し、影響を受けた初期キリスト教史研究の動きと私の研究の歩み、教えを受け、啓発された先達、欧米学者との交流などを記した。キーワードとしては「社会史」と「P・ブラウン」の二つである。そしてこの二つはこの他の本書諸編においても頻出することに読者は気づかれるであろう。これらがローマ史における初期キリスト教研究史上、ここ二、三〇年間の最重要な概念であることには間違いないのだが、私の傾倒には過度な部分があるとの批判もありうるだろう。

学界の動向を、論者の研究者歴に重ねて論ずる形は珍しく、エッセイ的な趣が強いと指摘されてもやむを得ない。そもそもこの論考は、一〇年以前、キリスト教史学会大会が、私が勤めていた宮城学院の大学を会場として開催され、会場校から講演者が必要ということで私に要請があって行ったものが発端であった。その講演は文章にまとめて同学会誌に寄稿する予定であったのだが、それが果たせず、ようやく原稿にしたのが一〇年後で、キリスト教史学会への寄稿とするには時機を失し、分量も多くなったので『西洋史研究』に掲載を願ったという次第だったのである。

第2章以下の諸章は性格が様々である。専門論文あり、やや軽いエッセイ風の論考、そして講演の記録、などである。執筆年の幅も広く、初期キリスト教に関わるという枠組みは共通するが、テーマも多岐にわたる。掲載順は厳密にではないが、講演とエッセイ風のものを先に、専門性の強い論考を後半に、と考えた。

第2章　地中海世界におけるキリスト教徒（講演『宮城学院女子大学キリスト教文化研究所研究年報』

二〇〇三)

キリスト教史についてキリスト教学の専門研究者たちに私の研究の紹介を求められて話した記録。ローマ帝国史の一部分としてのキリスト教史を捉えるという私のスタンスを明らかにして、非キリスト教史料からローマ人一般のキリスト教徒観を探り出す具体例を挙げ、迫害についても、キリスト教徒の側から見るのではなく、迫害した都市市民や皇帝の側にも目配りする必要性を論じた。

第3章　初期キリスト教の心性と生活（講演『仙台白百合女子大学カトリック研究所論集』二〇一〇）

カトリック信徒でギリシャ哲学者の岩田靖夫氏（故人）から晩年勤めておられた大学の集会に招かれて仙台市内で講演したときの記録。社会史的研究に踏み込んでいた頃なので表題にも心性という言葉を使った。キリスト教徒と富、ジェンダー、兵役など、また迫害の実態を過度に強調できないこと、などを論じた。このときは会場から多数質問が出、それらも記録してもらった。的を射た質問に私としてもありがたかった。

第4章　初期キリスト教における教会間交流（『西洋古典学研究』五七、二〇〇九）

これは初期キリスト教史の社会史的テーマの一つにはなるであろう。キリスト教史の概説にせよ迫害史にせよ、地中海世界各地での状況について何気なく記してきたのだが、キリスト教の伝道と拡大のためには人の移動があったわけで、そのことにも焦点を当てるべきだと思っていた。

そもそも新約文書の中でのパウロのギリシャ、小アジアでの伝道活動、そして彼がローマに護送されて初めて冒険的旅行をしたとき、すでにローマには少なからぬキリスト教徒がいたことなどを読んで、古代の旅の所要時間とそれに伴った危険性と、急速に見えるキリスト教の拡大、とのギャップに気づかざるを得なかった。パウロ以後のローマ帝国各地のキリスト教会間の人の移動が実に盛んで、伝道の拡大と組織の維持発展にそれが極めて重要であったことの証拠を史料から集めてみた。

因みにパウロの尋常でない移動の軌跡については佐藤研氏が『旅のパウロ』（岩波書店二〇一二）を公刊された。実際にその行路を踏破されての記録である。ただ、驚異的な移動の距離と速さの記述に止まってはならず、そのことが初期キリスト教の歴史においてもった意味を評価し歴史研究上位置づけなくてはならない。ことに、初期キリスト教徒が旅をし、交流した領域はローマ帝国のそれにあたる。しかしこの帝国は三つの大陸にまたがり、民族も文化も社会形態も多様である。キリスト教会も、書物や教義の統一性を志向はしたが、地域による特色の違いもまた見られた。最近よく聞く「地政学的研究」の視点で考察してみることも必要であろう。それらはまだ課題として残されている。

第5章　初期キリスト教における労働と職業（『東北学院大学経済学部紀要』一九四・一九五、二〇二二）

これも社会史的テーマの一つで、講演や概説の中では何度か、キリスト教が忌避した職業とか、礼拝の説教では禁止されながら、その職に就業する教徒は存在したなどと断片的に言及してきた。イエスの労働観もあわせ、プラトンやセネカなどギリシャ・ローマの非キリスト教社会の労働職業観との共通性と相違とを調べてみたかった。比較的力を入れずに、これまで気づいてきたことを集めてみたエッセイである。

第6章　哲学者とキリスト教徒（『東北学院大学キリスト教文化研究所紀要』二六、二〇〇八）

東北大学の哲学会から講演を依頼され、哲学の会だからそれにあわせてテーマ設定してみたのだが、それだけではなく、それまでのキリスト教史研究に際して、哲学が関わることは多かったから、よい機会でもあると考えて承諾した。歴史研究者として、哲学の内奥に踏み込む力はなく、「哲学者」の言説と行動を選び出してみた。ことにルキアノスの作品中の興味深い人物ペレグリーノスは以前から気になっていた存在である。

第7章　イタリアの初期キリスト教（『歴史大系イタリア史1　古代』山川出版社　二〇二一）

『歴史大系イタリア史』の企画には最初から関わっていたが、私の研究領域としてイタリアはメインテーマではなかった。たまたまシチリアの古代遺跡の発掘に歴史学の担当で参加して以来何度もイタリアに足を運んでいた程度の理由でイタリア史古代の編集を引き受けることになった。十数名の古代イタリアというより、むしろローマ史の専門研究者を糾合して、時間はかかったが出版に漕ぎつけた。その中で私の担当は、イタリアの初期キリスト教の状況ということにならざるを得なかったのだが、それまでに私が研究したのは「ローマ」の初期キリスト教でしかなかった。しかし改めてローマ以外のイタリア地方の初期キリスト教の歴史を探ってみても、史料がほとんどない。

考古学上の証拠についてはオスティアの断片的情報以外にはほとんど知り得なかった。従って表題は「ローマの初期キリスト教」とすべきところではある。

もっとも、本論考の対象とした時代は四世紀初頭、ミラノ勅令の時点までであって、これは視野を広げられなかった私の不勉強のゆえである。四世紀以降ローマ教会はさらなる活躍を示し、イタリアのその他の都市の教会の動きも教会会議の資料にあらわれてくるのは明らかである。

第8章　煽動家としての司教たち――アタナシオスの場合（『支配における正義と不正』南窓社　一九九四）

東北大学西洋史の佐藤伊久男教授（故人）の退官記念論集に寄稿したもの。この時期、やはり社会史流行の中で、様々なテーマが提唱されていた。我々もそれに乗り、「社会的不正」を取り上げ、古代中世の、佐藤氏の弟子と後輩にあたる研究者が論集を編んだのである。私は、その頃注目していた四世紀の公認後のキリスト教会の正統異端の抗争から、キリスト教会の社会的逸脱行為を取り上げた。アタナシオスという三位一体説のリーダーに攻撃的暴力的行動の一面があったとの研究を引用した。「司教」の初期キリスト教史上における役割の政治的、社会的重要性について、ここでも言及したが、独立して書いた論考もあり、『キリスト教徒が生きたローマ帝国』に収めている。

第9章　キリスト教徒迫害と奴隷（『東北大学文学部研究年報』二八、一九七九）

東北大学に着任して最初に書いた論考である。それまで進めていたキリスト教徒大迫害研究の一環として、またその頃日本の西洋古代史グループ間で共通のテーマとなっていた古代奴隷制研究を意識して書いた。大迫害の過程で奴隷が出てくることは気になっており、それだけでは資料が少なく、さかのぼって洗い出してみた。そうなると材料は多くなり、論文としては少々冗長になってしまった。『キリスト教徒大迫害』を出そうとしたとき本稿も収めたいと思ったのだが、全体にページ数がかさむので割愛してそのままになった。四〇年前のもので、手を入れることもできていないが、その後目立った研究もないように思われ、ほぼ原形のまま掲載することとした。

第10章　初期キリスト教の周縁性と多様性（二〇〇七年歴史学研究会大会合同部会「生成される宗教的《境界》」『歴史学研究増刊号』八三三、二〇〇七）

突然参加を依頼されて、主題について深く考えず、ひところよく言われた、大きな文明の影響を受けた辺境から次の文明が生まれる「辺境革命」論をイメージした。ユダヤ教はパレスティナの辺境部分から生まれたし、キリスト教はユダヤの辺境と言えるガリラヤに最初の集団を出現させたことを指摘した。ふと頭に浮かんだのが、原初期教会にすでにあった異端だった。グノーシスやユダヤ教などとの「境界」に現れたキリスト教徒、と見なして、この研究会のテーマにつなげられる、と。結局いろいろ記してみただけで深めることが出来ないで終わったようだ。

第11章　古代末期ローマ帝国のキリスト教化（『歴史における宗教と国家』南窓社　一九九〇）

東北大学西洋史の吉岡昭彦教授（故人）の退官記念論集に寄稿した論考。私の専門領域で「宗教と国家」となるとキリスト教がローマ帝国と直接関係するようになる三世紀以後、帝国すなわち皇帝が迫害する状況から四世紀、キリスト教が公認され、皇帝が信じ、これを支配の理念とする時代のこととなる。それまで私は、大迫害の終焉、コンスタンティヌスのミラノ勅令までしか扱っていなかったので、研究の枠を広げることにはなったが、考えたかったことは、都市の小さな集団であったキリスト教が帝国住民の相当部分に信者を獲得し、皇帝の政策をも左右するに至った状況を、帝国住民の心性史として眺めてみることであった。その結果当時読んで感銘を受けたP・ブラウンの紹介がかなりの部分を占めることになった。

＊

以上が本書に収載した各論考の概要である。いささか重複する部分も多く、執筆した年に大きな間隔があるので、矛盾した論調となっていることがあるかもしれない。しかしそれぞれに執筆したときの私自身の心性が想起され、文章の手直しは基本的に施さなかった。ご海容いただくほかはない。因みに初期キリスト教史の概観については、私が編集執筆した『キリスト教の歴史1　初期キリスト教～宗教改革』（〈宗教の世界史8〉山川出版社　二〇〇九）を、初期キリスト教の社会史的描写については拙著『ガリラヤからローマへ』（講談社学術文庫　二〇一七）をそれぞれご参照いただければ幸いである。初期キリスト教史の研究の対象を拡大することが私の念願であった。ささやかながら新しい分野を開拓できたかもしれない。それにしてもテーマは多様である。取り上げはしたものの考察が浅く、ローマ帝国史と初期キリスト教史上に適切に関連させ、位置づけられなかった事柄も多い。それらの課題はすべて私よりも、今後研究を進めようとしている若い研究者仲間に託したいと思う。

書きためたものをまとめて論集にできるだろうか、と新教出版社の小林望社長に相談してみた。彼とはもう久しいつきあいになるが、出版してもらったことはなかった。それが二つ返事で快諾してもらい、予想よりずっと早く刊行に漕ぎつけることができた。改めて深甚の謝意を表したい。

世界にはかつてないような不安が漂っている。キリストにある信仰・希望・愛にしか解決がないことを信じるものである。

二〇二二年夏

松本宣郎

Ⅱ 研究者

人名索引

I 歴史上の人物

著者略歴
松本宣郎（まつもと・のりお）

1944年生まれ。東京大学文学部西洋史学科、同大学院で学ぶ。東北大学教授、宮城学院学院長、同理事長、東北学院大学学長、東北学院理事長などを歴任。東北大学名誉教授、東北学院大学名誉教授。
著書『キリスト教徒大迫害の研究』（1991年）、『ガリラヤからローマへ——地中海世界をかえたキリスト教徒』（1994年）、『キリスト教徒が生きたローマ帝国』（2006年）ほか共編著・訳書多数。

初期キリスト教の世界

2022年8月31日　第1版第1刷発行

著　者……松本宣郎

発行者……小林　望
発行所……株式会社新教出版社
〒162-0814東京都新宿区新小川町9-1
電話（代表）03 (3260) 6148
振替 00180-1-9991
印刷・製本……モリモト印刷株式会社

ISBN 978-4-400-21336-9　C1016